融合型·新形态教材
复旦学前云平台 fudanxueqian.com

普通高等学校学前教育专业系列教材

# 幼儿园体育活动设计与指导

## （第三版）

汪 超 著

复旦大学出版社

## 内容提要

本书根据《幼儿园教育指导纲要（试行）》和《3-6岁儿童学习与发展指南》精神，以体育教学进程中的各个环节的连续性和幼儿发展的全面性为原则，内容包括：幼儿体育课的组织——集合、队列、队形；幼儿体育的基本技巧培养——站、立、转、支撑、滚动等；幼儿基本运动能力的训练——走、跑、跳、投、攀、钻、爬；幼儿基本技能的发展——足球、篮球；其他各类活动方式的补充。各项内容都运用体育游戏方式进行了有序的编排和操作方案设计，并突出了幼儿体育教学的目的性、系统性、连续性、阶段性和整体性等特征。

本书共创设了300多个主题，涉及的活动方式达500余种。在每个基本活动游戏的设计中综合考虑了幼儿个体能力发展、幼儿与教师间的互动，集体性互动及人与物、人与环境之间的互动等。内容系统，丰富翔实。

本书配有大量体育游戏和活动视频，可扫码观看学习。本书配有课件，可登录复旦学前云平台免费下载（www.fudanxueqian.com）。

# 复旦学前云平台
## 数字化教学支持说明

　　为提高教学服务水平，促进课程立体化建设，复旦大学出版社学前教育分社建设了"复旦学前云平台"，为师生提供丰富的课程配套资源，可通过"电脑端"和"手机端"查看、获取。

## 【电脑端】

　　电脑端资源包括 PPT 课件、电子教案、习题答案、课程大纲、音频、视频等内容。可登录"复旦学前云平台"www.fudanxueqian.com 浏览、下载。

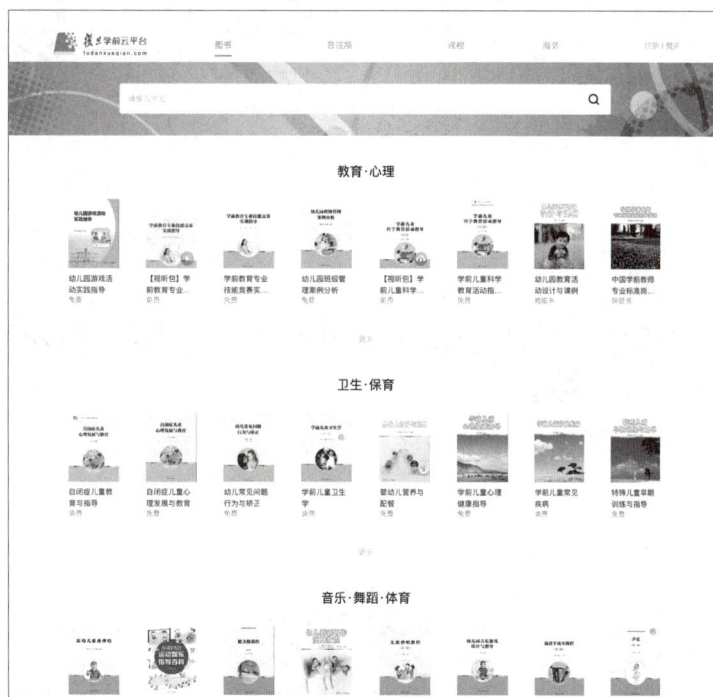

**Step 1**　　登录网站"复旦学前云平台"www.fudanxueqian.com，点击右上角"登录／注册"，使用手机号注册。

**Step 2**　　在"搜索"栏输入相关书名，找到该书，点击进入。

**Step 3**　　点击【配套资源】中的"下载"（首次使用需输入教师信息），即可下载。音频、视频内容可通过搜索该书【视听包】在线浏览。

【手机端】

PPT 课件、音视频、阅读材料：用微信扫描书中二维码即可浏览。

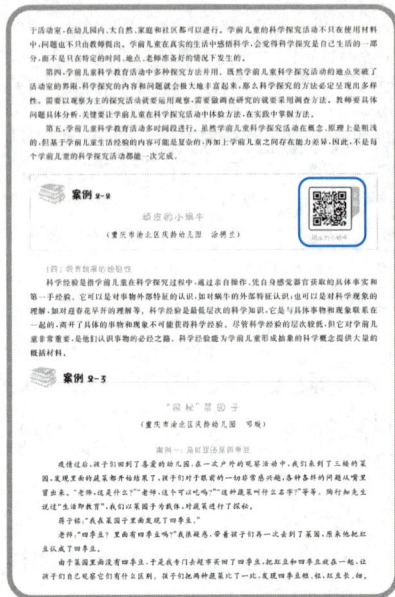

扫码浏览

【更多相关资源】

　　更多资源，如专家文章、活动设计案例、绘本阅读、环境创设、图书信息等，可关注"幼师宝"微信公众号，搜索、查阅。

　　平台技术支持热线：029-68518879。

"幼师宝"微信公众号

# 第三版前言

2011年有幸在复旦大学出版社出版了《幼儿园体育活动设计与指导》这一教材,随着时代的变化、学前教育改革的推进,2018年本教材进行了较大幅度的修订。转眼又过去了四年,本教材依然得到广大同仁和学生的认可与肯定,同时也给我们提出了许多宝贵的意见与建议。为此,第三版进行了进一步的完善修订,使教材内容更加贴近学前教育所需,同时提供更多实际活动案例,并配了大量的体育活动和游戏的视频,以二维码形式呈现,方便学生即时学习。期待本教材能为学习者及一线教育工作者理解与实际操作活动带来更多的方法与启示。

本书紧密围绕党的二十大报告最新精神,坚持立德树人根本任务,秉持"价值观塑造、能力锻造、人格养成、知识传递"理念,在教学中融入关爱学生、教书育人等职业道德规范和科学的教育理念,主张以人为本、因材施教,注重学用相长、知行合一,引导学生培养职业道德和专业素养,旨在使学生习得专业知识与树立正确、崇高的理想信念并举。

本教材立足于《3~6岁儿童学习与发展指南》所确定的教育目标,最重要的关注点之一依然是儿童的健康发展,随着学前教育研究的不断深入,关于幼儿健康的许多问题也在不断出现。回归对儿童发展的认识,回归对新时代发展的理解,立足于教育本体,努力提高教师的教育能力,应该是当前需要不断深化的主要方向。不论一线教师,还是本专业在校学生,都是推进学前教育的最主要的动力。在这样的背景之下,希望《幼儿园体育活动设计与指导》这一重新修订的教材,能在其中依然起到添砖加瓦的作用。

早期幼儿的体育活动,使生命活力得以张扬,使良性生长得以实现,使思维认知得以扩容,在运动中幼儿的心灵与身体得以不断升华。幼儿健康成长,其背后有着许多默默无闻工作者、教育者的努力。和谐的空间环境,有效的运动材料,有趣的活动主题,都彰显出教育者对教育的理解与思考。在不断的理论学习中,在不断实践的探索中,我对教育也获得了更多新的理解。今年针对《幼儿园体育活动设计与指导》一书进行了进一步完善与补充,依然期待能得到您的认同,也期待这种理解能帮助孩子们更好地成长。

在本教材修订中,进一步结合《3~6岁儿童学习与发展指南》的基本要求,在努力理解幼儿成长的基础之上,从幼儿园的实际活动出发,从教学的系统需求出发,对许多内容进行了更为细致的补充,给出更多体育活动的策略与方法。主要修订内容如下:

1. 在第二版中,相较第一版做了较大幅度的修订,使整个教材内容更为全面地接轨幼儿各种形式的体育活动。进一步明确了体育活动对幼儿成长的价值,增加了幼儿园各种体育活动形式与方法,明确了不同形式存在的作用与意义。强调自主活动主导的"玩"、早操活动主导的"练"、集体教学活动主导的"学"三者的结合关系,明确了"玩练"的融合对于幼儿身心同步发展的重要性,同时落实到每个子活动的设计中。第二版中,主要从两大维度出发,进行体育活动内容的梳理:其一从幼儿个体基本动作及基本动作技能发展的视角,结合幼儿体能的发展进行各种体育活动的设计;其二从社会体育文化视角,筛选出专项运动项目,将群众娱乐体育项目,民间体育活动项目进行改良与改造,使之成为幼儿可接受、可操作的体育活动内容。

2. 在保留第二版整体结构不变的情况下,第三版做了以下修订:

(1) 在每个章节的开始部分增加了学习目标,使学习者更加明确此章节需要理解、掌握的主要内容,让学习的核心内容更为清晰。

(2) 在每个章节的结束部分增加了思考题及练习题,一方面加深学习者对于内容的理解,另一方面更强调理论与实践相结合,让课后习题能更好地引导学习者对于核心知识与能力的把握。

(3) 通篇内容文字也进一步进行修订,为此寻求众多一线教师帮助阅读,把不能理解,或较难理解的语句进行完善,使之更为通俗易懂。

(4) 为了更好地适应数字教材的发展,更为了学习者更直观地学习各种游戏方法,在第三版修订中,增加了四十多个在一线幼儿园拍摄的视频。这些活动内容,可通过手机直接播放,使信息传递的准确性、高效性得以保障。

(5) 针对幼儿园专项体育活动方式、方法的需求,此次修订在此方面增加了较多的内容。专业体育活动内容融入幼儿体育教育,一直以来,是幼儿园体育活动的一大难题。此次修订,通过各种游戏案例,强调了专项体育活动"儿童化"的要求,只有在考量幼儿经验与能力的基础上,顺应幼儿的情感与心理需求的基础上,才能让专项体育活动不断促进幼儿全面的发展。

多年来,总有一群志同道合的朋友相伴着一起向前走,在幼儿体育教育的道路上,相互激励,共同进步,在此对这些朋友表达感激之情。一本教材不可能解决所有的问题,也不可能尽善尽美,欢迎有更多新朋友不断加入这个研讨的队伍,大家一起努力,让明天变得更美好。个人的视野、经验、能力总会存在着许多的不足,期待同仁们给予批评、指正!

# 目　录

# 第一章　幼儿园体育活动概述

## 第一节　幼儿园体育活动的内涵

幼儿园体育是幼儿园集体教育中的重要组成部分,是促进幼儿身体生长发育,提高身体素质,提高基本活动能力和运动技能水平,从而增强体质的重要途径。通过科学的、系统的、有规律的锻炼方法,达到有效锻炼的目的,促进身体的全面发展。

### 一、幼儿园体育活动的基本价值

2012 年 9 月,教育部正式颁布的《3～6 岁儿童学习与发展指南》(以下简称《指南》)中指出:"以幼儿后继学习和终身发展奠定良好素质基础为目标,以促进幼儿体、智、德、美各方面的协调发展为核心,通过提出 3～6 岁各年龄段儿童学习与发展目标和相应的教育建议,帮助幼儿园教师和家长了解 3～6 岁幼儿学习与发展的基本规律和特点,建立对幼儿发展的合理期望,实施科学的保育和教育,让幼儿度过快乐而有意义的童年。"

幼儿园体育活动的基本价值主要表现在以下四个方面。

#### (一)身体的发展

体育活动是优化身体体格和体能的重要手段。幼儿时期,身体的成长正处于发展的旺盛期,有目的性、科学的运动,不但能强化机体的完善,促使骨骼、肌肉、身体机能得以快速成熟,形成正确的身体姿势,增强体质,提高适应环境的能力和自我保护的能力,同时对于神经系统的完善和发展也起着重要的作用。丰富的体育活动、均衡的营养与合理的睡眠是建立高质量身体物质基础的三大元素。

#### (二)心理的发展

心理形成的动态平衡与发展,是幼儿成长的重要方面。在幼儿时期,运动成为主要的、合理的途径。幼儿在成长过程中,身体成熟的内驱力,安全感、认知需求、焦虑感、交往需求、情绪控制等,都能通过运动得以很好的平衡、宣泄与发展。运动不但能满足个体心理发展的需要,同时对于幼儿社会性品质、道德、美感、群体关系等高级心理也起着重要的作用。

### (三) 社会性的发展

幼儿园体育活动是以开放性、更多自主性呈现的活动方式,是幼儿走出家庭,走入集体生活的第一步,也是感受社会、融入社会的第一步。群体性的体育活动不但能提高幼儿社会性的适应能力,学会在体育活动中自主克服自我冲动,遵守规则,同时在体育活动中学会尊重与妥协,学会与他人友好合作,形成团队意识与责任感,从而促进幼儿社会性的发展。

### (四) 认知与思维发展

运动是孩子认识世界最初的方式,它先于语言,是孩子切身体验最直接的表现形式。幼儿园体育活动为幼儿提供了大量在运动中认知与思维发展的机会,幼儿不但能认识到身体的各种不同动作的表现方式,同时对空间、移动、环境、材料等都能得到充分的感知,运动中集中观察能力、记忆能力、信息加工能力、知觉推理能力等也能得到很好的运用,个体已有经验在各种运动变化中,更易形成独特性的思维方式。运动是幼儿时期帮助幼儿获得更多认知与思维的重要途径。

## 二、幼儿园体育活动的基本形式

幼儿园体育活动的开展形式分为户外自主性体育活动、室内自主性体育活动、早操活动、集体体育教学活动、运动会、远足等。

### (一) 户外自主性体育活动

是指幼儿借助于幼儿园有准备的户外环境与材料,独自或与同伴在教师提供的内容中,进行自我选择、自主表现的体育活动形式。它是日常性体育活动形式之一,主要包括晨间自主性体育活动、户外区域体育活动、开放式自主体育活动、循环式自主活动等。

### (二) 室内自主性体育活动

是指运用幼儿园的建筑物空间,借助楼层、过道、楼梯、室内、墙面等物理环境进行体育活动的开展。在其中运用及提供相应的材料,使之成为更具有自主体育活动的环境。幼儿室内自主性体育活动多以小区域进行划分。它是在气候、天气、空气质量等局限下,形成的活动选择,是对户外自主性体育活动的重要补充。

### (三) 早操活动

是一种综合性的体育活动形式,主要表现在教学的基础之上进行的自主性、统一性练习,以较为规范的形式为引导,有一定目的性的要求进行的日常性体育活动方式。主要包括热身活动、队列队形活动、基本体操活动、体能活动及放松活动等。早操活动以幼儿的身体姿势练习、动作发展、(加)身体协调能力、集体互动、提高运动体能为目的。

### (四) 集体体育教学活动

是指以教师为主导的,有目的、有计划、有组织地对幼儿身体发展施加影响的活动,是在幼儿基本能力基础之上,促进幼儿发展的体育活动形式。集体体育教学活动是幼儿获得新的运动经验的主要途径,与幼儿园其他形式的体育活动存在着密切的关系。

### (五) 运动会

是一种综合性的体育活动形式,能直接反映出全体幼儿的运动水平。组织形式多种多样,既有以趣味为导向的体育活动形式,也有以亲子活动为导向的体育活动形式,还有以幼儿园体育课程为基础或以体质测量为目的的体育活动形式。

### (六) 远足

是指以集体为单位,以走出园外、走入自然和社会为途径,以增强身体耐力、拓宽视野、培养纪律意识为目的的体育活动方式。

## 三、幼儿园体育活动的任务

幼儿园体育活动主要任务包括:

1. 培养幼儿参加体育活动的兴趣和习惯。
2. 增强体质,提高对环境的适应能力。
3. 提高动作的协调性、灵活性。
4. 培养幼儿坚强、勇敢、不怕困难的意志品质和主动、乐观、合作的态度。
5. 提高幼儿自我保护的意识和能力。

## 第二节　幼儿园体育活动的核心目的

### 一、体质

体质是指人体形态结构,生理功能和心理因素的综合的、相对稳定的特征,是一切生命活动的基础。体质的范畴通常包括体格、体能、人体的适应能力和心理状态(见图1-1)。

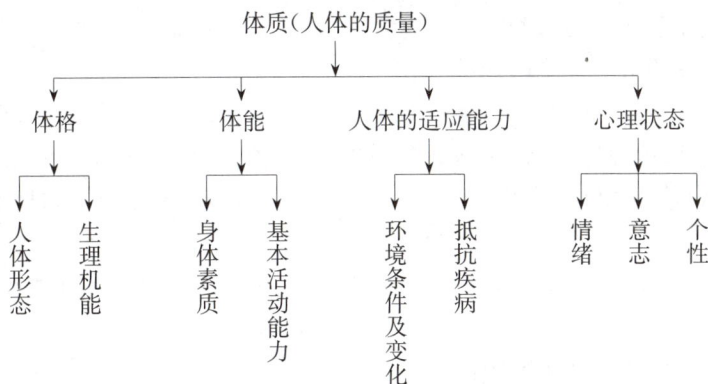

图 1-1　体质的范畴

1. 体格是指人体形态、结构和生理机能的发展状况。主要包括人体的体型、身体姿势和生长发育的水平。

2. 体能是指人体从事身体运动时所表现出来的能力。

3. 人体的适应能力是指在适应内、外界环境中所表现出来的机能能力。主要表现在环境条件及其变化的适应能力和对疾病的抵抗能力上。

4. 心理状态是指人的情绪、意志、个性等方面的心理特征。良好的情绪和精神状态、坚强的意志品质、积极开朗的个性等是一个人良好心理状态的重要标志。

体格是体能发展的基础,体能的发展促进着体格的进一步的加强,体格的强壮同时提升着人体的适应能力,并促进心理状态良好发展。体格是儿童成长过程中最重要的基础。

### 二、体能

体能包括身体素质和身体的基本活动能力这两方面的发展水平。体能分为健康体能及运动体能。健康体能主要包括心肺耐力、柔韧性、肌肉力量、肌肉耐力、身体成分等方面;运动体能主要包括速度、力量、平衡能力、协调能力、灵敏性等方面。

体质的提高为什么要强调体能的发展?

体能的发展是幼儿园体育教育中的直接途径。良好体能的发展,对儿童身体起到一定的刺激,从而使机体产生相应的变化。儿童在从事愉快的身体活动时,新陈代谢旺盛,有关的器官、系统都积极地参与活动,对于幼儿时期尚未发育成熟的器官,起到了很好的促进作用。体能发展的过程,是促进人体形态、结构和生理机能协调发展的重要因素。通过体能的发展,从而使机体的各个方面得到完善和提高(见图1-2)。

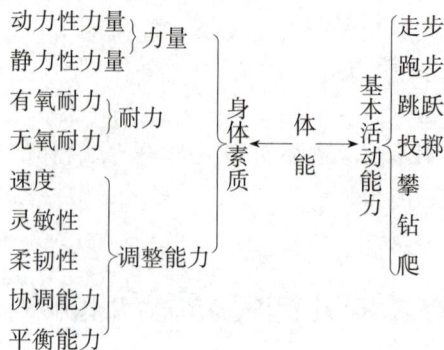

图 1-2　体能发展

### 三、身体素质

#### (一)力量素质

力量素质反映了肌肉活动时收缩能力的大小,也可以理解为克服阻力的一种能力,是生活和身体运动的基础。力量素质包括动力性力量和静力性力量。

儿童力量的发展应注意以下三个问题:

1. 发展动力性力量,避免过度憋气的静力性力量。例如:拔河、掰手腕、顶牛、摔跤等。

2. 儿童应强调发展肢体力量。例如:头颈部力量、下肢力量及腰腹部力量的发展。

3. 儿童发展力量的方法。例如:体操、游戏、基本动作的练习及基础专项体育项目等。

#### (二)耐力素质

耐力素质是指人体在尽可能长的时间里进行肌肉活动的能力,也可以说是抵抗疲劳的能力,包括有氧耐力和无氧耐力练习。

儿童耐力的发展应注意以下四个问题:

1. 强调有氧耐力的练习,避免进入无氧耐力的状态;强调对运动量的控制,注意对练习时间的掌握。

2. 有氧耐力练习中,教会儿童进行有效的深呼吸。例如:模仿火车开动、吹气球、老猫伸懒腰、大笑等。

3. 提倡一定距离的远足活动、慢跑或走跑交替的活动。

4. 练习的方法:慢跑(100～300米)、连续跳、早操、爬行、游戏、器械活动等。

#### (三)调整素质

调整素质是指与神经系统的调节和控制能力密切相关的一系列身体活动的能力。

1. 速度:身体在最短时间内移动快慢的能力。

2. 灵敏性:快速改变身体位置和方向的能力和效率。

3. 柔韧性:关节的活动范围以及关节周围韧带和肌肉的延展的能力。

4. 平衡能力:抵抗破坏平衡的外力,保持全身处于稳定状态的能力。

5. 协调能力:在进行身体运动的过程中,调整与综合身体各部位的动作,使之和谐而统一的能力(包括一般性协调及专向性协调能力)。

儿童调整素质的发展应注意以下四个方面:

1. 综合发展调整素质中的各项能力。

2. 突出平衡能力、灵敏性及协调能力的发展。

3. 不过分强调柔韧能力的发展。

4. 不让儿童进行长时间的快速跑。

### 四、基本活动能力

基本活动能力是指身体运动的基本动作和基本动作技能,是通过人体的运动动作得以表现。人的生长过程中,自我展开的基本动作是一切基本技能发展的基础,最早展开的基本活动能力中的各种能力对应着各个基本动作,即走步、跑步、跳跃、投掷、攀登、钻、爬等,都是幼儿早期形成的行为表现。动作技能是在社会文化体系下,以科学认知为引导的更高能力、更大效应的行为表现。人类的动作技能是建立在基本动作基础之上,通过学习与反复练习而获得的。早期基本动作及基本动作技能的形成和发展,将给人的一生带来很大的影响。

在幼儿园中,动作技能是体育教育中的最重要的核心内容:一方面通过动作技能的学习与练习,不断促进基本动作的展开与完善;另一方面也不断拓展与丰富幼儿的动作图式,使之成为今后一切行为的基础,同时通过动作技能的表现,获得更为科学的身体发展的手段。幼儿园的体育教育有些动作技能较为简单,也有复杂动作技能,甚至包括一些专项性的动作技能,如足球、篮球等。

### (一) 人体动作

1. 根据人体的结构可分为头部动作、上肢动作、下肢动作、躯干动作和全身动作五大类。
2. 动作的形成主要依赖人体骨骼、肌肉、关节及韧带共同的作用来完成的。
3. 动作的变化是随关节、运动幅度、运动力度、运动节奏、身体体位及方位等的改变而变化的。

### (二) 人体主要的运动关节

1. 颈椎关节俗称颈关节,带动头部的运动。
2. 胸椎关节俗称胸关节,带动胸背部的运动。
3. 腰椎关节俗称腰关节,带动腰背部的运动。
4. 肩关节,带动上肢的整体运动。
5. 肘关节,带动前臂的整体运动。
6. 腕关节,带动手掌的运动。
7. 髋关节,带动整个下肢的运动。
8. 膝关节,带动小腿的运动。
9. 踝关节,带动脚的运动。

### (三) 人体的体位

体位主要指站立、蹲、坐、躺等身体位置。

### (四) 人体的方位

方位主要指人所处的方向位置,如向左、向右、向后、向前及各个方位的各种夹角等。

### (五) 基本动作的形成

人体的肌肉是具有记忆效应的,同一种动作重复多次之后肌肉就会形成条件反射。动作的反复练习,能促使动作记忆由大脑的思维记忆向人体的肌肉记忆转换。人体肌肉获得记忆的速度十分缓慢,但一旦获得,其遗忘的速度也十分缓慢。

## 五、核心发展要求

《指南》中针对幼儿动作发展也提出了明确的要求,主要指标是针对身体素质提出的。其建议活动内容与要求如下。

### (一) 具有一定的平衡能力,动作协调、灵敏

1. 利用多种活动发展身体平衡和协调能力。例如:走平衡木,或沿着地面直线、田埂行走,还有玩跳房子、踢毽子、蒙眼走路、踩小高跷等游戏活动。
2. 发展幼儿动作的协调性和灵活性。例如:鼓励幼儿进行跑跳、钻爬、攀登、投掷、拍球等活动,还有玩跳竹竿、滚铁环等传统体育游戏。
3. 对于拍球、跳绳等技能性活动,不要过于要求数量,更不能机械训练。
4. 结合活动内容对幼儿进行安全教育,注重在活动中培养幼儿的自我保护能力。

### (二) 具有一定的力量和耐力

1. 开展丰富多样、适合幼儿年龄特点的各种身体活动,如走、跑、跳、攀、爬等,鼓励幼儿坚持下来,不怕累。

2. 日常生活中鼓励幼儿多走路,自己上下楼梯、自己背包。

从以上要求与建议中,可以看出,身体素质与基本活动能力之间存在着密切的关系。其中,身体素质的发展是核心,基本活动能力是途径。幼儿身体素质的发展水平是在各种身体的基本活动中得以实现的,通过各种有目的性的身体活动,不断提升身体素质。幼儿活动能力又是幼儿身体素质发展水平的外部表现,提高幼儿的身体素质,是发展幼儿基本活动能力的基础。因此,在幼儿园体育活动目标制订中,应寻求各种有效手段,紧紧围绕着身体素质的发展开展体育活动。

### 思考与练习

1. 幼儿园体育活动存在的价值是什么?

2. 幼儿园体育活动有哪些基本形式? 其中最重要的体育活动形式是什么?

3. 体质主要包括哪些方面的内容?

4. 体能主要包括哪些方面的内容?

5. 灵敏性与协调能力的差别是什么?

6. 人体的各运动关节主要带动了人体哪些肌肉的练习?

7. 如何理解《3～6岁儿童学习与发展指南》中的动作发展目标,前两个分目标体现的价值取向有何不同?

# 第二章 队列队形

1. 了解幼儿园队列队形活动的基本内容与要求。
2. 理解并掌握队列队形游戏化的基本方法。
3. 牢固掌握队列队形活动的组织方法。

## 第一节 队列基本知识简介

### 一、队列队形

队列是指儿童按照一定的队形,根据规定的口令或条令,做协同一致的动作。队形是指在队列练习的基础上,根据任务和要求,进行各种队列的队形、体操的队形和图形的变化等。

队列队形练习对于培养幼儿身体的正确姿势,在集体行动中迅速、整齐的行为,树立集体的观念,遵守纪律等方面都具有良好的作用。

### 二、基本口令

基本口令有立正、稍息、向前看齐、原地踏步走、向左(右、后)转、便步走、齐步走、跑步走、左(右)转弯走、立定等。

### 三、基本术语

列:左右并成一线叫列(横队)。

路:前后重叠成一行叫路(纵队)。

排头:位于纵队之首或横队右侧第一人叫排头。

排尾:位于纵队之尾或横队左侧第一人叫排尾。

预令:口令的前部分,使听口令者注意并准备做动作的内容叫预令。

动令:口令的后部分,使听口令者立即做动作的内容叫动令。

例如:口令"向前看齐"中,"向前看"为预令,"齐"为动令。

## 四、口令要求

口令清楚、洪亮、有节奏。

预令与动令间的时间稍长,给幼儿足够的反应时间。

教师在发口令时,多结合肢体进行指挥。

## 五、队列练习内容、口令和基本要求

**表 2-1 队列练习内容、口令和基本要求**

| 队列内容 / 口令要求 | | 口 令 | 动 作 基 本 要 求 |
|---|---|---|---|
| 原地队列练习 | 立正 | "立正" | 身体保持正直,两臂自然下垂于身体两侧,眼看前方,脚跟靠拢,脚尖稍分 |
| | 稍息 | "稍息" | 左脚向左侧跨出半步,两脚左右开立,重心落在两腿之间,两手背于身后相握 |
| | 看齐 | "向 前 看——齐""两臂放下" | 口令主要用于队伍呈纵队时,排头两臂侧平举,后面小朋友两臂前平举,双脚靠拢,眼看前方。保持左右、前后间距<br>两臂放下时,快速将两手臂放下,贴于身体的两侧,保持直立 |
| | 原地踏步 | "原地踏步——走" | 从左脚开始,两脚在原地上下起落,上体正直,两臂前后直臂摆动,眼看前方。此动作可不断增大手臂及下肢幅度 |
| | 向左(右、后)转 | "向左(右、后)——转" | 身体向左(右、后)转动,身体保持正直;听到口令后,幼儿回复口令"1、2",同时结合踏步动作完成转体 |
| 行进间队列练习 | 便步走 | "便步——走" | 自然走步,不需要统一的步伐 |
| | 齐步走 | "齐步——走" | 左脚开始,向前行时,步伐均匀,上体正直,两臂前后自然摆动,精神饱满 |
| | 跑步走 | "跑步——走" | 听到预令后,两手握拳,在身体左右屈肘于腰间,听到动令后,踏步跑出,两臂前后自然摆动 |
| | 向左(右)转弯走 | "向左(右)转弯——走" | 排头在指定地点向左(右)呈弧形转弯走,后面幼儿逐一跟随前进 |
| | 立定 | "立——定" | 听到动令,两拍后停下,呈立正姿势,幼儿回复口令"1、2" |

# 第二节　队列队形教法

## 一、集合方法

**教案 1　快乐的音乐在叫我**

**建议**　在体育活动开始时,或在活动进行中,以幼儿熟悉的各种歌曲作为引导的工具,在音乐声中,老师与幼儿伴着歌曲,边唱边击掌,同时以小跳步的方式,快速集中到老师的身边,并原地踏步集合。歌曲需要节奏明快,简单易懂。在操作时注意,一开始应由教师带领,后在不断练习的基础之上,形成幼儿的自主行为。

参考歌曲:《大家一起来》《向前冲》等。

**教案 2　拍拍手,跺跺脚,眼看老师整队好**

**建议**　在体育活动开始时,教师与幼儿运用各种固定的口诀相互配合进行集合。在集合中也可以根据口诀进行各种动作的表现。使幼儿在互动中,在良好的氛围中,集中思想,最终形成统一的集合要求。

口诀的选择可以逐渐增加难度。此方法要求加强常规性练习,使师生达成默契。

参考口令：

1. 教师发出口令："一二三"，幼儿集体回复："静下来"。同时身体形成直立动作。

2. 教师发出口令："一二三、三二一"，幼儿集体回复："一二三四五六七"。同时身体形成直立动作。

3. 教师发出口令："小朋友们站一起"，幼儿集体回复："比比哪队最整齐"。同时身体形成直立动作。

4. 教师发出口令："卧如弓"，幼儿集体进行原地体侧动作的练习；教师发出口令："坐如钟"，幼儿集体进行原地马步动作的练习；教师发出口令："行如风"，幼儿集体进行原地跑步动作的练习；教师发出口令："立如松"，幼儿集体形成直立动作。

5. 教师发出口令："跑得快"，幼儿集体进行原地跑步动作的练习；教师发出口令："跳得高"，幼儿集体进行原地跳的练习；教师发出口令："投得准"，幼儿集体进行原地投掷动作的练习；教师发出口令："转个圈儿一样站得稳"，幼儿一脚支撑地面，快速原地转动一圈，最后形成直立动作。

**教案3　老师讲故事了**

**建议**　在体育活动开始时，或在活动进行中，教师告诉身旁的幼儿，老师要讲故事了。让幼儿相互招呼，使全体幼儿快速集中到教师身边。老师向幼儿讲解本次活动相关的小故事或小知识等。

此方法多用于分散活动后进行集合。

例如：本次活动将进行20米往返跑的练习，老师向幼儿介绍相应的关于"跑"的小故事。例如：世界短跑名将的小故事，奥运会小知识等，来调动幼儿的练习兴趣。

**教案4　我是你的好朋友**

**建议**　在体育活动开始时，或在活动进行中，教师用人物或动物道具引入活动，吸引幼儿的注意力，要求道具成为活动中的一员。用道具形象引领幼儿进行集合或活动。此方法多用于小班集体体育活动的集合中。

参考道具：手指玩偶、手玩偶、一般性玩偶等。

**教案5　听我口令**

**建议**　在体育活动开始前的集合方式，教师用有节奏的短句编成口令，督促幼儿在排队时相互竞争，同时形成合理的间隔。使全体幼儿做到"快、静、齐"。

参考口令：

1. 教师发出口令："看前头，对对齐"，全体幼儿两臂前平举，形成前后的间隔；教师发出口令："左右两边不拥挤"，全体幼儿两臂侧平举，形成左右合理间隔。

2. 教师发出口令："比比赛，看一看"，全体幼儿两臂前平举，形成前后的间隔；教师发出口令："排排对齐"，全体幼儿两臂侧平举，形成左右合理间隔；教师发出口令："静下来"，全体幼儿放下双臂。

**教案6　跟着老师来跳舞**

**建议**　用音乐带动幼儿跟着教师一起跳舞，舞蹈可以是统一的，也可以是自由发挥的。目的是使幼儿在愉悦中有节奏地靠近教师。教师在进行舞蹈中，注意节奏的要求，同时示意幼儿不断向自己靠拢。

此方法多用于活动进行中幼儿的集合。活动要求加强常规练习。

**教案7　我的位置在哪里**

**建议**　在集合队伍之前，教师用各种材料预先在地面上确定幼儿所要站立的位置。可以用圆形彩纸、纸制小脚印、各种卡通画等，按预设的队形粘贴于地面。此方法方便教师确定集合时的队形。

也可以用小的较重的塑料圆片或小塑料圈进行放置。这种方法便于教师进行各种队形的随时调整和改变，使幼儿在最短的时间内明确自己的位置。

在以上方法的基础上，还可在这些材料表面按照教师的需求标注各种不同的符号、图案、色彩或人名等，同时在每名幼儿身上粘贴对应的内容，通过幼儿自主寻找，从而固定幼儿的位置。例如：数字分组、水果分组、形状分组、色彩分组等。

**教案 8　听一听，看一看**

**建议**　教师用口哨、铃铛、手鼓、大鼓、响板或竹筒等作为集合的道具。在进行中，教师有节奏地敲击各种道具，使幼儿快速集合到教师的身边。

也可以用旗、彩带或教师固定动作作为集合的要求。

锻炼幼儿听信号及看信号做出反应的能力。

此方法要求加强常规练习。特别在教师运用各种固定动作的使用时，要进行经常性练习，使幼儿与教师之间达成默契。

## 二、队列队形练习方法

**教案 1　请你站在我面前**

**建议**　教师在场地的中间画一圆圈，并站于圈内。幼儿随机站在场地上，当听到教师集合的口令后，快速跑向教师，随机站在教师的面前，但不允许进入圈内。完成后，教师更换方向，再次发出口令，幼儿如前次一样跑到教师面前。如此反复。

视 频

请你站在我面前

**参考玩法 1**　教师站在原地，向后转体，幼儿由教师身后跑到教师面前。

也可进行向左、向右等方向的转体。

根据此方法，教师可进行位置的移动，移动的距离可长可短。在没有听到教师的口令时，幼儿站在原地，不允许动；听到教师的口令后，幼儿快速集中到教师的面前。

**参考玩法 2**　教师运用口令与肢体语言组织活动。当教师喊出"集合"口令后，幼儿快速来到教师身边；当教师喊出"解散"口令后，幼儿快速远离教师。如此反复进行练习。在此过程中，教师站于原地，可以不断改变自己站的方位进行练习，也可以远离原有的位置进行练习。

此类方法强调师生互动。在一开始操作时，幼儿人数不宜太多，可进行分组练习，避免相互碰撞。

**教案 2　让你做啥就做啥**

**建议**　教师站在场地中间，幼儿随机站在场地上，面向老师。教师依次发出各种口令，幼儿听从口令依次完成所要求的动作。强调在没有固定队形的基础上，幼儿独自完成教师要求的队列内容。

视 频

让你做啥就做啥

此方法有利于提高教师对幼儿的控制能力。在口令操作的过程中，可结合肢体语言进行。逐步用肢体语言代替口令，使师生间更加默契。

（此活动的运动量较大，教师注意活动中的调整。）

参考口令：

原地向上跳；转圈；不动；蹲下；起立；单脚站立；原地跑；立正；稍息；离开老师；回到老师身边等。

**教案 3　闭着眼做队列**

**建议**　幼儿面向老师排成两列横队，成体操队形站立。教师要求幼儿闭上眼睛，听老师的口令。练习时进行向左、向右、向后等方向的原地转体练习，也可以进行向前、向后、向左、向右的跨步练习。

（此动作要求在幼儿基本掌握左右方位的基础上进行队列强化练习。）

**教案 4　请你跟我这样做**

**建议**　幼儿面向老师排成两列横队，成体操队形站立。教师只做动作，不发出口令，要求幼儿跟老师做一样的动作，速度由慢到快，由易到难。看谁做得既快又准。

视 频

请你跟我这样做

在内容选择上可以是情绪类、交往类、模仿类、基本运动动作类等。

（注意每个动作的时间不宜太长。）

在此方法的基础上，可以要求幼儿跟老师做相反的动作，看谁反应快。动作难度不宜过大，以正面练习为主。

参考口令：大笑、不笑、假哭、小鸟飞、握手、拥抱、两臂前平举、侧平举、上举、斜上举、下蹲、站起、举左手、举右手、左(右)脚独立、转圈、向上纵跳、原地跑步等动作。

### 教案5　小小竹竿长又长

**建议**　用一根竹竿或两根竹竿结合幼儿进行队列的练习。

① 一根竹竿的使用

**方法1**　幼儿呈一列横路站立。每个幼儿都双手握竹竿于体前,同步向前行走或向后退。

**方法2**　在方法1的基础上把竹竿架在每个幼儿的臂上,双手握竿,头(尾)或中间幼儿位置不动,进行顺时针或逆时针行走等。

**方法3**　把幼儿分成甲乙两组,面对面站立,在两组中间放一根竹竿,每人双手在胸前握竿。甲组第一名幼儿站于竹竿的最顶端,面向乙组方向站立;乙组第一名幼儿站于甲组第一名幼儿的旁边,面向甲组站立;如此操作,两组面对面错位站好。甲组向前进时,乙组退;乙组向前进时,甲组退。

**方法4**　幼儿呈一路纵队站立。竹竿穿过所有幼儿的胯下,每名幼儿双手抱握竹竿,一起向前进。

② 两根竹竿的使用

**方法1**　幼儿呈一路纵队站立,每个幼儿两手各握住一根竹竿,垂于体侧,进行集体的上举竿、侧平举竿、下蹲或前后摆臂练习等。

**方法2**　在方法1的基础上进行集体的向前行进,把两根竹竿同时扛在臂上,进行走步练习。

**方法3**　在方法2的基础上,把一根竹竿放于臂上,另一手握竿进行行进间的摆臂练习。

**方法4**　把两根竹竿同时放于身体的两侧,配合两手臂的摆动进行行进练习。

### 教案6　进一步,退一步

**建议**　幼儿排成两列横队,在教师的带领下进行集体练习。

练习内容及方法：向前进一步、并步;向后退一步、并步;向左侧跨一步、半蹲还原(或起踵还原);向右侧跨一步、半蹲还原(或起踵还原)。

**教学过程**

1．独自跟随教师进行练习。

2．两个幼儿面对面、手牵手进行练习。

3．在音乐的伴奏下进行练习。

在此基础上,可进行交叉步或转体练习等。音乐的选择可由慢到快。

(此动作强调幼儿节奏的控制和协同能力的发展。)

### 教案7　跟着红旗走

**建议**　幼儿呈若干纵队站立。教师把红旗分给每组排头,指挥排头幼儿按不同的或相同的路线行进。每组幼儿要求以纵队形式跟紧排头。教师安排走、跑、停、蹲等动作进行练习。

旗子也可采用不同的颜色,排头幼儿可以进行轮换。

### 教案8　猫和老鼠报数

**建议**　幼儿呈两列横队站立。每组排头幼儿模仿猫的动作原地跳转向第二个幼儿,并叫一声"喵",第二幼儿蹲下或向前跳出一步;第三个幼儿动作同排头幼儿,第四个幼儿动作同第二个幼儿;如此反复,直至最后。在游戏中,教师利用幼儿不同体位,快速地把幼儿由一列横队或两列横队,变成两列或四列横队。

此方法也可用其他事物形象代替。例如：狼和兔、猎人和狼、香蕉和苹果、大西瓜和小西瓜等。

视频

猫和老鼠报数

### 教案9　红灯停绿灯行

**建议**　教师手执两面旗子,一红、一绿,站于终点处,距离幼儿15米左右。

把幼儿分成五人一组，呈若干列横队站立，每队左右相邻的幼儿互相牵手，或左右相互搭肩，一起行进。各队前后间隔一定的距离。全体幼儿看信号做动作。看见红旗全体停下来，看见绿旗向前走，看哪一排到达终点时最整齐。

在进行这种游戏活动时，人数可以由少到多。从独自进行，到两人协同进行，到多人协同进行，反复练习。

在此基础之上，也可看看哪一组既快又整齐。

（此动作强调幼儿间协同走能力的发展。）

**教案 10　蹲下来、站起来**

**建议**　以半蹲、全蹲的方式要求幼儿进行下蹲练习。半蹲时两脚开立，两手分别扶住膝关节，身体前屈；全蹲时两脚并拢，全身抱团。

听到教师口令"1"时，全体幼儿呈全蹲；听到口令"2"时，身体呈直立。全体幼儿呈半蹲。反复练习。

开始练习从全蹲转为半蹲时，幼儿可以选择跨开任何一脚；在不断练习中，教师可以要求全体幼儿在转换时跨同一只脚，向同一方向。

组织：整体练习，或分组练习。

（此动作强调幼儿下肢力量的练习和节奏的把握。在练习时要求师生同步，动作统一。）

**教案 11　苹果、菠萝，变**

视　频

**建议**

**方法 1**　教师组织幼儿手牵手围成一个圆，完成后，分成左右两人手牵手，并明确两名手牵手的幼儿站于左侧的一人充当苹果，站于右侧的一人充当菠萝。游戏开始，当教师发出指令"苹果变"时，充当苹果的幼儿快速跑到充当菠萝的幼儿的右侧，并把手牵起来；反之，当教师发出指令"菠萝变"时，充当菠萝的幼儿跑到充当苹果的幼儿的另一侧，并手牵手。看看哪一组完成得最好。

苹果、菠萝，变

**方法 2**　教师组织幼儿手牵手围成一个圆，完成后，分成左右两人手牵手，手牵手的幼儿再变成前后站位，前面幼儿充当苹果，后面幼儿充当菠萝，后面幼儿双手搭于前面幼儿的肩上。如方法 1 的方式，教师发出口令，此时，形成前后跑动。喊"菠萝变"时，后面幼儿跑至充当苹果的幼儿的前面，充当苹果的幼儿快速将双手搭在充当菠萝的幼儿的肩上。若第一次发出口令是"苹果变"时，充当苹果的幼儿则跑到充当菠萝的幼儿的身后。

**方法 3**　在方法 1 或 2 的基础之上，教师发出指令"苹果自由变"，此时充当苹果的幼儿可以在圆内去找其他任何一个充当菠萝的幼儿，并牵起手来。

**？你知道吗？**

幼儿园体育活动的特点是什么？

（1）体育活动的目的，主要是以锻炼幼儿身体、增强体质为核心。

（2）体育活动主要是通过身体练习来实现其目的。幼儿处在不断的运动状态中，身体和情绪较为活跃。

（3）体育活动要有合理的运动量。运动量是否恰当，是决定体育活动效果的主要因素之一。

（4）体育活动以幼儿与材料、幼儿与环境、幼儿之间的互动为主体。

（5）集体体育教学为自主性体育活动服务。

（6）体育活动的开展更多建立在游戏的基础之上。

（7）体育活动环境较复杂，一般在户外进行，干扰因素较多，幼儿注意力易分散，情绪易受影响。对教学的组织工作提出较高的要求。

## 思考与练习

1. 可以选择哪些材料开展队列队形活动?
2. 分组练习队列队形的基本口令,并同步进行各种队列队形的实践练习。
3. 选择若干队列队形游戏进行活动的开展。
4. 分小组尝试创编队列队形游戏。
5. 在实习过程中,不断观察与理解不同年龄段幼儿可进行哪种形式的队列队形活动。

# 第三章 幼儿基本体操和运动技巧

## 学习目标

1. 了解幼儿基本体操活动开展的作用与功能。
2. 掌握基本体操编排的基本方法。
3. 牢固掌握基本体操与运动技巧的动作教法。

基本体操和运动技巧,是在科学理解动作的基础之上,有目的性地发展幼儿身体运动能力,提高幼儿身体素质,促进幼儿身体正常发育。

在幼儿园体育活动开展过程中,教师应引导幼儿较准确、规范地掌握一些基本体操的动作,学会几种基本运动技巧,能在自主活动中独立运用一些基本动作进行游戏。从而,有目的性地发展幼儿身体各部位的力量,协调性、柔韧性及平衡性等方面的能力。在这些集体活动中,还要不断发展幼儿的相互合作、协同的能力,使其更具有纪律观念、规则及社会意识。

运动技巧所涉及的内容难于基本体操的动作,需要教师的指导和幼儿的反复练习才能发挥作用,并具有更大的练习价值。这是幼儿体育课程中不可缺少的内容,当幼儿有所获得后,也能成为基本体操的练习动作。

## 第一节 幼儿基本体操

### 一、幼儿基本体操的概念

幼儿基本体操,是在集体活动中通过规范的身体动作,各运动关节有目的性的活动,激发幼儿身体活力,提高身体素质,增强体质,是发展幼儿正确的身体姿势的重要手段。常运用于早操活动、午休后觉醒操和各种体育活动前期准备和后期放松活动中。

### 二、基本体操的编排

基本体操主要表现在身体由上至下各关节的运动,包括头颈部关节、上肢各关节、胸部、腰部、下肢各关节的动作,在编排基本体操时一般按以下程序进行安排:头部运动、上肢运动(伸展运动、四肢运动等)、扩胸运动、下肢运动(踢腿运动、下蹲运动、马步运动、弓步运动等)、腰部运动(体侧运动、体转运动、腹背运动、体绕环运动等)、全身运动、跳跃运动及整理运动等。

编排设计时,注意由身体远端到近端,由身体局部动作到全身综合动作,由小运动量到大运动量,按人体生理机能活动能力变化的规律进行。

### 三、幼儿基本体操的类型

幼儿基本体操主要包括徒手体操和器械体操两种类型。

#### 1. 徒手体操

徒手体操包括一般性徒手操、模仿操、拍手操、韵律操、武术操、有氧健美操等。

建议：不同的体操类型，其核心价值不同，注意各种体操类型之间的合理搭配。幼儿基本体操一般以模仿操为主。

#### 2. 器械体操

器械体操包括轻器械操和辅助器械操两种。

轻器械操，如哑铃操、红旗操、球操、铃鼓操、圈操、棍棒操、花操、易拉罐操、草帽操、筷子操、手铃操等，主要是常规器械和自制器械两类。

辅助器械操，如椅子操、垫子操、皮筋操、踏板操、轮胎操、竹竿操等。

建议：了解不同材料的性质，思考材料的形象化概念，可形成不同的动作表现，具有不同的运动价值。

### 四、幼儿体操的基本术语

举：由低部位向高部位举起的动作。例如：两臂前平举、斜上举、上举；向前(后、侧)举腿等。

屈、伸：身体各关节的弯曲和伸展。例如：两臂肩侧屈、两臂胸前平屈、颈前屈、体前屈、屈膝等。"伸"对应"屈"进行。

绕：头颈关节，肩、肘、腕关节，腰椎关节，膝关节，踝关节等关节，做大于 180 度、小于 360 度的弧形动作。

绕环：在绕的基础之上，做大于或等于 360 度的圆形动作。例如：两臂经体侧向前绕环、腰部成顺时针绕环等。

振：手臂或躯干做加速的富有弹性的动作。例如：两臂上举向后振一次、两臂胸前平屈向后振一次等。

踢：用腿做加速用力的动作。例如：向前踢腿、向后踢腿、向侧踢腿等。

蹲：两腿同时屈膝的动作。例如：全蹲和半蹲。

摆动：手臂或腿做类似钟摆的动作。例如：两臂前后摆动、单腿前后摆动等。

撑：两手支撑在地面的姿势。例如：蹲撑、俯撑、跪撑、仰撑等。

### 五、基本体操动作教法

**动作 1　头颈部动作**

**动作内容**　头颈部前屈、后屈、左(右)屈；头颈部左(右)侧转；头颈部绕环等。

**动作要领**　身体姿势：身体保持正直，双手叉腰。

颈前屈：头部向前低头。

颈后屈：向后仰头。

颈左(右)屈：头部侧向左(右)侧弯曲。

颈左(右)侧转：头部直立，向左(右)侧转 90 度。

颈绕环：顺(逆)时针转动头部。

**动作 2　直臂动作**

**动作内容**　前平举、侧平举、上举、斜上举。如图 3-1。

图 3-1

**动作要领** 身体姿势：眼视前方，身体保持正直，双脚并拢。

前平举：两臂于体前平行抬起，掌心相对。

侧平举：两臂于体侧平行抬起，掌心向下。

上举：两臂夹于耳侧向上垂直抬起，掌心相对。

斜上举：两臂于肩上侧举，之间呈 90 度，掌心相对。

**动作 3　屈臂动作**

**动作内容** 肩侧屈、两臂胸前平屈。如图 3-2。

**动作要领** 身体姿势：眼视前方，身体保持正直，双脚并拢。

肩侧屈：两臂平举，肘关节屈起，两手搭于肩上。

两臂胸前平屈：两臂平举，肘关节向内屈，两手放于胸前，掌心朝下。

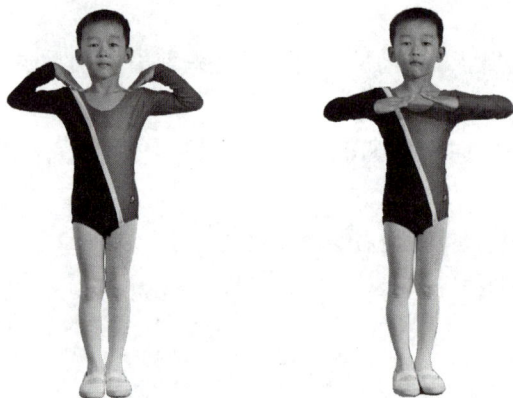

图 3-2

图 3-3

**动作 4　肩绕环动作**

**动作内容** 直臂绕环、屈臂绕环。如图 3-3。

**动作要领** 身体姿势：眼视前方，身体保持正直。

直臂绕环：以直臂动作进行，可分为两手臂同步于体侧向前(向后)绕环、两手臂依次于体侧向前(向后)绕环。

屈臂绕环：开始动作成肩侧屈，再向前(向后)同步绕环。

**动作 5　扩胸动作**

**动作内容** 直臂向上扩胸、直臂侧向扩胸、屈臂侧向扩胸。如图 3-4。

**动作要领** 身体姿势：眼视前方,身体保持正直。

直臂向上扩胸：两手臂同时向上举起,向体后快速振,掌心向前或十指交叉。

直臂侧向扩胸：两臂同时快速向两侧平行振,掌心向上。

屈臂侧向扩胸：两臂平屈于胸前,快速向两侧振,掌心向下或握拳;可结合一直臂、一屈臂向两侧同时振摆。

**动作 6　弓步动作**

**动作要领** 上体保持正直;眼视前方;双手叉腰;两脚前后呈丁字步站立;前腿屈,大腿与小腿间呈90度;后腿蹬直;重心落于两脚之间。如图 3-5。

图 3-4　　　　　　　　　　　　　　　　图 3-5

**动作 7　马步动作**

**动作要领** 上体保持正直,稍向前屈;眼视前方;两臂前平举,握拳;两脚左右开立,稍宽于肩,双膝弯曲,稍向内扣,两脚尖朝前。如图 3-6。

**动作 8　仆步动作**

**动作要领** 上体保持正直;双手叉腰;两脚呈丁字步左右开立;一脚蹬直,另一脚弯曲;重心落于屈腿方。练习时,从一侧腿屈,转换成另一侧腿屈,动作相反。反复交换练习。如图 3-7。

图 3-6　　　　　　　　　　　　　　　　图 3-7

**动作 9　蹲的动作**

**动作内容** 半蹲、全蹲。如图 3-8。

**动作要领** 半蹲：上体保持正直,稍向前屈;眼视前方;双手叉腰;双脚左右开立稍宽于肩,双膝屈,大小腿之间的夹角大于 90 度；两脚尖向前。全蹲：身体抱成一团，两脚并拢；上体紧靠大腿，大腿紧贴小腿，双手抱于双膝。

图 3-8　　　　　　　　　　　　　　　　　图 3-9

**动作 10　踢腿动作**

**动作内容**　长踢腿、短踢腿。如图 3-9。

**动作要领**　长踢腿：踝关节伸，脚面绷直，髋关节舒展；短踢腿：踝关节屈，腿尖向内钩起，髋关节内收。

基本动作：上体保持正直，一腿伸直支撑于地面，另一腿快速向前踢起，双手置于身体两侧保持平衡，或一手触击摆动腿的脚面。向侧形成侧踢腿，向后形成后踢腿等。

**动作 11　举腿动作**

**动作内容**　各个方向的举腿：向前举腿、向侧举腿、向后举腿。如图 3-10。

**动作要领**　基本动作：两手侧平举，身体保持正直，双脚并拢。

向前（侧、后）举腿：一腿支撑，保持直立，另一腿举起，举起时，绷直膝关节、踝关节，向前（后、侧）最大幅度地慢慢抬起，并能控制一定的时间。

图 3-10　　　　　　　　　　　　　　　　图 3-11

**动作 12　体侧屈动作**

**动作要领**　向左侧屈、向右侧屈。如图 3-11。

**动作要领**　身体姿势：眼视前方，身体保持正直，双脚左右开立稍宽于肩。下肢不动，上体向左（右）侧快速倾斜，并恢复。结合手臂的动作非常多，可直臂、屈臂；双手放于体后、脑后、胸前等。

**动作 13　体前屈（倾）动作**

**动作内容**　上体前倾、上体前屈、坐位体前屈。

**动作要领**　上体前倾：上体向前屈，上体与下肢之间的夹角大于 90 度。上体前屈：上体向前屈体，上体与下肢之间的夹角小于或等于 90 度，手向下伸，尽可能接触地面。如图 3-12。坐位体前屈：身体坐于地面，两腿并拢，并伸直，双手带动上体向脚的方向运动。

图 3-12　　　　　　　　　　　　　　　图 3-13

**动作 14　体后屈动作**

**动作要领**　上体后屈：两脚左右开立稍宽于肩，双手叉腰，或向后伸展手臂，下肢稍屈，结合上体向后弯曲，注意身体重心的控制。如图 3-13。

**动作 15　体转动作**

**动作内容**　向左侧转、向右侧转。如图 3-14。

**动作要领**　身体姿势：身体保持正直，双脚左右开立稍宽于肩。下肢不动，上体向左（右）侧转动 90 度，并回复。结合手臂的动作非常多，可直臂、屈臂；双手放于体后、脑后、胸前等。

图 3-14　　　　　　　　　　图 3-15　　　　　　　　　　图 3-16

**动作 16　体绕环动作**

**动作内容**　顺时针绕环、逆时针绕环。如图 3-15。

**动作要领**　双手叉腰，两脚左右开立，稍宽于肩；身体向一侧挺髋，同时向后或向前顺时针或逆时针最大幅度地转动髋关节。

**动作 17　起踵动作**

**动作内容**　并脚起踵、分脚尖起踵。如图 3-16。

动作要领 双手叉腰,身体保持正直。并脚起踵:双脚相并,脚后跟抬起,身体重心向上。练习时有节奏抬起和下压脚后跟。分脚尖起踵:两脚跟相并,脚尖左右分开,动作同上。

## 第二节　幼儿运动技巧

### 一、幼儿运动技巧的基本内容与发展价值

运动技巧的教育内容较广,针对幼儿的特点,主要包括滚动、滚翻、劈叉、举腿、旋转、身体平衡及各种组合动作等。通过各种身体姿态的练习,不但能让幼儿学会各种有趣的动作技巧,同时也是促进良好身体姿势养成的重要手段之一,以达到神经调节系统不断完善,促进感觉统合,促进身体各部位肌肉力量均衡发展,使之对人体自身进行有效控制。这也是让幼儿获得更多基本动作技能的手段。

### 二、幼儿运动技巧动作教法

动作 1　仰卧举脚

动作要领 身体呈坐姿,双手于体后支撑,双腿放平于地面。

动作 1:双膝同时快速屈起,膝关节靠近身体;动作 2:双膝依次屈起,膝关节靠近身体;动作 3:膝关节不弯曲,双腿伸直同时举起;动作 4:膝关节不弯曲,两腿依次伸直举起;动作 5:双腿伸直举起后,双脚在空中走步;动作 6:双腿伸直举起,双腿在空中分开,再并拢。如图 3－17。以上动作反复进行。

(此动作强调幼儿下肢及腰腹力量的发展。)

图 3－17　　　　　　　图 3－18　　　　　　　图 3－19

动作 2　俯身摇

动作要领 身体平卧于地面,双手向身后伸出,双腿向后屈;同时双手抓住踝关节;以腹部支撑地面,身体呈反弓,同时抬头。摇动身体重心,使身体摇动。如图 3－18。

(此动作强调幼儿柔韧性及腰背部力量的发展。)

动作 3　坐位平衡

动作要领 身体平躺于地面,双手于体侧呈侧平举,双腿伸直并放于地面。练习时,两臂在体后支撑地面,双腿及上体慢慢抬起,同时收腹,控制重心在一定的位置,尽力保持身体的平衡,最后慢慢抬起手臂。如图 3－19。

(此动作强调幼儿腹部力量及身体平衡能力的发展。)

动作 4　俯身两头起

动作要领 身体平卧于地面,双手上举,平放于地面。

练习时,双臂及双腿尽力保持伸直,同时,以腹部支撑地面,身体向上抬起。在此之前,可用手支撑地

面,尽力把双腿抬起。如图 3-20。

图 3-20

图 3-21

**动作 5　爬行呈俯卧**

**动作要领**　动作 1:身体呈全蹲,双手支撑于地面;练习时,双手依次向前爬进,双脚不动,使身体不断伸展。动作 2:膝关节不弯曲,双手支撑地面不动,双脚逐步向后退,使身体伸展;也可采用双手不动,膝关节不弯曲,双脚向手的方向最大幅度地移动。如图 3-21。

(动作 1 强调幼儿上肢及腹部力量的发展;动作 2 强调幼儿肩背力量及下肢柔韧性的发展。)

**动作 6　坐位行**

**动作要领**　身体呈坐姿,双腿伸直,双手支撑于身体两侧。动作 1:上体稍后倒,双手移向身体后支撑;同时双腿屈膝;双脚蹬于地面,使膝关节由屈到直,带动身体向后移动。如图 3-22。动作反复进行。动作 2:方法同动作 1,方向可以选择向前移动身体。动作 3:如动作 1,两人前后成坐,坐于后面的人双腿分开,夹住前面一人的腰,两人运用动作 1 或动作 2 的方法,同步向前或向后移动。

(此动作强调幼儿上下肢协调能力及柔韧性的发展、幼儿背部力量的发展。)

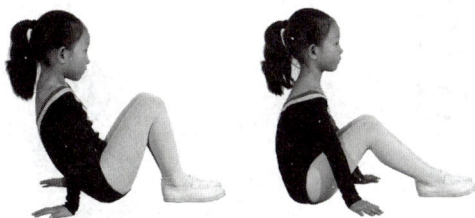

图 3-22

图 3-23

**动作 7　仰卧团身摇**

**动作要领**　身体呈仰卧,臀背部着地,双膝屈,脚尖钩起,双手抱于膝关节,同时头部靠向膝关节处,使身体抱成一团;移动重心,使身体前后摇动。如图 3-23。此动作可作为学习前滚翻前的基础练习。

(此动作强调幼儿平衡能力及自我控制能力的发展。)

**动作 8　身体的旋转**

**动作要领**　身体直立,双脚左右开立,双手于体侧保持平衡。如图 3-24。

动作 1:单脚支撑旋转,两臂侧平举,以一脚前掌作为转动轴,不离开地面;另一脚快速蹬地,使身体进行原地的转动。动作 2:双脚旋转,两臂侧平举,分别以两脚依次作为转动轴,双脚依次离开地面,进行原地的旋转。动作 3:两臂侧平举,以双脚旋转为基础,进行一定距离的移动。动作 4:双脚跳起,身体在空中旋转一定的角度,双脚落地。

(此动作强调幼儿身体平衡能力的发展。)

图 3-24

图 3-25

### 动作 9　前滚翻

**动作要领**　准备动作：身体呈全蹲，双手支撑于体前，双脚并拢。练习时，屈臂，低头，双脚快速蹬地，抬起臀部；滚动时，双手快速抱膝，经头、肩背、臀部；屈膝收腿，双脚尖钩起，呈全蹲。如图 3-25。

（此动作强调幼儿身体的协调能力及平衡性的发展。）

### 动作 10　直体侧向滚动

**动作要领**　准备动作：俯身平躺于地面，双手上举（或屈肘放于胸前）。练习时，转动肩关节，带动躯干，同时拧腰，带动下肢向一侧滚动。如图 3-26。也可借助一定的坡度，帮助幼儿进行身体的侧向滚动。

（此动作强调幼儿平衡能力的发展。）

图 3-26　　　　　　　图 3-27　　　　　　　图 3-28

### 动作 11　单腿独立

**动作要领**　如图 3-27。动作 1：单脚的支撑，身体保持正直，悬空腿向下垂直屈膝于体前，两手抱膝。动作 2：如上动作，悬空腿横向屈膝，双手把握于悬空腿的踝关节处。动作 3：如上动作，悬空腿向后折叠，双手在体后握住悬空腿的脚面。

（此动作强调幼儿对身体的控制能力及平衡能力的发展。）

### 动作 12　劈叉

**动作要领**　如图 3-28。动作 1：身体坐于地面上，两腿伸直，脚尖钩起，同时分别向左右最大幅度地分开，双手向前伸出，同时抓住踝关节或脚尖，上体向前倾，并有节奏地向下压。动作 2：双脚左右最大幅度地开立，上体前倾，双手支撑于地面，并有节奏地向下压。

（此动作强调幼儿下肢柔韧性的发展。）

视 频

身体转转转

## 三、基本运动技巧游戏

**游戏 1　身体转转转**

**目标**

1. 通过各种身体旋转的游戏,提高幼儿身体的平衡能力。

2. 加强幼儿相互协作的能力。

**玩法**

在教师的带领下,幼儿排成两列平行的横队,面面相对,两队间相距一米,每队左右间隔一定的距离,教师站于两队中间的排头位置。

**第一步游戏**　打陀螺。每名幼儿任意举起自己的一只手,教师从排头开始,同时握住两排对应幼儿的手,快速带动,让幼儿原地旋转一圈,依次执行如上操作,让每个幼儿旋转起来。

**第二步游戏**　听从教师口令,要求:①幼儿顺时针旋转一圈;②逆时针旋转一圈。次数不断增加。

**第三步游戏**　每名幼儿手执一系有彩带的短木棍,通过身体的旋转,带动彩带飞舞起来,在旋转的过程中,不断调节手臂的高低。根据幼儿能力,采用不同长度的彩带。

**第四步游戏**　教师一手抓住所有幼儿手中彩带的一端,其他幼儿手拿彩带的另一端,围绕教师形成一个圈,并按同一方向围绕教师旋转。(注:按彩带长短,控制幼儿人数)

**第五步游戏**　两人翻转。如图 3 - 29 所示,两队对应的两个小朋友面对面站立,双手互牵,翻转时两人同时向同一方向翻转一圈,或者连续翻转。

**第六步游戏**　编花篮。两名小朋友并排站立,方向相反,两人内侧两手臂钩在一起,两人内侧两腿悬空钩在一起,按同一方向旋转跳跃。

图 3 - 29

**规则**

1. 以上游戏,旋转时注意保持身体的重心平衡。

2. 前两步游戏要求原地操作。

3. 在第三、四、五步游戏中,可安排幼儿自由散开,注意不要相互影响或发生碰撞。

4. 在第五步游戏中,可增加《编花篮》儿歌,控制跳跃的速度与节奏。

**建议**

1. 身体旋转的练习,要求教师对于幼儿能力有正确的评估,掌握好练习的次数及间隔休息的时间,来控制好幼儿具有挑战性的练习。

2. 针对旋转练习时间不宜过长的特点,在组织时,教师可安排分组轮换进行游戏。

**游戏 2　你能站多久**

**目标**

通过各种单脚独立支撑的游戏,增强幼儿下肢力量及平衡能力的发展。

**准备**

小塑料圈若干。

**玩法**

在教师的带领下,幼儿排成人数相等的两列横队,两队对应幼儿面对面站立,两臂相互搭在对方的肩上,听从教师的要求。

**第一步游戏** 要求其中一队幼儿向体侧（或向体后）慢慢地最大幅度地抬起一条腿，并用力绷直，对应幼儿辅助，保障练习的幼儿身体保持平衡。一定时间后，两人互换角色。再次进行时，教师要求幼儿换腿进行练习。

**第二步游戏** 教师要求对应的两个小朋友同时慢慢抬起一条腿，看看哪一对保持的时间最长。

**第三步游戏** 两名小朋友一组，站于起点，其中一名小朋友用脚钩住一个小塑料圈，并保持单腿悬空。游戏开始，听到教师口令后，没有用脚钩小圈的小朋友向终点方向移动，保持一定距离后，用自己的一只脚钩住同伴的小圈，并转体。对应的小朋友也用相同的方法用脚把小塑料圈接回。游戏反复进行。看哪一组最先到达终点。

**建议**

1. 单脚支撑的动作对于幼儿具有一定的挑战性，教师在进行组织时，可借助支撑物帮助幼儿进行练习。也可从多人相互支撑到两人间练习，再到个人练习。

2. 由于具有一定的静态性，教师应把握好练习的时间。

3. 单脚独立支撑的动作非常多，教师应由易到难进行选择。

4. 在第三步游戏中也可进行分组对抗游戏。

**游戏 3　手脚一起来**

**目标**

通过各种手脚同时支撑地面的游戏，提高幼儿身体各部位的力量及对身体的控制能力。

**玩法**

在教师的带领下，幼儿自由站于场地上，相互间隔一定的距离。

**第一步游戏** 听从教师口令，幼儿蹲下，两手支撑于体前不动，两脚依次向后退，使身体不断向后伸展，直至身体完全伸直。当身体最大幅度伸展后，教师要求幼儿向前移动双脚，最后回复到开始动作。双脚向前或向后移动，也可以采用双脚并跳的方式进行，教师可以要求幼儿用最少的跳跃步数跳向双手，或使身体伸展开。

**第二步游戏** 听从教师口令，幼儿蹲下，两手支撑于体前，双脚不动，双手不断向前爬行，使身体最大幅度地伸展。如第一步游戏方法，双脚跳向双手方向，直至成全蹲，双手再次不断向前爬行，如此反复不断向前移动身体。

**第三步游戏** 双手支撑于地面，身体完全伸直，在练习过程中，躯干与腿保持原有姿态，用双手不断向前爬行。

**第四步游戏** 双手支撑于地面，身体完全伸直，在练习过程中，躯干与腿保持原有姿态，双脚脚尖着地为轴，双手交叉移动，使整个身体围绕着脚尖成圆形运动。

**第五步游戏** 动作准备同第四步，此时双手为轴，双脚带动身体，围绕着双手支撑成并步圆形运动。

**第六步游戏** 教师要求幼儿面向地面，四肢着地，身体成倒"V"型支撑，任意抬起一只脚或一只手，用另外三个肢体支撑地面，看看谁支撑得好。教师不断要求变换肢体。

**第七步游戏** 幼儿坐于地面，双手支撑于体后不动。双脚不断向前移动，使身体仰卧，看看谁能让自己的身体变得最直。

**第八步游戏** 单手单脚支撑：如图3-30所示，幼儿蹲于地面，教师要求幼儿一只手支撑于体侧，另一手臂平抬起，保持身体的平衡，同时双脚不断向外侧移动，最大幅度地伸展，最后双脚相并，形成一手支撑，一

图 3-30

脚外侧着地的单手单脚支撑地面的动作。

**建议**

1. 通过手脚的同时练习,可全面锻炼幼儿身体各部分的力量。

2. 手脚支撑练习的方法很多,例如在第一、二、三、四、五步游戏中,在完成支撑动作后,可进行向下塌腰或向上挺腰的动作,帮助幼儿进行腰部及肩部的放松。

3. 上述的各种方法,相互之间也可进行组合练习,从俯卧支撑到单手单脚支撑至仰卧支撑进行变化。

**游戏4  七十二变**

**目标**

通过个人及多人组合进行各种造型的游戏,提高幼儿身体控制的能力及相互合作的能力。

**玩法**

**第一步游戏**  幼儿在教师的带领下围成一个圈,教师请幼儿到圈中用身体模仿汉字、字母、数字或某种物品等。其他幼儿跟着一起做。例如:"天""中""大";"1""2";"C""F""D";"茶壶""苹果""椅子";等等。看看哪位小朋友做得最好。

**第二步游戏**  教师把幼儿按四个一组进行组织,要求四人之内,两人间、三人间或四人间自由组合,组成各种汉字、数字、字母等。可以站立组合,也可以平躺于地面进行组合,并进行各组的展示。例如:"小""不""又""木";"3""4""8";"B""D""E""W"等。如图3-31。

**第三步游戏**  同第二步游戏的组织方法,教师要求幼儿进行各种图形或物品等的组合。例如:"三角形""正方形""圆形";"花朵""小山""圆桶""堡垒"等。

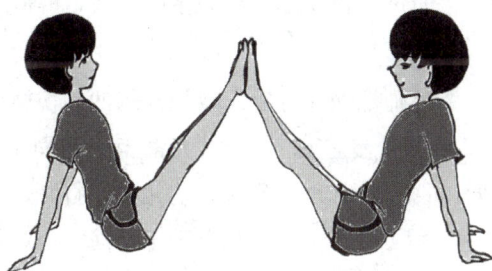

图 3-31

**规则**

以上每一步游戏中的模仿的各种物品,都要求是静止状态的,时间不宜过长。

**建议**

1. 在第一步游戏中,教师可依次提出要求进行模仿,例如最先要求汉字的模仿,完成后,再进行字母的模仿,依此类推。如此便于幼儿定向思维,较易完成。

2. 在第三步游戏中,鼓励幼儿进行各种立体物品的模仿。

3. 由于多人组织模仿的难度较大,教师对于此内容应给予更多的指导或示范。也可把此内容安排在课后,幼儿在每个家庭中进行练习后,在集体游戏时完成。

**游戏5  划小船**

**目标**

通过个人或两人间协同进行各种屈体的游戏,提高幼儿腹背的柔韧性、合作能力的发展。

**玩法**

教师把幼儿分成人数相等的两列横队,两组幼儿面对面站立,左右间隔一定距离。

视 频

划小船

**第一步游戏**  听从教师口令,面对面的两名幼儿两脚左右开立,双手相互搭于对方的肩上,手臂伸直,两人同时身体前屈,下肢伸直,使躯干和下肢呈90度。有节奏地使上肢向下振动。

**第二步游戏**  组织幼儿坐于地面,两腿伸直相并,面对面的两名幼儿的脚心相抵,放于地面,听从教师的要求:"摸摸你脚踝""摸摸你的脚背""摸摸你的脚尖"。练习反复进行。要求练习过程中尽可能不弯曲双腿。

**第三步游戏**  听从教师的要求,幼儿坐于地面,面对面的幼儿两手相互牵起,双膝屈起于体前,两人的两脚尖相抵,手臂伸直。游戏时,一人拉着对方手,身体重心向后倒,另一人随着拉力,重心向前移,如此反复,一人拉,一人进。

**第四步游戏** 教师要求幼儿伸直双腿,两腿左右分开,伸直平放于地面。双臂如第三步游戏方法进行拉动。教师要求不断增大拉动的幅度。

**规则**

两人间练习时,要求幼儿控制好自己的力度,向后拉时不要用力太猛。动作幅度要由小到大。

**建议**

1. 第一步游戏中,除正面的柔韧性练习外,两臂也可放于身体的同一侧进行相互拉动,帮助幼儿体侧柔韧性的发展。

2. 此类活动主要强调腰部的柔韧性的发展,两人间练习中,教师应更多地进行示范和喊口令,帮助幼儿控制好练习的幅度。

**游戏 6　灵活的双腿**

**目标**

通过各种腿部练习为主的游戏,提高幼儿下肢、腹部力量及协调能力的发展。

**玩法**

教师把幼儿分成人数相等的两列横队,两组幼儿面对面站立,同时左右间隔一定距离。

**第一步游戏** 每个幼儿都坐于地面上,两腿伸直并拢,放于体前,双手放于体后形成支撑。游戏开始,听到教师口令"分"时,幼儿快速打开双腿;听到教师口令"合"时,幼儿快速合并双腿。

**第二步游戏** 幼儿平躺于地面上,双腿伸直并拢,双手平放于身体两侧的地面。游戏开始,听到教师口令"合"时,幼儿快速举起双腿,收腹,把双脚尽可能地接近头部的地面;听到教师口令"开"时,幼儿快速恢复到开始动作。

**第三步游戏** 如图 3-32 所示,幼儿坐于地面上,两膝屈起,放于体前,双手放于体后形成支撑。游戏开始,幼儿快速抬起臀部,同时向上踢起一条腿,回复开始姿势;再换另一条腿踢起。如此反复进行练习。

图 3-32

**第四步游戏** 幼儿平躺于地面上,两腿伸直并上举,双手放于体侧形成支撑。游戏开始,听到教师口令"1"时,幼儿在空中用双腿写出"1"字;听到教师口令"2",幼儿在空中用双腿写出"2"字,如此类推进行练习。

**建议**

第三、四步游戏中,如果练习有困难,教师可安排幼儿平躺于地面进行举腿的练习,同时这两个游戏对于大腿力量的要求较高,教师注意练习时间的控制。

**游戏 7　灵活的双脚**

**目标**

1. 通过双脚结合器材进行集体的游戏,提高幼儿腹背部、下肢力量及双脚的灵活性。

2. 培养合作能力。

视频

灵活的双脚

**准备**　易拉罐若干;小皮球若干。

**玩法**

**第一步游戏**　如图 3－33 所示,教师把幼儿分成人数相等的两组,站于起跑线上,在终点处对应每组在地面上画一个圆圈,圈上放每组人数相等的易拉罐,每个易拉罐都要求在游戏前平放于地面。游戏开始,听到教师口令后,每组排头幼儿快速跑至终点,坐于圈外,并用双脚把其中一个易拉罐从平放变成立起。完成后,跑回起点,第二个幼儿出发。如此反复,看哪一组做得既快又好。

**第二步游戏**　教师把幼儿分成人数相等的两组,面向教师呈两路纵队坐于地面上。每组排头手握一小皮球。游戏开始,如图 3－34 所示,排头幼儿把球夹在自己的双脚之间,双手支撑于体后,举起双腿,把球向后传递。后面幼儿用手抓住来球,用排头幼儿相同的方法,把球向后传递。如此反复,看哪一组最先完成。

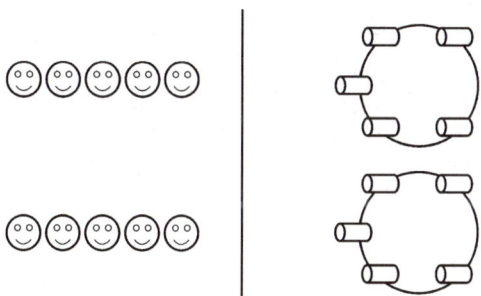

图 3－33

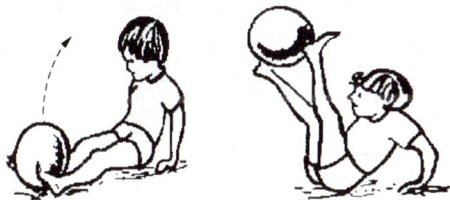

图 3－34

**规则**

1. 第一步游戏中,后面幼儿在用脚进行操作时,如果碰倒前面幼儿立起的易拉罐时,可用手扶起。
2. 第二步游戏中,如果球从脚上滑掉,此幼儿必须自己去拾回,再继续游戏。

**建议**

1. 用双脚进行的游戏主要强调腿与腹背部力量的发展,此类游戏既可集体进行也可单独练习。
2. 第二步游戏中,夹住球向后抛的练习,也可在两名幼儿之间进行。

**？ 你知道吗?**

为什么体育活动前首先要做准备活动?

人体从相对安静状态到活动状态,让内脏器官完全调动起来需要较长时间,这样才能逐步发挥较大能力。如果一开始就进行激烈运动,内脏器官就不能为肌肉供应充足的氧气及养料。肌肉活动能力就要受到影响,同时也会让内脏器官感到不适应。因此,在进行大运动量的活动前先把身体各部分活动开,才能预防和减少运动损伤事故的发生。

**思考与练习**

1. 选择一套幼儿体操进行集体练习,并强调动作的准确性。
2. 掌握并练习幼儿体操中的各种术语。
3. 根据幼儿体操的不同类型,分组进行幼儿体操的创编。
4. 学习并练习幼儿各种运动技巧。
5. 在集体活动中进行幼儿技巧游戏的开展,并不断练习在游戏开展过程中的组织方法。
6. 分析幼儿器械操中器械存在的作用。

# 第四章　基本动作发展

## 第一节　走步教育

### 一、走步教育基本知识简介

走步，或称行走，是人体移动位置最基本、最自然、最容易和最省力的一种运动方式。学前阶段，正是走步能力发展和身体姿势形成的重要时期，同时也是锻炼幼儿身体的重要手段之一。幼儿经常步行或进行一定距离的行走，可以有效地增强下肢部位肌肉、骨骼、关节和韧带的机能，发展下肢力量，提高身体的平衡能力和协调能力。而且，走步又是一种有氧代谢为主的身体运动，因此非常适合学前儿童。

走步的练习可采用的方式多种多样，既包括走步基本动作的运用，也包括走步基本动作技能的运用。在各种体能活动中既可作为教学前的热身的练习内容，也可作为主要环节的练习内容。

#### （一）目标

1. 幼儿在学习自然走姿势正确的基础上，增加走的步幅和频率，做到步幅大而均匀，落地轻柔，姿态端正，摆臂自然，上下肢协调，节奏稳定，精神饱满。

2. 在走的基本动作及动作技能的基础上，不断丰富走的内容，增加走的难度，通过各种走步运动方式，增强幼儿下肢力量、灵敏性、协调能力及方位感。

3. 学会几种走的运动方式与游戏，有独立游戏的能力。

4. 逐步加强幼儿协同走的能力，使之更具有纪律观念、规则及社会意识。

#### （二）走步的特点和基本要求

1. 走步时，身体放松、自然，上体保持正直。在行进中，肌肉活动必须是收缩和放松交替，张弛有度。收缩时消耗能量，放松时补充能力，恢复活力。一张一弛，肌肉活动才能持久保持。

2. 走步时应保持合理而稳定的节奏。步幅小、步频快或忽快忽慢，都易使身体疲劳。

3. 走步时要符合生物力学的原理。应尽量减少身体重心的起伏及摇摆。

4. 走步时应适度地前后摆动两臂。一方面可以保持身体的平衡,另一方面有助于步幅的增大,并能对步频进行调节。

5. 走步时,落地要轻。脚跟着地后,自然滚动至前脚掌。前脚掌扒地向前,依次交替。

### (三) 走步中常出现的错误

内、外八字脚;抬腿过高;落地过重;摆臂紧张,幅度过大;上下肢不协调;低头含胸,上体摆动;步幅过小。

### (四) 走步练习的内容

1. 走步基本动作的练习。根据走步的基本动作特点及幼儿动作发展特征,在幼儿园中可进行的走步练习内容非常多,主要包括快步走、变向走、变速走、后退走、踩点走、轻轻走、走走停停、长距离走、闭目行走、听(看)信号走、控物走、持物走、跨过一定高度走、踩高跷走、在固定或不稳定的材料上走、拖拉物品走、推物走、协同走、在不同环境中行走等。

在走步练习的过程中,在一定的练习时间的保障下,教师要考虑幼儿走的速度、幅度、行走的方向、身体的方位、走停等方面的变化因素,同时借助各种不同材料、人数的变化等因素进行活动的设计。

2. 走步基本动作技能的练习。走步基本动作技能是在一定学习及练习的基础之上形成的动作能力,有些动作技能较为简单,能在很短的时间内形成,有些动作技能相对复杂,需要反复练习才能形成。教师应理解各种动作技能的难易度,有目的性地组织此类活动。

走步的动作技能主要包括全脚掌着地走、前脚掌着地走、脚跟走、侧向并步走、正向交叉走、侧向交叉走、高抬腿走、半蹲走、全蹲走、后踢步走、后退走、弓箭步走、顶脚走、转体走、结合躯体动作变化的行走等。

### (五) 各年龄段走步教学的主要内容

小小班:边走边从低矮的障碍物(如绳子、积木等)上跨过;一个跟着一个走;听信号向指定方向走;推、拉物体走等。

小班:在指定范围内四散走;模仿各种动物或人物走的姿势;短途远足等。

中班:听信号有节奏地走;用脚尖走、蹲着走;高举手臂走;在物与物之间或平衡板上走;倒退步走、上下坡走等。

大班:一对一整齐地走;听信号变速或变换方向走;较长距离的远足等。

## 二、运动实践部分——走步的教育

### (一) 走步基本动作技能

**动作 1　自然走步**

**动作要领** 动作放松、自然,上体保持正直;有合理而稳定的节奏;两臂适度前后摆动;脚落地要轻;脚尖方向向前,两脚落于同一直线的两侧。如图 4-1。

(练习的过程强调幼儿走步的基本口令与动作的一致。)

**动作 2　高抬腿走**

**动作要领** 在自然走步的基础上,不断加大手臂摆动的幅度及下肢屈膝抬腿的高度。手臂直臂摆高平行地面;屈膝大腿平行地面成高抬腿动作。如图 4-2。

(此动作强调下肢力量、节奏及协调能力的发展。)

**动作 3　大步走**

**动作要领** 在进行大步行走时,要求上身挺直,向前尽可能迈出一大步,屈膝;后腿用力蹬直,前脚掌着地;同时两手压住前腿膝关节,身体向下振动;在振动的最高点,换后腿向前跨一步走。如此反复。如图 4-3。

(此动作强调幼儿大腿力量及走步节奏感的发展。)

图 4－1　　　　　　图 4－2　　　　　　　　图 4－3

**动作 4　前屈向前（后）走**

**动作要领**　身体前屈，两腿伸直，全脚掌着地，手指交叉握于前，手臂伸直，尽力伸向地面，向前行走时，手臂随着身体的摆动，左右晃动。在此基础上，增加难度，可以要求幼儿双手握住脚踝，用如上方法行进。如图 4－4。

（此动作强调幼儿平衡能力及柔韧性的发展。）

**动作 5　顶脚向前走**

**动作要领**　双脚踩在一条直线上，向前行进；每走一步，后脚脚尖紧贴前脚的脚跟，一步一步地向前走，注意双脚必须相连，同时注意身体的平衡。在路线组织上也可采用曲线变向或圆圈的方式。可单独练习也可分组对抗。如图 4－5。

（此动作强调幼儿平衡能力的发展。）

图 4－4　　　　　　　图 4－5　　　　　　　图 4－6

**动作 6　前脚掌走**

**动作要领**　脚跟提起，用前脚掌走，步幅小，膝不弯曲，上体保持正直，自然挺胸，两手叉腰或前后自然摆动。如图 4－6。

（此动作强调幼儿小腿力量的发展。）

**动作 7　弹簧步走**

**建议**　弹簧步走是在掌握前脚掌走的基础上的一种练习方法。

**动作要领**　上体保持正直，支撑腿伸直起踵；一腿向前摆动，脚面绷直，由前脚掌着地柔和过渡到全脚掌着地；重心积极前移，后腿随之弹性屈伸；重复前腿动作。手臂可直臂摆动，也可双手背于身后。双脚走在同一直线上。如图 4－7。

图 4－7　　　　（此动作强调幼儿踝关节的灵活性，节奏感及小腿力量的发展。）

**动作 8　全蹲走**

**动作要领**　身体呈全蹲,双手握住脚踝,胸部紧贴大腿,两脚左右开立,向前走。此动作可以集体同时进行,教师在前面带领做方向上的改变;也可以此动作进行相互间的追逐。此动作的练习运动强度较大,教师要注意调节。如图 4-8。

(此动作强调幼儿大腿力量及平衡能力的发展。)

**动作 9　侧身并步走**

**动作要领**　身体侧向前进方向,腿稍屈,一腿侧出,另一腿快速并拢。如此反复,进行移动。如图 4-9。在此动作的基础上,可持物练习,也可进行双人协同练习。双人协同练习时,可进行面对面手牵手、臂搭臂或同持一物的练习;也可进行背对背练习,可手牵手、肘挂肘或同持一物的练习。

图 4-8

(此动作强调幼儿协调能力及踝关节力量的发展。)

图 4-9　　　　　　　　　　　　　图 4-10

**动作 10　交叉走**

**建议**　在掌握侧身并步走的基础上进行的一种练习。

**动作要领**　身体侧向前进方向,保持正直;一腿侧出,另一腿超越前腿交叉于前腿前或后,前腿再侧出。如此反复,进行移动。如图 4-10。在交叉时,可进行单独的前交叉,或单独的后交叉,也可进行一前一后的轮换交叉练习。

(此动作强调幼儿协调能力及节奏感的发展。)

**(二) 走步游戏**

**游戏 1　听我指挥**

**目标**

1. 通过绕圈走的游戏,提高幼儿听信号做出反应的能力。
2. 加强幼儿自我控制的能力及集体意识。
3. 教会幼儿几种常用的口令。

**玩法**

幼儿成一路纵队围成一圈,前后保持一人宽距离,教师在中间指挥,进行集体走的练习。

**第一步游戏**　口令为"立正、稍息、齐步走、立定、向后转走、蹲下、起立"等。幼儿听口令作出正确反应。

**第二步游戏**　加快口令,增强变化。口令为"齐步走、向后转走、立定、单脚独立、转一圈"。在幼儿基本完成第二步游戏后,再提高难度。

第三步游戏 用数字"一、二、三"代替"齐步走、向后转走、立定"等口令，增强幼儿对替代信号作出反应的能力。

**规则**

1. 保持距离，不相互碰撞。

2. 如果幼儿的反应出现错误动作，要求重新做一次。

3. 小朋友完成动作后用"1、2"口令回复。

**建议**

1. 教师口令洪亮、清楚。

2. 口令的快慢要结合幼儿的能力进行调节。

3. 第三步游戏中用"数字"代替口令，也可用其他信号代替，如鼻子、嘴巴、眼睛等。此信号也可用教师肢体动作来代替。口令数量不超过三种。

4. 集体听口令结合其他动作方式，能提高游戏的趣味性。多种口令的存在，对于幼儿动作的反应能力是一种挑战。除了以圆形的方式组织外，在低年龄段中，幼儿也可以无序站位跟随的方式进行游戏。例如，游戏"你是我的影子"，幼儿跟随着教师，结合走走停停、不同方位的一步跨出、慢走、快走、蹲下、立定等方式进行。在其中，教会幼儿几种常用的口令，教师发出口令，做出动作，要求幼儿也喊出口令，做出动作。注意行进过程中，转换时的节奏不要太快。

**游戏 2** 我要慢慢长大

**目标**

1. 通过各种走步动作的变换，增强幼儿下肢力量。

2. 发展幼儿走步的灵活性及协调能力。

**玩法**

第一步游戏 幼儿随机站在场地里，在教师的带领下，模仿小树慢慢长大。身体动作过程：全蹲、半蹲、身体前屈、直立、起踵伸展。手臂从胸前平屈，双手掌根相对成上托状，逐步到上举最后成斜上举动作。

第二步游戏 组织如上，教师带领幼儿呈全蹲，模仿"人"不断长大的过程，身体动作过程：全蹲走、半蹲走、前屈走、直立走、起踵走至最后向上跳起。从小到大，再从大到小。游戏过程可以反复进行。不断改变姿势。

**规则**

1. 听从教师口令，按教师示范的节奏进行身体的变化。

2. 在四散行走中，保持相互之间的距离。

**建议**

1. 注意走的过程中，每个动作保持的时间，教师要把握得当。

2. 变化过程可以把人的生长过程用语言结合动作同步进行。

3. 动作也可从爬行开始。

4. 此种游戏可用其他方式进行，如"开飞机"：幼儿手握纸飞机，呈全蹲，停机于地面，飞机飞上天，从全蹲走到直立走，再到起踵走，可以高低不断变化，同时也可以结合行走的速度及路线进行变化。组织上可用飞机编队进行模仿。

5. 不同体位的行走，是一种较为多样的动作技能，教师在组织此类活动时，既可综合运用不同体位进行下肢力量的发展，也可针对某一种体位进行练习。例如，游戏"小蚂蚁"，幼儿以全蹲走的方式进行练习，在此过程中，教师可以让幼儿先随机蹲于场地上，朝同一方向行进，教师站于幼儿身后，发出口令，"快走""停""慢慢走"。一定时间后，再发出口令"两只蚂蚁连在一起"，两名幼儿前后搭肩一起向终点以全蹲走的方式行进。再如,游戏"大猩猩",教师要求幼儿随机站于场地上,每名幼儿呈半蹲,双手扶于膝关节上,以半蹲走的方式进行操作,可以是直线走,曲线走,一只脚为轴、旋转走等方式进行,以提高大腿的持续力量。

### 游戏 3　看谁做得像

#### 目标

1. 通过一系列走的练习,提高幼儿各种走步的能力。
2. 加强幼儿对各种事物的模仿能力。

#### 玩法

幼儿在教师的带领下,围成一圈,以纵队的方式行进,教师站在圆圈中间一边喊口令一边示范,幼儿根据教师的要求进行各种动作的模仿。

内容:舞蹈家(前脚掌着地行走或弹簧步行走);大猩猩(两臂上举或下垂半蹲走);小猫(高抬腿轻落足走);老爷爷(双手交叉于体后半蹲,脚呈外八字脚屈体行走);猪八戒(上体后屈,双手叉腰呈八字脚行走);企鹅(两臂紧贴身体,双手上屈,手心向下,呈全脚掌左右摆动行进);小鸭子(呈全蹲,双手握于脚踝行进);大象(上体前屈,双腿伸直,双手握于脚踝处行走);小鸟飞行(双手臂上下摆动,呈快步走行进)等。

#### 规则

1. 听从教师口令,及时转变模仿对象。
2. 前后保持距离,不相互拥挤。

#### 建议

1. 教师控制好每个动作的练习时间,对于强度较大的动作,练习时间不宜过长。
2. 教师在安排动作的次序时,要注意相反肌肉的对应练习,例如:前脚掌走可结合脚后跟走,体前屈走可结合体后屈走等。避免肌肉长时间处于一种静止状态。
3. 教师也可准备各种模仿对象的头饰或图片,提倡幼儿自主模仿动作,再结合教师预设动作完成游戏。
4. 不同体位及不同身体姿势的行走,主要提高幼儿身体的平衡能力、柔韧性及身体的控制力。此方式既可综合练习,也可采用单独动作进行练习。例如,游戏"大象家族",教师在地面上随机放置若干"雪花片",幼儿以身体前屈的方式进行行走,要求尽可能不屈膝,无法完成时,可允许幼儿两腿开立,每拾到一片"雪花片",就送回营地高高挂起的小筐里,此时幼儿需伸直躯干,以做调节。此方式可安排两组或多组比赛进行。
5. 在此游戏的基础上,教师可结合传统游戏"叫数抱团",进一步增加游戏的趣味性。游戏方法:在幼儿绕圈走的过程中,教师随机在"2～5"数字的范围内叫出任意数字。幼儿按所叫数字抱在一起。

### 游戏 4　写个字你认认

#### 目标

1. 结合器材,在游戏中巩固、发展幼儿倒退走的能力及手腕力量。
2. 发展幼儿上下肢的协调能力。

#### 准备

自制大型写字笔若干。自制方法:长 60 厘米、直径 2 厘米圆形木棒,在一端放置海绵块,用厚布包扎,用铁丝扎紧。有颜色的水及水桶若干。水泥地面。

#### 玩法

**第一步游戏**　教师带领幼儿用大型写字笔蘸水,在地面画画或写字,要求字画简单,自上向下行进,使幼儿一边写一边向后退。写字可以用单手,也可用双手,注意幼儿保持腿的直立。

第二步游戏 幼儿成一列横队站立,在教师的带领下,背向前进方向,在 5 米的距离内,用笔在地面上画折线,一边退着走一边画,看谁画的折线又多又好又快。

第三步游戏 同上组织,教师规定若干字,幼儿边写边退,看谁写得既快又好。

规则

1. 听从教师安排,在指定位置进行。

2. 地面的水字不清,必须蘸好水,从不清楚之处继续。

建议

1. 快速后退,要求提醒幼儿把握身体重心,注意安全。

2. 本活动中幼儿使用木棒较多,注意有效组织。

3. 此活动上肢及手腕的练习较多,注意活动后有针对性地放松。

4. 此类倒退走的游戏方法很多,例如:幼儿手拿一把小木棒(或一叠纸牌或一堆小树叶),一边向后退着走,一边把手上的物品依次放于地面,并把这些物品连成一条线。

5. 倒退走是幼儿身体感知觉练习的手段之一,同时也强调平衡能力的培养,此类组织方式,可以结合材料进行,也可独自或与同伴一起组合操作。例如:游戏"正反走",三名幼儿呈横队站立,中间幼儿以相反方向站立,三名幼儿手拉手,一起朝一个方向走,其中两边幼儿正向走,中间幼儿倒退走,到达终点后,返回时,中间幼儿正向走,两边幼儿倒退走。

游戏 5　三打"白骨精"

视频

三打"白骨精"

目标

1. 通过小游戏提高幼儿大步走的能力。

2. 在游戏中增加智力趣味性,提高幼儿运动的兴趣。

玩法

两名幼儿平行站在起始线位置,距离终点 15 米距离,进行两人间对抗。模仿《西游记》里的三个人物:孙悟空、唐僧、白骨精。

游戏中孙悟空胜白骨精;白骨精胜唐僧;唐僧胜孙悟空。三者相互牵制,得出胜负。

孙悟空动作:单手举于额上,掌心向下,异侧腿向后抬起,呈单脚独立;唐僧动作:两手合十放于胸前,呈马步;白骨精动作:两手臂呈肩上屈,五指张开,手心向前,单腿向前屈膝抬起。

两个小朋友一起喊"一、二、三、变",同时做出动作。胜者向终点尽最大努力跨出一大步(相同动作继续,直至得出胜负),再进行第二次;如果再胜,再向前跨一大步;如此反复,最先到达终点者为胜。

规则

1. 两名幼儿必须同时做出动作。

2. 只能是从原地跨出一步,不允许跑跳。

建议

1. "三打白骨精"的动作,教师在游戏前必须让幼儿得以充分练习,动作的方式可以改变,把握简单、形象即可。

2. 三个关系相互牵制的内容很多,可进行变化。例如:石头、剪刀、布;老虎、棒子、鸡;老虎、猎人、枪等。教师在活动中可以针对不同情况进行变化。

3. 在"三打白骨精"游戏的基础之上,形成更具有挑战性的跨步游戏,可以采用"猫抓老鼠"的游戏。两名幼儿面对面,间隔两臂的距离用手猜拳,输方快速向后退一大步,胜方快速向输方的方向跨出一大步,并用手去触碰输方。若碰到,猜拳输的一方向胜的一方鞠躬一次;若没碰到,游戏再次开始。

4. 猜拳游戏是传统游戏的重要内容,依托此游戏形成幼儿之间有效互动,同时结合各种运动方式,进行体育游戏的设计,是很好的素材。此游戏方式可以形成手部的猜拳活动,也可以形成脚部的猜拳方式,适合不同的年龄段进行。以猜拳结果进行轮换的身体活动方式多种多样,可以是跨步走,也可以是顶脚走、侧步走、倒退走等,还可以结合跳、跑、投等方式进行。

**游戏6　胯下抓棒**

**目标**

1. 发展幼儿手脚的协调能力。

2. 加强幼儿下肢力量及走步动作的发展。

**准备**

50厘米长纸棒若干(制作方法:用挂历纸或较硬的大纸张卷起,用透明胶缠牢)。

**玩法**

**第一步游戏**　每个小朋友手持一纸棒,在教师的带领下做胯下抓棒的练习。方法1:单手握一纸棒,向前跨一大步,双脚落地,每跨一步,纸棒在胯下双手交换一次。方法2:单手握纸棒,向前行进,在此过程中,幼儿直立单脚屈膝呈高抬腿,双手在胯下交换纸棒一次。此方式的练习可以从原地开始。

**第二步游戏**　在基本掌握动作方法的基础上分组比赛。如图4-11所示,把幼儿分成两组,相距10米,每组一根纸棒。排头幼儿听到信号后出发,运用跨出大步结合双手在胯下交换纸棒的方法,不断行进至中间圆圈处,再用高抬腿结合双手在胯下交换纸棒的方法行进至终点,快速跑回,把纸棒交于第二个幼儿。如此反复,快的一组为胜方。

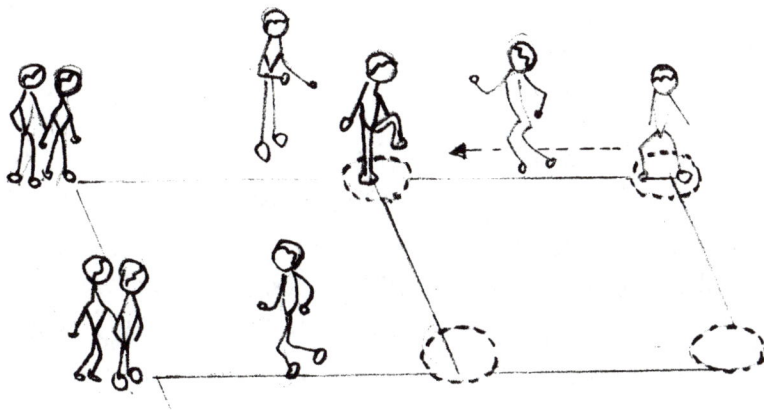

图4-11

**规则**

每行进一步必须双手交换纸棒一次。

**建议**

1. 可以用其他器材代替纸棒。例如:小球、沙包、小塑料圈等。

2. 跨大步走是幼儿平衡能力、柔韧性及下肢力量综合练习的一种运动方式。在幼儿园体育活动中,体育游戏可以成为练习的方法之一,通过科学的训练,不仅能表现得更为有效,同时也能提高游戏的质量。教师针对跨大步的练习内容,可以教会幼儿如此进行"弓箭步"的练习。动作要领:身体自然正直,面向前方,每一步跨出时,步幅尽可能拉大,使身体呈弓步,此时上身保持正直,跨出腿的小腿与大腿之间呈90度,大腿与躯干之间呈90度,另一条腿绷直,脚前掌着地。如此反复,向前行进。

3. 胯下抓棒不但可以在跨大步这一动作中运用,也可以在高抬腿、高踢腿等动作中运用,以提高幼儿动作的准确性。

**游戏 7　大家一起来帮忙**

**目标**

1. 通过对物体平衡的控制，发展幼儿走的能力。
2. 增强幼儿下肢的灵活性及协调能力。

**准备**

长木棒若干。

**玩法**

　　**第一步游戏**　把木棒垂直于地面上，幼儿双手相叠，压于木棒的上端，听到教师口令后，双手离开木棒，击掌一次，再快速扶住木棒。如此反复练习，在熟练的基础上，增加击掌次数。

　　**第二步游戏**　如上方法，幼儿双手相叠置于棒头，同时把自己的额头压于手背上，听教师的口令，进行绕杆转圈行走，棒子始终不动，从一圈开始，不断增加圈数，看谁能让自己和棒子不倒。

　　**第三步游戏**　5～7 人一组，围成一圈，直径 3 米，立棒于圆心，一幼儿在圆圈的中心执棒，如同第一步游戏动作。游戏开始，执棒幼儿叫出圆圈上任一幼儿的名字，同时自己离开，被叫到的幼儿快速走到中心扶住棒子。如此反复，进行游戏。

**规则**

1. 在第三步游戏中，外围幼儿必须随时准备。
2. 中心执棒幼儿，必须喊出另一名幼儿的名字后，才能离开。
3. 保持左右间隔，不能相互碰撞。
4. 熟练的情况下，可不断增大圆圈。

**建议**

1. 在活动中，木棒具有一定的危险性，教师注意有效组织。
2. 结合木棒进行平衡的练习很多，例如：手指托棒进行平衡练习（在熟练的情况下，也可采用其他部位进行棒的平衡控制）；木棒做扁担，两头挂上物品，走独木桥等。
3. 结合材料进行集体走的练习非常多，一般采用手控、脚控、辅助材料三种方式，同时也可结合单人、两人及多人进行活动的组织。以木棒为例：两人并排站位，各伸出一只脚，把木棒横放于两人伸出的脚面上，一起行进，看看哪组走得最远；两人并排站位，各伸出一只手，手掌要求伸直，两人用伸出的手掌各顶住木棒的一端，一起行进等。

**游戏 8　踩石过河**

视频

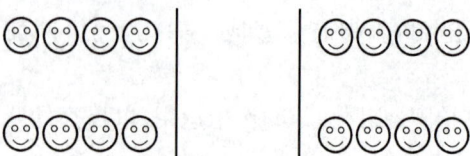

踩石过河

**目标**

1. 发展幼儿跨大步走及控制器械的能力。
2. 增强幼儿下肢力量。

**准备**

塑料圈若干。

**玩法**

　　**第一步游戏**　自由练习——每个幼儿人手两个塑料圈开始练习。放下一个塑料圈，双脚踏入，再向前放下第二个塑料圈，双脚踏入，拾起前一个塑料圈，再向前放下，如此反复行进。

　　**第二步游戏**　如图 4-12 所示，把幼儿分成两组进行比赛，每组幼儿再分成两队，在起点及终点处面对面站立。每组两个塑料圈。游戏开始，一侧排头幼儿手执塑料圈，听到信号

图 4-12

后,按第一步游戏的方法行进,至终点把塑料圈交于对面幼儿。如此反复,最快一组为胜方。

第三步游戏　搭桥——幼儿呈一路纵队,排尾幼儿手执若干呼啦圈,并依次传递至排头,排头幼儿依次把呼啦圈掷出,并跨入圈中,后面幼儿逐一跟进,小桥完成搭建,所有幼儿也集体通过了。此游戏方式也可进行分组对抗。

**规则**

1. 双脚只能依次落在两个塑料圈内。

2. 掷圈太远,不能跨入,要拾回,重新再掷。

3. 两圈之间的行进强调用跨大步的方法进行。

**建议**

1. 教师教会幼儿控制两圈之间的距离,根据自身的能力,决定两圈之间的远近。

2. 增加难度,例如:每次掷圈前,要求幼儿把圈套过身体后再掷出。

3. 塑料圈可用塑料块或木块替代。

4. 此游戏也可由教师先排好呼啦圈,再让幼儿操作。

**游戏 9　踩着高跷晃悠悠**

**目标**

1. 通过踩高跷游戏,增强幼儿手脚协调能力的发展。

2. 提高幼儿在走步中控制身体及器材的能力。

**准备**

塑料拱门自制高跷若干。制作方法:①两脚分别踩踏在两根短绳中间位置,两手分别提起两个端头。②采用较硬易拉罐上打眼穿绳的方法制作。

**玩法**

第一步游戏　自由练习,在一定的范围内,幼儿脚踩短绳或易拉罐上,手提绳子行进;易拉罐的使用也可把绳直接绑在脚上行进,提绳行走也可作为踩易拉罐行走的准备,进行自由练习。

第二步游戏　在熟练掌握以上动作的基础上,组织幼儿呈若干列横队站立,进行一定距离的比赛,看谁走得快。

第三步游戏　把幼儿分成若干组在较短的距离内进行接力比赛。

第四步游戏　幼儿自由进行小高跷行走,在行走的过程中通过若干拱门。

**规则**

1. 规定一定的范围不能超出。

2. 始终保持在高跷上,从高跷落下,必须在原地回到高跷上,才能继续。

**建议**

1. 在每一步的游戏中,教师始终要关注幼儿的安全。

2. 在追逐游戏中,只要触碰,就算被抓到。

**游戏 10　掉不下来**

**目标**

1. 通过顶物走的练习,进一步发展幼儿走步的平衡能力。

2. 提高幼儿身体对物体的控制能力。

**准备**

毽子若干。

## 玩法

**第一步游戏** 自由练习——幼儿两臂侧平举,放毽子于手背、肘关节、肩关节、头顶等处,进行自由行走。

**第二步游戏** 在第一步游戏的基础上,进行变向走练习,如绕圈走、绕障碍物走等。

**第三步游戏** 增加难度,把毽子放于后背屈体向前走;或把两个毽子分别放在脚面上进行行走。

**第四步游戏** 运物接力——呈若干纵队站立,排头小朋友采用以上某种方法把毽子运送至终点,快速跑回,如此反复,最快一组为胜方。

## 规则

1. 在行进的过程中,毽子落下,在原地拾起,放好,再出发。

2. 第四步游戏中,到达终点,放下时不能用手,只能通过身体的变化放下毽子。

## 建议

1. 可发挥幼儿的想象力,提出更多不同的身体部位对毽子的控制要求。

2. 游戏中可增加幼儿对毽子控制的数量,放于不同部位。

3. 也可采用其他物体代替,如纸帽子、易拉罐、沙包等。

4. 以走的方式进行平衡能力的练习,教师在设计中,主要有四种方式:一种是以控制自我重心,无材料情况下进行的平衡练习,如全脚掌走、后脚跟走、顶脚走、交叉走等;另一种是控制材料从而控制自我重心的平衡练习,如小高跷、托物走、挑担担、顶物走等;还有一种是以材料为辅助,形成自我重心控制的平衡练习,如平衡木、绕桩走、踏石过河等;最后一种是利用环境进行平衡走的练习,如上坡走、下坡走、穿树林等。

## 游戏 11 闭着眼睛找一找

## 目标

1. 通过闭目走的游戏,提高幼儿身体本体感及方位感。

2. 发展幼儿听信号走的能力。

## 准备

能遮住眼睛的眼罩若干、铃铛四个、各种小玩具若干。

## 玩法

**第一步游戏** 幼儿在教师的带领下围成一圈,选出一位幼儿头戴眼罩站于圈内,其他幼儿原地不动。游戏开始,圈中任选一名幼儿叫蒙眼幼儿的名字。被遮眼睛的幼儿听到声音后,去找叫他的幼儿。找到了交换角色,没找到游戏继续。如此反复。

**第二步游戏** 要求幼儿集中站立于场地中间,每名幼儿都戴上眼罩。选出四个幼儿手执铃铛,站于场地的四个角。游戏开始,教师指挥幼儿依次摇铃,场中幼儿找到摇铃的方位。看谁又快又准确。

**第三步游戏** 教师在场内不断变化位置,用声音、击掌或铃铛引导戴眼罩的幼儿寻找教师。

**第四步游戏** 在一定的范围内,随机放置各种小玩具,选若干幼儿戴上眼罩进入场地,在一定的时间内,看哪个小朋友找到的小玩具最多。

## 规则

1. 闭目行走时速度不宜太快,避免相互碰撞。

2. 第四步游戏中,玩具归于最先触及的幼儿。

## 建议

1. 第二步游戏中摇铃声音要求由重到轻;完成一次,再摇铃。

2. 教师要注意幼儿之间的距离,加强组织。

3. 闭目行走是感知本体、方位的练习手段之一,也是幼儿喜欢的游戏形式。通过记忆方位的选择、听觉、触觉的运用,都可结合闭目行走进行游戏的设计。例如:记忆方向的游戏,多采用闭目直线走的方式进行,可以形成"找朋友""贴鼻子"等游戏;听觉游戏,多采用闭目变向走等方式进行,可以形成"听从指挥""闭目听声找方向"等游戏;触觉游戏,如"猜猜我是谁""牵着盲人过河""骑瞎马""小飞机"等。

**游戏 12　小猪别跑**

**目标**

1. 通过手执器械对物品进行控制,加强身体的灵敏性。
2. 充分巩固及提高幼儿变向走的能力。

视频

小猪别跑

**准备**

贴有小猪画的小皮球若干;小木棒若干。

**玩法**

**第一步游戏**　运用情境进行游戏。每个幼儿手执一根木棒,在教师的带领下,把扮成"小猪"的球从"猪圈"赶出,到草地上吃食物(控制球走),到外面的森林里去玩(控制球绕障碍),再把"小猪"赶回"猪圈"。

**第二步游戏**　小猪坐轿子。一名幼儿手执两根木棒,把皮球夹放于棒上,进行正向的行走;在熟练掌握后,采用两人配合的方法行进,两名幼儿面面相对,手执两根木棒,把球夹放于棒上,进行身体侧向行走的练习。

**第三步游戏**　分别运用以上两种方法,把幼儿分成若干组进行接力比赛。距离 10 米,终点放标志杆,幼儿运用上述方法,控球绕过终点返回。如此反复,最快组为胜方。

**规则**

1. 第一步游戏中,要求幼儿必须控制好球,始终让球在自己的身边。
2. 在"小猪坐轿子"游戏中,要求球如落地,必须拾起,从落地点再出发。

**建议**

1. 此游戏方法中,木棒较多,教师注意有效组织。
2. 通过器械对物品进行控制,有一定难度,注意在教学时应循序渐进。
3. 通过手执器械进行物品的控制结合走的游戏设计,难度变化主要来自手执器械、被控制的物品及运动方式的不同。手执的器械,如扫帚、羽毛球拍、乒乓球拍、小木板、木棒等,随着控制物接触面的减小,难度不断提升;被控物品,如小皮球、易拉罐、小积木、雪花片、纸片等,随着被控物品表现出的不确定性,难度不断提升;运动方式,可以以直线、曲线、变向、速度、对抗、比赛等方式进行。

**游戏 13　绳子上的舞蹈**

**目标**

1. 运用绳子进行各种走的练习,发展幼儿各种走的能力。
2. 提高幼儿身体的灵活性及协调能力。

视频

绳子上的舞蹈

**准备**

长绳若干;短绳若干。

**玩法**

**第一步游戏**　放一根长绳于地面,两端拉直。幼儿呈一路纵队,在教师的带领下,运用长绳进行各种走的练习。练习内容:正向踩绳平衡走;侧向踩绳平衡走;两脚跨于长绳两侧,分腿走(长绳在两腿之间,脚不碰绳);双脚交叉走(脚不碰绳,双脚交叉跨过长绳)。

**第二步游戏**　平行放两根长绳,两端拉直,间隔距离结合幼儿能力进行调节。如同第一步游戏方法行进,在正向及侧向平衡走时,双脚行走于两绳之间,不踩绳;在分腿及交叉走时,要求跨过两绳之间的距离,从而增大行走时的宽度。

**第三步游戏** 两人配合游戏——一幼儿手执短绳一端,蹲下,不停摇动手中的绳子,另一幼儿从远离执绳幼儿的另一端踩绳行进,直至踩到绳子不能摇动为胜。两人交换。

**规则**

第一、二步游戏中,前后幼儿注意间隔,不相互挤碰。

**建议**

1. 第一、二步游戏中,长绳除直线放置外,可采用曲线进行放置。

2. 采用两根长绳放置时,可分为两组进行,一组两绳间不断变窄,脚在中间行进;一组两绳之间不断变宽,脚在两侧行进。

3. 第三步游戏中,执绳幼儿可边退边摇绳子。

4. 一物多玩结合走的方式进行身体的练习,主要以动作的表现方式为线索进行游戏的设计。以绳子为例,如走的动作中,直线走、平衡走、交叉走、跨步走、变向走、闭目走、开步走等方式,都可借助各种长短不同、数量不同、高低不同,摆放的形状不同的绳子进行活动的开展。

## 游戏 14 椅子上的行动

**目标**

运用椅子进行各种走的练习,发展幼儿的协调及平衡能力。

**准备**

有靠背的结实的椅子若干。

**玩法**

**第一步游戏** 将多把椅子纵向呈一直线放置,椅子之间紧紧相连,椅背朝向同一侧,幼儿在上面行进。

**第二步游戏** 如上方法放置椅子,并任选其中的几把转动 90 度,使椅背成为行进中的障碍物,幼儿在椅子上不断跨过障碍行进。

**第三步游戏** 如图 4-13 所示,把其中的几把椅子错位放置,幼儿在上面变向走。

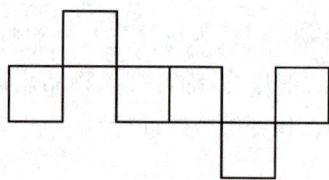

图 4-13

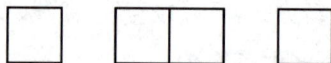

图 4-14

**第四步游戏** 如图 4-14 所示,抽掉其中若干把椅子,幼儿跨过一定宽度进行跨步行进。

**第五步游戏** 椅子的放置恢复到第一步游戏,幼儿分成两组,从椅子的两侧同时走向对面,要求相遇的幼儿之间相互协调,绕过对方行进至对面。

**规则**

1. 在第五步游戏中,相遇两人合作要默契。

2. 教师注意控制幼儿的前后距离,在椅子上的人数由少到多。

**建议**

1. 在第五步游戏中,两人合作练习要注意安全。

2. 椅子上行走,也可变换各种身体姿势,如侧向走、全蹲走等。

3. 椅子的摆放,可变换各种图形,如两条平行放置的椅子,两只脚各踏于一侧。也可呈圆形、折线形等进行放置。教师注意材料及材料组合的安全性。

4. 运用椅子、凳子、梯子、轮胎、油桶等材料进行各种组合搭配,借助这些较大型的低结构材料,形成一定高度的活动方式,有其独特的运动价值。这需要幼儿在控制自我恐惧的情况下,进行身体的运动。因此,教师可以根据幼儿身心发展的特点,及运动经验与能力,有目的性地调整材料的高度,帮助幼儿不断获得相关的经验与能力,促进其心理的健康发展。

**游戏 15　两人三足走**

**目标**

1. 通过两个幼儿之间的合作,提高幼儿协同走的能力。

2. 发展幼儿的平衡及调节能力。

**准备**

具有一定弹性的较宽护带若干。

**玩法**

**第一步游戏**　两个幼儿左右站立,用护带绑住两人之间的内侧脚踝,内侧手相搀,在一定的范围内,同时向前行进。两人间达成默契,用口令统一动作。

**第二步游戏**　如上方法,组织幼儿呈一列横队站立,进行一定距离的比赛,看哪一对幼儿走得既快又好。也可进行分组对抗游戏。

**第三步游戏**　在一定的范围进行其他形式的行走练习,如两人倒退走、两人侧向走、一人原地转圈、一人绕圈走等。

**规则**

1. 两人合作必须默契,不相互指责。

2. 教师强调两人间统一的口令。

**建议**

1. 幼儿练习两人间的协同,必须注意安全。

2. 用于绑腿的护带必须具有一定的宽度和弹性,避免运动带来身体的伤害。

3. 在开始练习时,也可采用绑膝关节的方法,降低难度。

**游戏 16　朋友总是在一起**

**目标**

1. 通过集体协同走的练习,发展幼儿集体意识,培养纪律观念。

2. 通过集体走的练习,培养幼儿的节奏感。

**玩法**

**第一步游戏**　幼儿呈纵队站立,后面幼儿用手搭住前面幼儿的双肩,听从教师口令,集体向前走,在较熟练后,教师可以带领幼儿进行集体的转弯走、变向走等动作。

**第二步游戏**　组织同第一步游戏,听从教师口令,同时进行向左或向右的侧步走,如向左侧跨一步、向右侧跨两步等。

**第三步游戏**　呈一列横队,幼儿左右肩搭肩,听从教师口令,集体向前走或向后退。

**第四步游戏**　起点到终点距离 15 米,每间隔 5 米设置一旋转点。4 名幼儿为一组,各组幼儿成一列横队从起点向终点出发,到达旋转点,排头为轴原地转动,其他幼儿保持一条直线,绕圈行走(如同钟表的转动)。整组完成一圈后,继续向前行走,依次完成后面两个旋转点,最先完成的一组为胜。

视频

朋友总是在一起
第四步游戏

### 规则

1. 在各种游戏中,幼儿要听从教师口令。
2. 注意步幅协同一致,不要进行相互碰撞。
3. 在第三、四步游戏中,注意保持好速度,不能太快,努力让所有幼儿在一条直线上。

### 建议

1. 幼儿集体行进,难度较大,教师在其中要起到统一指挥的作用。
2. 集体行进方法很多,也可借助各种器材进行游戏,例如:同骑一根竹竿或长绳,同扛两根竹竿;同穿一只大鞋;用呼啦圈相互套住进行纵队集体行进;用护带绑住前后幼儿的腿,进行集体行进等。
3. 集体行进,由于间隔较近,教师要始终关注幼儿的安全。
4. 集体协同走的练习,对于幼儿听从口令的要求较高,同时要求幼儿能和同伴一起形成相同的动作与配合。对于幼儿"去自我中心"带来帮助,因此教师应重视此类活动。在组织过程中,应更多强调幼儿与教师之间的交互性,形成纪律意识,教师需要更好的语言表达与示范,能用幼儿听得懂的语言,进行清晰、明确的安排。在设计过程中,注意在幼儿阶段,借助幼儿身体、各种材料形成人与人之间的连接关系,使得活动组织更加有效。

## (三) 走步教案

### 教案1 百变易拉罐

**活动目标:**

1. 借助各种器材,进一步提高幼儿平衡走及控制物体平衡的能力。
2. 提高幼儿团队合作的意识。

**活动准备:**

易拉罐若干;采用较硬易拉罐上打眼穿绳制作的小高跷若干;纸棒若干。

**活动过程:**

1. 开始部分(3分钟)

在音乐声中,教师带着幼儿练习各种走的动作。(内容参阅本书走步游戏3:"谁做得最像"一文。)

组织:呈一路纵队在教师的带领下进行S形行进。

2. 基本部分(24分钟)

(1) 踩高跷(8分钟)。

幼儿取器材:在准备活动的最后阶段,教师带领幼儿按自然走的动作走成一个圈,同时在圈侧某一位置堆放自制小高跷,每个幼儿经过时,取两个小高跷。

①幼儿自由尝试练习踩高跷;②教师示范(强调走的方法:手脚协同),请个别幼儿示范;③再次自由练习;④呈一列横队,距离10米,进行踩高跷比赛。

(2) 同心协力(8分钟)。

在踩高跷游戏后,教师提示易拉罐是否有新的玩法,引出第二个游戏:同心协力。

① 教师介绍"同心协力"的玩法。两个幼儿一组,每个幼儿手中各拿一个易拉罐,相互配合,两个幼儿用手中的易拉罐相对,中间再夹住一个易拉罐,进行行走。

② 主班教师与配班教师做示范;幼儿两两进行自由练习。

③ 游戏比赛:将幼儿分成两路纵队,每队中两个幼儿一组,进行同心协力活动比赛,距离10米。听到教师口令后,排头两个幼儿配合出发,绕过终点,回到起点,第二组幼儿出发,如此反复,最快一组为获胜方。游戏进行2~3次。

**规则** 在游戏中,中间易拉罐若在中途落下,必须拾回,在落地点重新出发。

(3) 看谁走得直(8分钟)。

① 教师介绍"看谁走得直"游戏的玩法。每个幼儿手执一纸棒,将地上横放的易拉罐向前拨动,看谁

能让易拉罐滚动得又快又直。

② 教师示范,幼儿自由练习。

③ 呈一列横队进行比赛,距离 8 米,看谁最先到达终点。游戏重复 2～3 次。

④ 分组进行游戏。如图 4-15 所示,起点至终点,10 米左右距离;教师把幼儿分成两大组,每大组分成两小组,分别站于起点和终点处,对应排列。每大组一个易拉罐,一根纸棒。游戏开始,同侧排头用纸棒把易拉罐拨向终点,完成后,交于终点排头幼儿。如此反复进行游戏,看看哪一组最先完成。

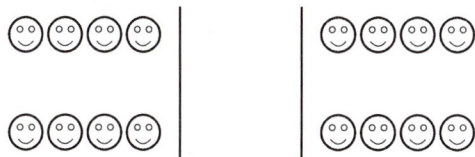

### 3. 结束部分(3 分钟)

在音乐的伴奏下,教师带着幼儿放回器材,随着音乐跳放松舞蹈。在舞蹈中逐渐排成一路纵队,最后以一路纵队的形式,前后幼儿手搭肩,在教师统一指挥下集体离开场地。

图 4-15

### 教案 2　倒车——请注意

**活动目标:**

1. 通过倒退走的练习,发展幼儿平衡能力和协调能力。

2. 通过双人及多人的配合,发展幼儿的合作意识。

3. 通过情境活动,感受活动的乐趣。

**活动准备:**

自制纸球若干,小塑料圈人手一只,呼啦圈若干。

**活动过程:**

### 1. 开始部分(5 分钟)

幼儿人手一个小塑料圈,在教师带领下呈一路纵队模仿开汽车进入场地内,在音乐声中练习不同方位的走。例如:原地踏步走(汽车起动)、向前走、后退走、转弯走、屈体向前走、下蹲(停车)等。在教师的带领下最后走成一个圆圈。

教师站于圈中,带领幼儿做圈圈操(动作略)。方法:① 结合手中的小塑料圈进行肢体的练习;② 结合放置地面的小塑料圈进行跳跃及变向跑的练习。

### 2. 基本部分(21 分钟)

(1) 一进一退,倒退走(8 分钟)。

① 两个幼儿一组,面对面站立,手中小塑料圈重叠,两个幼儿都手拉小圈。一个倒退走,另一个向前走,进行自由练习。两人间可以自由交换。

② 教师强调两人协同走时应注意的问题,并示范,幼儿再次自由练习倒退走。

③ 运用方法:教师组织幼儿呈一列横队进行比赛,距离 15 米,一个退,一个进,到达终点后,退者变为进,进者变为退。看哪一组幼儿做得既快又好(注意安全)。比赛次数:2～3 次。

(2) 游戏:开车过雷区(8 分钟)。

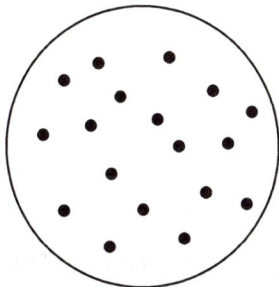

① 如图 4-16 所示,在一圆形的场地内随机放置自制纸团(放置时注意范围能容纳所有幼儿在其间活动)。按以上方法,幼儿进行活动,强调前进的幼儿控制方向,两个幼儿都不能踩碰纸团。进行自由练习。注意强调幼儿不要相互碰撞,用语言"倒车,请注意"相互提醒。

② 双人背向倒退走。用每两个幼儿手中的小塑料圈在教师处换一大呼啦圈,两个幼儿都套于圈中,两人相背,面向圈外,在相同的场内进行练习,内容可以是倒退走,也可以向前走或转弯走,强调两个幼儿之间的配合。进行自由练习。

图 4-16

(3) 集体倒退走(5 分钟)。

游戏:开火车。在教师指挥下,连接所有幼儿,圈圈相连(前面的幼儿一手握两圈),排成一路纵队。

听从教师口令"集体向前走""停""向后退"。进行集体直线倒退走时,注意用"倒车,请注意"口令统一进行。口令要慢,给幼儿足够的反应时间。教师站于队伍的最后面。

### 3. 结束部分(4分钟)

双人舞蹈进行放松:两个幼儿面对面,伴随着"慢四"音乐,在教师的带领下,手牵手进行舞蹈练习(强调进两步,退两步)。教师用"1、2、3、4"进行动作的统一。

在欢快的音乐声中,教师和幼儿一起收回器材。

### 教案3 快乐的小螃蟹

**活动目标:**

1. 通过活动,发展幼儿侧向走的能力。
2. 提高幼儿看信号做出反应的能力。
3. 学会与同伴合作,体会活动的乐趣。

**活动准备:**

羽毛球筒若干,长绳若干根,音乐。

**活动过程:**

### 1. 开始部分(6分钟)

教师带领幼儿慢跑进入场地,并进行各个方向跑的练习,完成后结合走让幼儿排成一路纵队。

(1)集体左右步练习:听从教师口令,全体幼儿运用向左侧跨一步走,向右侧跨一步走,向左侧跨二步走,向右侧跨二步走等方法反复练习。要求:在练习中保持好集体的队形。

(2)一路纵队变二路纵队走:听从教师口令,从排头开始依次进行,一个蹲下,后一个不动,如此反复到最后。要求:不动的幼儿,向左侧一步走,完成后蹲下;前面蹲着的幼儿站起,向左侧一步走。如此反复练习。

### 2. 基本部分(20分钟)

(1)侧向走练习(6分钟)。

① 队形变换练习后引出主题:"小螃蟹的动作是什么样的?"教师带领幼儿进行集体练习。队伍呈两列横队。同时集体念儿歌:"一只螃蟹爪八个,两头尖尖那么大个,我眼一挤呀脖一缩,走呀走呀过了河。"

② 如图4-17所示,教师带领幼儿进入场地,场地上用竖起的羽毛球筒进行布置,提示幼儿不能将筒碰倒。运用侧向走的动作,呈一路纵队,模仿教师一个跟着一个进行直线走及绕障碍物变向走的动作(碰倒筒子请扶起)。

(2)侧向走比赛(7分钟)。

图4-17

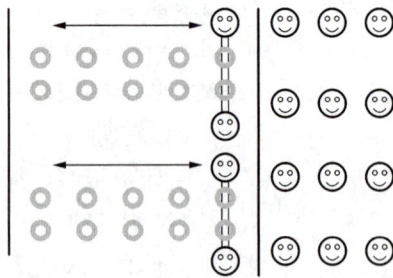

图4-18

如图4-18所示,将幼儿分成两组,每组幼儿两两相对,进行往返接力比赛。排头每个幼儿的手臂上套有羽毛球筒,两个幼儿面对面,手牵着手。游戏开始,听到口令后,快速侧向走至终点,再以相同的动作返回,把纸筒套到下一个小朋友的手臂上,如此反复,直至结束,最快一组为胜方。反复练习2~3次。

(3)螃蟹过河(7分钟)。

方法:地面上放置一根长绳,对应地在空中拉一长绳(教师或幼儿辅助),空中长绳上套一羽毛球筒,幼儿双手抓住这个羽毛球筒,同时相脚踩踏在地面的长绳上,进行侧向行进。

游戏组织:将幼儿分成两组进行比赛,每个幼儿手拿一羽毛球筒,比赛开始时,将羽毛球筒套入空中的长绳,如上方法进行行进,到达终点,再以相同的方法返回,拿出球筒,第二个幼儿出发。如此反复,最快组为胜方。注意绳子的高度要高过幼儿的身高。

### 3. 结束部分(4分钟)

(1)教师带领幼儿做放松运动。

游戏"弹钢琴"。方法:分配角色,3~4名幼儿一组充当一个音符,分别为哆、来、咪、发、索、啦、西、哆,教师分别唱出各个音符,同时用手进行指挥,被点到的一组轻轻地跳起或蹲下,教师可快可慢。

(2)师生共同收回器材。

### 教案4　铃儿响叮当

**活动目标:**

1. 培养幼儿的听辨能力及闭目走时的平衡能力。

2. 增强幼儿的爱眼护眼意识。

**活动准备:**

1. 可套在头上的纸袋子若干。

2. 小铃铛若干(用橡皮筋系于小铃铛上)。

3. 细长绳3根。

**活动过程:**

### 1. 开始部分(6分钟)

以"闭目听口令"的形式导入活动。

游戏:"我在哪里"

方法:幼儿随机集中站于场地上,教师手执铃铛,要求幼儿闭上眼睛,教师快速改变自己的位置后,摇动手中的铃铛,幼儿听到铃铛后,站于原地,睁开眼睛,快速找到教师的位置。如此反复几次。声音可从重到轻操作。教师也可让其他幼儿替代自己,进行此游戏。

教师请4名幼儿分别站于场地的4个方位角上,其他幼儿随机站于中间,教师指挥这4名幼儿,依次摇动铃铛,中间其他幼儿听到铃声快速作出反应,闭着眼睛走向发出声音的位置。如此反复多次,可进行幼儿的交换。

教师手执铃铛面向幼儿,在前面一边倒退走,一边摇动手中的铃铛,所有幼儿闭着眼睛跟随声音行走。教师注意路线和速度的控制,避免幼儿相互碰撞,把幼儿带入活动场地。最终让所有幼儿都能抓到老师。

### 2. 基本部分(20分钟)

(1)闭眼走直线(5分钟)。

① 教师介绍如何闭着眼睛走直线的方法。(双手侧平举,脚尖顶着脚跟交替向前慢慢地走。)

② 幼儿分成两组,间隔10米,呈两列横队面对面,一一对应站立。游戏开始,一组幼儿不动,另一组幼儿闭着眼睛,按①的方法走向对面幼儿。完成后,回到自己开始的位置。对面另一组幼儿开始。看谁能准确走到对面幼儿的位置。游戏反复进行。

(2)踩绳闭目行走(8分钟)。

如图4-19所示:地上放置3根长绳,幼儿从中自由选择一根,用脚踩长绳的方法,闭目行走,看谁走得既快又准。反复练习。在活动中,教师安排好幼儿前后间隔的距离。

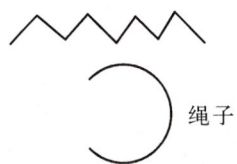

绳子

图4-19

(3)游戏:瞎猫抓耗子(7分钟)。

用3根长绳围成一个大圆,所有幼儿在其中游戏。

给其中3~4名幼儿用纸袋子套在头上,纸袋下沿沿着下颌向内折起(避免眼睛从纸袋下方看到)。

蒙眼的幼儿自由行走，当"瞎猫"。其他幼儿把铃铛套在脚上（用橡皮筋套上），在 3 根长绳围成的圆内，呈全蹲行走，当"耗子"。"猫"听着铃声去抓"耗子"，抓到后，交换角色。反复游戏。

**3. 结束部分（4 分钟）**

（1）教师摇动铃铛，所有幼儿随机集中在教师身边。

（2）放松肢体，用全身抖动的方式进行。抖动手臂，抖动腿，全身抖动。

（3）眼球运动。

① 头不动，眼球左右、上下旋转移动。可结合面部表情进行。

② 你能看到最远的东西是什么？看远处的事物，如移动的白云、远处的树木、飘动的红旗等。

**教案 5　快乐的毛毛虫**

**活动目标：**

1. 通过集体行走的方式发展幼儿群体的协调能力，锻炼下肢力量。

2. 增强幼儿的集体观念，以及积极、健康的竞争意识。

**活动准备：**

毛毛虫卵图片、毛毛虫图片、蝴蝶图片各 2 张（两张图片内容相同），把每种图片中的一张剪开平均分成 8 块；音乐磁带。

**活动过程：**

**1. 开始部分（4 分钟）**

（1）幼儿排成两路纵队，在教师的带领下，走进场地，呈体操队形散开。

（2）教师口令"1、2、3、停"，带领幼儿进行集体向前走步、停止的练习。听到"停"口令时，两只脚并在一起。

（3）教师口令如上，带领幼儿集体进行向左、向右并步练习，"1"左脚向左跨出一步，"2"右脚并合，"3"同"1"，"4"同"2"；第二个四拍，方向相反。在熟练之后，结合音乐进行练习。教师注意学习速度的控制。

**2. 基本部分（17 分钟）**

（1）毛毛虫长大了（9 分钟）。

① 随机组合，两人一组，后一位幼儿双手搭于前一位幼儿的肩上，向前行进。在练习时，不强调速度。两个幼儿同步走动，在场地上自行练习。同时一起喊口令"1、2"。教师注意评价时机。

② 在两人熟练练习之后，把两组合为一组，成四人练习，方法同上。最后成八人一组进行练习。

③ 教师带领幼儿在儿歌的伴奏下，进行八人一组的集体练习。注意所用儿歌节奏的控制。游戏反复练习。

儿歌："毛毛虫脚最多，脚和脚儿不打架，121,121,1234567。"

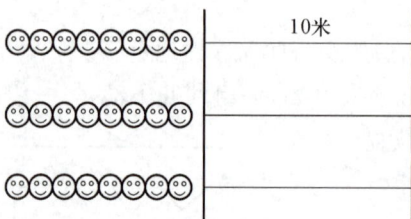

图 4 - 20

**3. 毛毛虫比赛（8 分钟）**

（1）八人一组，如图 4 - 20 所示，三组小朋友呈纵队站于起点，进行比赛（人数可根据实际情况增减）。游戏进行两次。

（2）教师进行评价，各组单独示范，进一步巩固集体动作。

（3）最后进行一次相同的游戏，在终点处放置被剪成八等份的图片，依次为毛毛虫卵图片、毛毛虫图片、蝴蝶图片。

幼儿集体到达终点后，八人集体把局部图片拼贴完整，教师出示完整图片，与幼儿图片进行比对，看哪些组做得既快又好。

**4. 放松部分（4 分钟）**

蝴蝶的一生：

（1）把三张完整图片围成一圈放在一起，介绍蝴蝶的一生。

（2）幼儿在教师的带领下，模仿蝴蝶的成长过程：虫卵→毛毛虫→蝴蝶。

(3) 在音乐的伴奏下,每个幼儿都变成美丽的蝴蝶,在教师的带领下翩翩起舞。

## ？你知道吗？

幼儿体育活动中主要遵循的规律是什么?

1. 动作技能形成规律

幼儿在进行动作技能发展过程中由初步了解到初步掌握到最后的灵活运用,有着较为统一的规律。

(1) 粗略掌握动作的阶段

动作表现为动作僵硬、紧张、不协调、不准确、控制能力差,即"泛化"阶段。在此阶段主要帮助幼儿形成初步的概念。幼儿在完成动作时主要依靠视觉表象来控制和调节动作。

(2) 改进和提高动作的阶段

动作表现为紧张动作及多余动作减少,能较顺利、较正确地完成动作,即"分化"阶段。在此阶段逐步形成动作概念,要求多进行重复练习。视觉表象的依赖减少,动作间的连续性加强。

(3) 动作的巩固和运用自如阶段

在此阶段幼儿思维减少,动作肌肉记忆加强,视觉依赖进一步减少,即"自动化"阶段。

教师应根据幼儿动作发展的年龄特点、动作的种类、动作发展的阶段及此规律,有目标地进行教学内容的安排。

2. 人体生理机能活动能力变化的规律

在幼儿体育活动过程中,机体功能活动能力的变化与人体有关器官系统的功能是密切相关的。在体育活动中,幼儿生理机能活动能力会发生一系列的变化,这种变化是有一定规律的。

当人体开始运动时,身体由惰性状态逐步上升,这一过程称为逐步上升阶段。在一段时间内,人体机能活动的能力稳定并保持最高水平,此阶段称为稳定阶段。人体机能活动到一定程度产生疲劳,身体机能活动能力下降,这个阶段称为下降和恢复阶段。

幼儿机能活动能力的特点一般是上升时间短而快,最高阶段延续时间较短,承担急剧变化负荷的能力较低。

(1) 上升阶段(生理与心理的适应准备)

(2) 平稳阶段(饱满的精神与较大的运动量)

(3) 下降阶段(放松身体,放松心情)

根据这一规律,上升阶段一般在体育活动的开始部分,主要帮助幼儿进行积极的活动准备,以适应基本部分的各种较大强度的活动;平稳阶段一般在体育活动的基本部分,要求运动量较大时,教师要安排好调整的时间;下降阶段一般在体育活动的结束部分,要求教师帮助幼儿进行积极的放松,尽快恢复到平静状态。

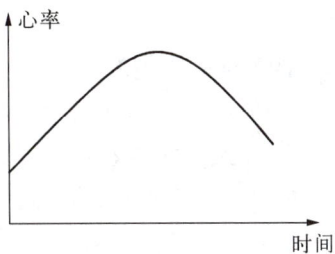

# 第二节　跑　步　教　育

## 一、跑步教育基本知识简介

跑步是人体移动最快的一种运动方式。跑步是幼儿日常生活中最基本的活动技能,同时又是锻炼幼儿身体的重要手段。跑步时几乎全身各部位的肌肉都参与活动。跑步也是运动量最易被改变的运动方式之一。幼儿经常进行跑步运动,可以有效地增强下肢部位的肌肉力量,提高身体的速度、灵敏性、平衡能力、耐力及协调能力等身体素质,提高幼儿运动的节奏感。而且,在快速跑的过程中,对于积累幼儿有关时间与空间的经验,从而促使其时间知觉与空间知觉的发展,都有很好的帮助。

## (一) 目标

1. 增强幼儿跑步能力,增强幼儿跑动中的反应能力、速度,逐步增长幼儿跑动中的距离。

2. 在跑步基本动作能力基础之上,不断丰富跑的内容,增加跑的难度,增强幼儿下肢力量、灵敏性、协调能力及方位感。

3. 不断加强幼儿跑步动作技能的练习,一方面提高各种身体素质,另一方面使得基本跑步能力得以进一步提升。

4. 在各种综合性的活动中,使幼儿跑的能力得以运用和巩固。

5. 学会几种跑的游戏,有独立游戏的能力。

## (二) 跑步的特点和基本要求

1. 跑步时,两脚有一个同时离开地面的过程,称为腾空阶段。具有良好的腾空动作,可以加快人体位移的速度,增大步幅。这也是区别于走步的最大特征。

2. 跑步时,强调腿、脚的后蹬力量。只有后蹬力量越大、速度越快,人体的向前速度才可能越快。

3. 跑步时,上体保持正直。低头、左右摆动等不良动作,都会影响跑步的速度。

4. 跑步时,强调两臂的自然摆动。摆臂动作,不但使身体保持良好的平衡状态,同时也是调整步频和步幅的重要手段。

5. 跑步时,强调合理的呼吸配合。特别在较长距离跑时,应用鼻子呼吸;或用鼻子吸气、嘴巴呼气的方法进行。

6. 在短距离跑的过程中,一般采用前脚掌着地跑;在长距离跑的过程中,一般采用全脚掌着地跑。幼儿时期,由于长距离跑相对较少,教师应提倡幼儿多多练习前脚掌着地跑,以提高脚部力量。

## (三) 跑步中常出现的错误

①外八字脚跑;②重心过低,蹲着跑;③重心过于向前,前倾过大;④整个脚掌着地,落地过重;⑤摆臂紧张,幅度过小;⑥上下肢不协调;⑦低头含胸,或仰头挺胸,上体摆动;⑧步幅过小;⑨两脚分得过大。

## (四) 跑步练习的内容

### 1. 跑步基本动作的练习

根据跑步的基本动作特点及幼儿的年龄特点,在幼儿园中,以基本动作为基础的跑步活动开展中主要包括直线跑、变速跑、追逐跑、上坡跑、下坡跑、走跑交替、协同跑等方式。

### 2. 跑步基本动作技能的练习

跑步基本动作技能是在一定学习及练习的基础之上形成的动作能力,同时,通过动作技能的练习,不断增强幼儿跑步的能力。跑步的动作技能主要包括起跑、前后摆臂、小步跑、跑停、侧向并步跑、高抬腿跑、后踢腿跑、跨大步跑、变向跑、弧形跑、跨障碍跑等。

## (五) 各年龄段跑步练习的主要内容

小班:一个跟着一个跑;学大马;在指定范围内四散跑;100 米慢跑及走跑交替等。

中班:绕障碍跑;在不固定范围内四散追逐跑;20 米快跑;接力跑;100～200 米慢跑或走跑交替等。

大班:听信号变速跑或改变方向跑;四散追逐跑、躲闪跑;快跑 25 米;慢跑或走跑交替 200～300 米;在较狭窄的小道上跑;高抬腿跑、大步跑等。

# 二、运动实践部分——跑步的教育

## (一) 跑步基本动作

**动作 1　跑步基本动作**

**动作要领**　上体自然放松、头颈及上体保持正直,双臂前屈,双手握空心拳;两臂有力前后摆动;腿部前摆幅度大,后蹬有力,重心高,落地轻;脚尖方向向前。跑动时要有合理而稳定的节奏。如图 4-21。

（练习的过程中教会幼儿跑步的基本口令。）

**动作2** 起跑动作

**动作要领** 幼儿主要是站立式起跑。双脚前后开立一步距离,身体前倾,重心落于前脚,后脚前脚掌着地,两膝稍屈,站于起跑线上,两臂摆成跑动时的固定动作。如图 4-22。

（起跑主要是尽快摆脱人体的静止状态。幼儿练习时也可采用其他方式,如蹲着、背向、坐着等姿势。）

图 4-21　　　　　　　图 4-22　　　　　　　图 4-23　　　　　　　图 4-24

**动作3** 摆臂练习

**动作要领** 幼儿在学习跑步的动作时,强调上肢动作的作用。练习方法：两脚前后站立,上体重心稍向前,两臂前屈,手握空心拳,在教师口令下,有节奏地练习前后摆臂动作,摆动时有力并保持较大幅度。如图 4-23。教师在练习时可不断变换节奏进行练习。

（此动作强调幼儿上肢力量、节奏及协调能力的发展。）

**动作4** 原地小步跑

**动作要领** 要求上体放松,两臂位于腰间,小幅度地摆动,两脚左右开立与肩同宽,前脚掌着地,两膝稍屈,进行快速的原地小跑。如图 4-24。教师注意节奏的控制。

（此动作强调幼儿踝关节力量、节奏感及步频的发展。）

**动作5** 跨大步跑

**动作要领** 要求有意识加大步幅,使身体重心尽可能向上,步频减少;在开始练习时也可进行一步跨跃跑到多步跨跃跑的练习。如图 4-25。教师注意幼儿左右脚的同等练习,跑动距离不宜过长。

图 4-25

（此动作强调幼儿步幅动作的提高。）

**动作6** 后踢腿跑

**动作要领** 幼儿有意识地向后踢小腿,使小腿与大腿充分折叠,向前时摆动幅度小,膝部放松,步频高,前脚掌着地。如图 4-26。此动作既可进行原地跑动,也可进行小步的向前跑动。

（此动作强调幼儿节奏及步频的发展。）

**动作7** 高抬腿跑

**动作要领** 上体保持正直,两手掌心向下平放于体前腰间,膝关节尽可能抬高,使大

图 4-26

腿部触及手掌。如图4-27。此动作既可进行原地练习,也可进行行进间练习。

(此动作强调幼儿踝关节及大腿力量的发展。)

 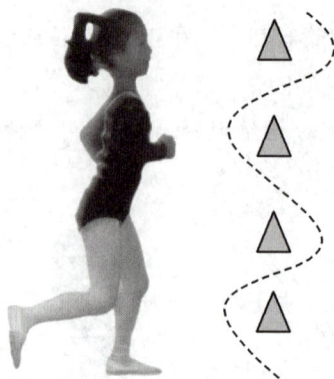 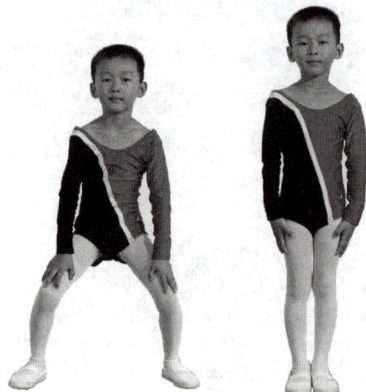

图4-27          图4-28          图4-29

**动作8 曲线跑**

**动作要领** 在进行曲线跑时,主要强调身体重心向内侧倾斜,跑动弧度可由大变小,体会对身体的控制。曲线跑可在圆圈上进行,也可在S线上进行,不宜过分强调动作。如图4-28。

(此动作强调幼儿跑动中平衡能力的发展。)

**动作9 侧身跑**

**动作要领** 身体侧向前进方向,膝关节稍屈,一脚快速侧出,另一脚快速并拢,如此反复,进行移动。如图4-29。在此动作的基础上,可持物练习,也可进行双人协同练习。双人协同练习时,可进行面对面手牵手、臂搭臂或同持一物的练习;也可进行背对背练习,可手牵手、肘挂肘或同持一物的练习。

(此动作强调幼儿协同能力及踝关节力量的发展。)

**? 你知道吗?**

幼儿园体育与小学体育的区别是什么?

1. 幼儿园教给幼儿锻炼身体的技能,是人的基本活动技能和促进身体发展的简单的运动动作。即使开展专项运动的技术教学,也主要侧重兴趣和最基本的运动能力的培养,是健康体能的发展,也是促进幼儿自我展开、自我完善的主要途径。

2. 体育游戏,是幼儿园体育的一种主要活动方式。在小学体育中,游戏不再作为最主要的锻炼方式。

3. 幼儿园体育活动运动负荷的特点是强度较小、密度较大、时间较短、节奏性较强(急缓结合、动静融合)。这与小学低年级相近,与高年级有很大差异。

4. 幼儿园不进行体育知识的考核和评价,也不进行技能的达标测验,所关注的是幼儿身体发展的指标。

5. 幼儿园体育目标不仅限于身体的发展,由于早期幼儿各种能力与经验相对较少,因此幼儿园体育能促进幼儿认知、思维、社会、心理等方面的综合发展,是幼儿园教育中的重要平台之一。

**(二)跑步游戏**

**游戏1 听命令抱成团**

**目标**

1. 通过各种起跑的游戏,提高幼儿快速起动的能力。

视频

听命令抱成团

2. 加强幼儿听信号做出反应的能力。

**玩法**

幼儿呈一路纵队围成一圈,前后保持一定的距离,教师站于圈中进行指挥,幼儿进行绕圈走的练习。

**第一步游戏**　在行进中,教师喊自己的名字,听到后,所有幼儿快速跑到老师的身边,抱成一团。

**第二步游戏**　在行进中,教师任意喊出圈中某一位幼儿的名字,听到名字后,此名幼儿不动,其他幼儿快速跑到这名幼儿的身边抱成团。

**第三步游戏**　在行进中,教师任意喊出 2～4 以内的数字,听到此数后,幼儿按该数相同的人数快速分组抱成一团。游戏可反复进行。(此游戏也可从幼儿不动开始进行练习。)

**规则**

第三步游戏中,抱成团的人数多于或少于要求的数字为失败。

**建议**

1. 教师在第三步游戏中,所喊数字不宜太大,以 2～4 之间为宜。

2. 在第二步游戏时,如果进行游戏的人数太多,教师可以喊两个或两个以上幼儿的名字进行游戏,注意所喊的幼儿最好是均匀分散在圈上的各个位置,使幼儿人数得以较为均匀地分开。

3. 此类游戏可以借助器材来进行。例如:在幼儿围成的圈内或圈外相应位置,放 2～3 种颜色的大呼啦圈若干,教师可以任意喊出某种颜色,幼儿快速聚集到相应的圈内抱成团。

4. 在进行此类游戏时,还可把区域分成两块进行。例如:左边代表蔬菜,右边代表水果。在绕圈走的过程中,教师任意喊出某一蔬菜或水果的名称,幼儿自我判定,跑向左侧或右侧,并与其他幼儿抱在一起。

5. 幼儿阶段,跑步的练习更多结合跑动中的反应进行游戏的设计,此过程提高了肌肉的应激速度,从而不断增强肌肉力量。由于更多用到感觉器官的刺激,因此更容易激发幼儿的兴趣。在设计此类游戏时,教师注意跑动的距离不要太长,有一定的速度变化,同时注意幼儿各种感觉器官的运用。

**游戏 2　攻城堡**

**目标**

1. 通过各种起跑的游戏,提高幼儿从静止状态加速的能力。

2. 加强幼儿间的合作。

**玩法**

**第一步游戏**　如图 4－30 所示,地面画有两条相距 2 米的直线,幼儿平均分成两组,一一对应面对面站于直线外侧。听到教师"跑"的口令后,对应的两个幼儿快速互换位置。游戏中教师控制好相互交换的节奏,幼儿之间位置交换频率可由慢到快。

**第二步游戏**　如图 4－30 所示,在两线之间,教师带领若干幼儿充当守关人,不让两侧幼儿顺利跑到对面,两侧的幼儿可以自由跑动,想办法跑到对面去而不被守关人触及。若被触到,则交换角色。

**第三步游戏**　如图 4－31 所示,在地面画出梯形的城堡,下宽上窄,按幼儿能力决定城堡的宽度。教师守在第一关,另选两名幼儿各守第二关及第三关,其他幼儿充当攻城人,从教师一关开始。集体想办法通过每一关,而不被守关人触及。顺利通过三关者为胜。

**规则**

在第二步及第三步游戏中,攻关人如若被触及,则与守关人交换角色。

**建议**

1. 此类游戏中幼儿很难独自攻城获得成功,因此更强调两个或几个幼儿之间相互配合,这样才有可能成功。教师应在此方面给出更多的提示和更高的要求。

图 4-30

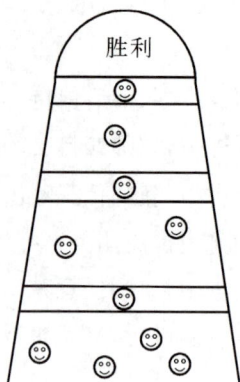

图 4-31

2. 攻城堡游戏是传统群体游戏中的一种。利用幼儿视觉判断,及跑动中思维的结合,使得游戏变得更加具有挑战性。教师在设计此类游戏时,应结合不同的方位,不同的体位,增加幼儿跑动中的选择性,不断提高幼儿合理的判断能力。例如:向左还是向右;是跳还是钻;我要拿什么、什么时候可以跑等。此类游戏也是行为安全教育的重要组成部分。

3. 攻城堡游戏中,守关人可以采用单手或双手进行守关,调节攻城的难度。

### 游戏 3 绕过障碍

**目标**

1. 通过各种变向跑的游戏,提高幼儿的灵敏性。
2. 加强幼儿间的合作。

**玩法**

**第一步游戏** 如图 4-32 所示,在班级中两名幼儿任意搭配(甲、乙),一前一后站立于起跑线上,听到教师"跑"的口令后,后面小朋友"乙"快速绕过前面小朋友"甲",跑到其前面站立,并喊一声"到";听到"到"的命令后,小朋友"甲"也快速绕跑到小朋友"乙"之前,喊一声"到"。如此反复,直至终点。看哪一组幼儿最快。(此游戏在开始练习时,教师可以在地面上贴有等距离的标志点,使幼儿站立的位置固定,便于游戏能在一条直线上完成。游戏熟练后,此点可以不用。注意每组间保持一定的距离,避免相互碰撞。)

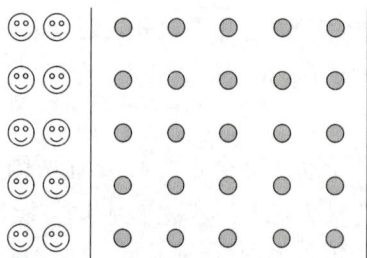

图 4-32

图 4-33

**第二步游戏** 方法同第一步游戏,人数从两人增加到三人,如图 4-33 所示,此游戏要求每个幼儿所站位置保持一定的距离。从最后一名幼儿开始,分别绕过前面每一名幼儿,跑到最前面站立后,喊一声"到",此时最后一名幼儿才能开始。如此反复直至终点,看哪一组幼儿最快完成。(此游戏中,教师要强调幼儿只有听到"到"的声音后,最后一名幼儿才能跑。)

**建议**

1. 此类游戏可变的方式非常多,在幼儿熟练上述游戏的基础上,可不断增加人数。

2. 游戏的组织上,也可把跑动的路线从直线变为圆形。

3. 可增加物品的传递进行游戏,例如:幼儿分成几路纵队,每组最后一名幼儿手持红旗(或其他物品),如上方法绕跑过前面每一名幼儿到最前面,然后把红旗依次传递下去,此时最后一名幼儿拿到红旗后,才能继续开始,如此反复进行游戏。

4. 运用各种器材做障碍物,幼儿在其中绕行跑动。

5. 在幼儿园运用变向跑的组织方式,主要练习幼儿身体的灵敏性,除了要求幼儿不断提高跑动中的变换速度以外,教师在安排场地时,也可通过调节障碍物之间的距离,来提升幼儿身体的灵敏性。障碍物的间距越大,要求越低;间距越小,要求越高。教师在组织过程中,应有目的地进行设置。

**游戏 4  龙头、龙尾**

视 频

**目标**

1. 通过各种变向跑的游戏,提高幼儿的灵敏性。

2. 通过集体游戏,加强幼儿间的合作。

龙头、龙尾

**玩法**

**第一步游戏**  教师带领幼儿呈一路纵队站立,面向同一方向,教师排在排头做龙头,跟在后面的幼儿双手抓住教师的腰带,后面幼儿按此方法依次串联起来。龙头左右转动跑,去捉最后的一名幼儿。最后一名幼儿尽可能跑向相反方向,不被捉住。

**第二步游戏**  分成人数基本相等的两组,每组的组织同第一步游戏,两组排头以教师带领,两名教师做龙头去捉对方的龙尾,跑动时,向前向后、向左向右进行集体的变换。两边最后一名幼儿尽可能躲避对方龙头的追逐。

**第三步游戏**  以第一步游戏的方式进行组织,如图 4-34 所示,教师带领 4~5 名幼儿站于圈中,教师做龙头,其他幼儿做龙尾,外围的幼儿用一个皮球进行相互间的配合。执球者把球抛滚向圈内的队伍。龙头尽可能阻止球碰到后面的龙尾。球触碰龙头无效,触碰龙尾中任何一个幼儿,包括此幼儿在内的后面的幼儿都要与外圈幼儿互换角色。游戏继续。

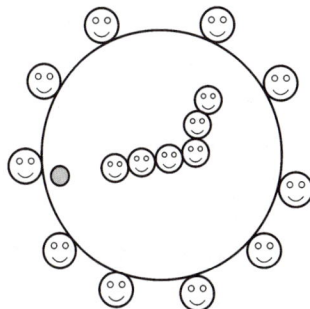

图 4-34

**规则**

1. 跑动中脱节的幼儿为失败。

2. 不允许相互推挤。

**建议**

1. 此类游戏运动量较大,组织较难,要求教师参与,教师注意游戏时间的控制。

2. 此类游戏最大问题在于相互间的连接存在一定困难,可采用每人套一绳圈或呼啦圈于腰间,相互拉住绳子或呼啦圈的方法。

3. 在游戏中,教师注意速度、左右变换的幅度适当。

4. 此类游戏是传统游戏"老鹰捉小鸡"的改编,此方式也可用于各种集体跑的游戏中。

5. 集体跟随跑,在幼儿阶段是提高集体意识的重要方法之一。在对抗性或跑动多变性较大的游戏中,需要教师带领进行完成,在形成定向跑的形式,或较小变换跑的游戏中,可以让幼儿自主进行。例如游戏"公交车",每名幼儿一个呼啦圈,从起点到终点,设置若干站点,每个站点若干幼儿,到站后,前后幼儿用呼啦圈连接起来,一起跑向终点。

**游戏 5  猫捉老鼠**

**目标**

1. 通过各种变向跑的游戏,提高幼儿的奔跑能力及灵敏性。

2. 加强幼儿的反应能力。

**玩法**

**第一步游戏** 选一名幼儿充当猫，另一名幼儿充当老鼠，其余幼儿围成一个圈，双手背于身后，左右相距两臂距离，面向圈内，充当粮囤。游戏开始。老鼠在圈外跑，并伺机钻进圈内，猫在圈内守护，防止老鼠进入，并伺机捉住老鼠。老鼠如果成功钻进粮囤，可以站在圈内任一幼儿的前面顶替其位置，被顶替的幼儿就变成老鼠，猫如果捉住了老鼠，两人就交换角色。游戏继续进行。

**第二步游戏** 同第一步游戏，选出猫和老鼠，其余幼儿围成一个大圈，其中两人一组，手拉手、肩并肩站在一起，每组左右间隔2米距离。游戏开始，猫追老鼠，老鼠可以在圈内、圈外随意奔跑躲避，在跑的过程中，老鼠可以去拉圈上任一幼儿的手，被拉幼儿的另一侧幼儿就变成了老鼠，如果猫捉住了老鼠，两人就交换角色，游戏继续。

**规则**

1. 两个游戏中老鼠都不能离圈太远，否则算被捉住。
2. 猫只要触碰到老鼠，就算被捉，不得用力推拉。
3. 顶替的位置注意调整到原位，使游戏能顺利进行。

**建议**

1. 此类游戏都是传统游戏"贴膏药"的改编，"贴膏药"游戏的方法基本同于第二步游戏，只是两个幼儿前后站位，老鼠可以选择站于某一组的前面，此组最后一名幼儿就变成老鼠；反之，站于某组后面，此组最前面幼儿就变成老鼠。
2. 教师鼓励幼儿尽可能平均替换每个人，使更多的幼儿可以参与到奔跑之中。

**游戏6 抓尾巴**

**目标**

1. 通过各种四散追逐跑的游戏，提高幼儿的灵敏性。
2. 加强幼儿间的合作。

视 频

抓尾巴

**准备**

红、白两种颜色的纸条若干；夹子若干；细的长绳若干。

**玩法**

**第一步游戏** 按幼儿的多少设一个相适应的正方形场地。把幼儿分成人数相等的两队，一队幼儿后腰处用夹子夹一20厘米左右长的红色小纸条一根，另一队夹相同长度的白色小纸条一根。比赛开始后，两组幼儿相互抓对方后腰上的小纸条，被抓掉者退出游戏。在一定的时间范围内，看最后哪一组幼儿在比赛场上剩下的多。

**第二步游戏** 让每个幼儿自己用夹子把5根（可以更多）纸条夹在身体的各个部位，如领子、腰部、后背、腿部等。方法同第一步游戏，进行两组间的对抗，在一定的时间内，看哪一队幼儿获得的纸条最多。

**第三步游戏** 每个幼儿都用夹子把一根细长绳夹于后腰，要求部分绳子拖于地面。此次游戏各自为战，不能用手抓，只能用脚踩，被踩下绳子的幼儿在旁边观看，在一定的时间内，最后看比赛场上剩下了哪些小朋友。

**规则**

1. 在第一及第三步游戏中，纸或长绳一旦被拉掉，必须离开比赛场地。
2. 不允许相互推挤。

**建议**

1. 此方法为四散追逐跑之类的游戏，教师注意安全的要求。

2．教师注意时间的控制。

3．四散追逐跑的游戏种类非常多，如"踩气球""网捉鱼"（方法：教师带 2～3 名幼儿手牵手一字排开当渔网，其他幼儿各自跑动当小鱼，被捉的小鱼也连成网，游戏继续）；类似游戏还有如"我是小小科学家"（方法同"网捉鱼"）、"猫抓老鼠""警察抓小偷"等。

4．抓尾巴的游戏中，为了调节幼儿跑动的时间，每名幼儿身后"尾巴"的数量，可根据需要不断变化。

**游戏 7　小鸡快跑**

**目标**

1．通过各种跑的练习，提高幼儿的跑步频率。

2．加强幼儿的脚眼协调能力。

**准备**

直径为 5 厘米左右的塑料圆垫若干个。

**玩法**

**第一步游戏**　幼儿在教师的带领下，呈若干列横队站立，教师站于队前。方法：幼儿两脚前后开立，重心稍向前，做前后摆臂的练习，教师有节奏地击掌或喊口令"1、2"。注意节奏由慢到快，再由快到慢，反复练习。

**第二步游戏**　队形同第一步游戏，在教师的带领下，做原地的跑动，左右脚在原地起落。注意结合手臂的摆动，同样节奏由慢到快，再由快到慢，进行反复练习。

**第三步游戏**　组织同上，教师通过口令和手势，要求幼儿进行向前几步跑，再向后几步跑回到原位的练习，此方法可以反复进行。口令为："向前""向后"；"向前""向后"。同时，结合肢体进行指挥。

**第四步游戏**　教师设计两条平行的直线，宽度稍宽于幼儿的肩宽。在两条直线上各自有序地放置等距离的塑料圆垫，两个圆垫之间相距 20～30 厘米。小朋友眼看垫子，左右脚分开，用两只脚快速地依次踩踏塑料垫，跑过去。左脚始终保持在左侧直线上，右脚始终保持在右侧直线上。

**第五步游戏**　教师将塑料圆垫设置在一条直线上，间距 20～30 厘米，幼儿眼看垫子，快速在一条直线上跑动。

**规则**

1．听从教师的口令，尽快跟上教师要求的节奏。

2．在第四步、第五步游戏中，尽可能快速踩到每个圆垫。

**建议**

1．教师注意运动量的控制，设置的小步跑动的距离一般在 5 米左右，同时连接一段放松跑的距离。

2．跑动的节奏：幼儿能区分跑步节奏的快慢，就可以算是达到要求。

**游戏 8　我是螃蟹**

视频

我是螃蟹

**目标**

通过各种侧向跑的游戏，提高幼儿身体的协调能力及相互合作的能力。

**准备**

短木棒若干。

**玩法**

**第一步游戏**　幼儿排成两列横队，在教师的带领下，结合基本动作 9"侧身跑"的方法进行练习，教师用口令及肢体进行指挥，要求幼儿向左向右快速移动。口令："向左""停""向右""停"。

**第二步游戏**　两个幼儿面对面手牵手站立，如第一步游戏的方法，一同进行侧向跑的练习。组织方法：把幼儿分成两组，站于起跑线后，听从教师口令，快速跑出，一组完成，再进行第二组。轮换练习。

第三步游戏 两个幼儿背对背手牵手站立,如第二步游戏方法,一同进行侧向跑的练习。组织方法同第二步游戏。

第四步游戏 在前三步游戏练习的基础上进行游戏比赛。把幼儿分成两队,每队幼儿两人为一组,每组幼儿两两对应,面对面站立,四只手同时握一木棒。游戏开始,第一组两个幼儿一同侧向跑,绕过终点,回到起点,把木棒交于第二组幼儿。如此反复,直至全部完成。

**规则**

在第四步游戏中,两人必须同步,如不能完成侧向移动,也可用交叉跑的方式进行游戏;教师注意安全的要求。

**建议**

1. 侧向跑的动作,需要较强的协调能力,对于幼儿具有一定的挑战性,教师在教学时应循序渐进,以幼儿个体练习为主,不要过分强调速度。

2. 两人配合的游戏,强调两人的同步动作。

3. 跑步动作技能的学习需要经常性的练习,这样才能使幼儿得以掌握与运用,因此在平时练习过程中,教师应提供给幼儿更多练习的机会。

4. 两人同步侧向跑的游戏中,主要变化:两人选择的方位可以是面对面,可以是背对背,也可以选择同一方向;两人连接的方式可以是手牵手,可以是相互搭肩,可以是相互拥抱,也可借助一定的材料形成连接。

**游戏9 赶小羊**

视 频

赶小羊

**目标**

1. 结合器材进行跑的游戏,提高幼儿控物跑的能力。

2. 增加游戏的趣味性。

**准备**

与人数相等的小皮球,与人数相等的羽毛球拍,与人数相等的易拉罐。

**玩法**

第一步游戏 每名幼儿手持羽毛球拍,控制小皮球,在场地上自由跑动。

第二步游戏 组织方式同第一步游戏,把小皮球改成易拉罐。

第三步游戏 小羊搬家。教师在场地上设置三至四个区域,在教师的带领下,每人用羽毛球拍控制小皮球,从一个区域快速跑动到另一个区域。

第四步游戏 教师在场地上设置一安全区,幼儿控制材料在场地上自由跑,听到教师发出口令"狼来了",幼儿快速把小皮球或易拉罐赶入安全区。此游戏可反复进行。

**规则**

1. 在控制材料的跑动过程中,尽可能让材料在自己的身边。

2. 在跑动过程中,幼儿之间注意相互碰撞。

**建议**

1. 控物跑的游戏非常多,其主要变化表现在以下三个方面。①手执物的变化:可以是徒手操作;也可以是有一定宽度的材料,如各种球拍,扫帚等;还可以是木棒类材料。②被控制的材料的变化:可以是较大的球,可以是较小的球,可以是圆柱类材料,也可以是可滑动类材料。③跑动方式的变化:可采用四散跑、直线跑、变向跑、往返跑、接力跑等方式进行。

2. 被控制的材料,可以采用一定重量的物品,如轮胎;也可以采用很轻的材料,如气球。

**游戏 10　系绳结**

**目标**

1. 提高幼儿在跑动中快速停止的能力。

2. 加强同伴间的合作能力。

**准备**

50～60 厘米长的丝巾(短绳)若干条。

**玩法**

**第一步游戏**　幼儿分成人数相等的若干纵队站于起跑线后,排头每人手拿一条丝巾(短绳),相距起点 15 米的终点处对应各组位置放一个不倒翁。游戏开始,听到教师口令后,排头幼儿跑至终点,把丝巾系在不倒翁的颈部,打上结,快速跑回;第二名幼儿跑至终点,把丝巾解开带回,交于第三名幼儿;如此反复,最先完成的一组为胜。

**第二步游戏**　如图 4-35 所示,把幼儿分成人数相等的若干组,各组中选出一人手拿丝巾站于起点处,其他幼儿分组站于终点的圆圈内。游戏开始,听到教师口令后,起点幼儿快速跑至终点,任选一名幼儿,把丝巾系于其手臂上,手拉手跑回起点,被带回的幼儿解开丝巾,再次跑回终点,如第一名幼儿的方法,再带回一名幼儿,第三名幼儿同第二名幼儿,如此反复,直至圈内没有幼儿,游戏结束。

**规则**

1. 游戏中,必须打上绳结方为有效。

2. 在第二步游戏中,两名幼儿必须手牵着手一起跑回。

图 4-35

**建议**

1. 在第一步游戏中,"不倒翁"可换成一名幼儿,绳结打在其手臂上。

2. 打结游戏非常多,例如:选出两名幼儿手拿丝巾,其他幼儿手牵手围成一圈,两人站于圈外的对面,同时在幼儿的手臂上打结,再跑到对方打结处解开,再换第二个幼儿打结。

3. 也可用钥匙开铁锁的方法,代替打结游戏。

4. 在大肌肉活动中结合精细动作,把体能与脑能相结合,从而提高游戏的趣味性。

**游戏 11　抢种抢收**

**目标**

通过各种跑、停的游戏,提高幼儿在跑动中的制动能力。

**准备**

塑料吸管若干、呼啦圈若干。

视频

抢种抢收

**玩法**

**第一步游戏**　幼儿排成一列横队。人数多时,可排成 2～3 列,注意保持前后、左右有较宽距离。在教师的带领下,听从教师口令,做"跑""停"的游戏,跑动距离不宜太长。强调幼儿在跑中如何尽快停止下来。

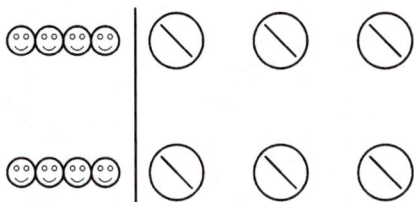

图 4-36

**第二步游戏**　如图 4-36 所示,在场地上画出若干跑道,每条跑道上间隔 3 米放一个呼啦圈。将幼儿分成人数相等的若干组,每组呈纵队站于起跑线后,每组排头一手抓着与跑道上呼啦圈相等数量的塑料吸管。游戏开始,教师发出口令,各组排头顺着自己的跑道,依次在每个呼啦圈中放入一根塑料吸管,快速跑回起点;第二名幼

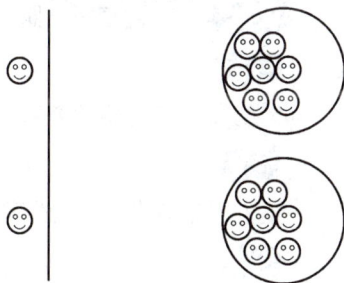

儿跑出，依次把呼啦圈内的塑料吸管拾起，跑回起点，交于下一个幼儿。如此反复，重复完成"抢种""抢收"的过程。

规则

1. 第二步游戏中，在跑动的中途如果吸管掉下，必须拾起后继续。

2. 第二步游戏中，必须按顺序进行"种""收""种"的过程。

3. 抢种时，必须把塑料吸管放入呼啦圈中才有效，否则必须重新放好。

建议

1. 接力跑的游戏中，教师注意队形的保持。

2. 此类游戏非常多，例如：把呼啦圈换成小水桶、纸杯或易拉罐等，把塑料吸管换成乒乓球、一次性筷子或羽毛球等也可进行游戏。

3. 教师根据幼儿能力安排呼啦圈之间的间距。

4. 此类游戏也可简单操作，例如在每个呼啦圈内放一个立起的小瓶子，第一名幼儿把所有小瓶子打倒，第二名幼儿把所有小瓶子立起来。如此反复进行游戏。

游戏 12　迎着风儿跑

目标

借助器材进行跑的游戏，提高幼儿在跑的过程中对器材的控制能力。

准备

正方形纸张若干；细线若干；一次性筷子若干；图钉若干。

玩法

第一步游戏　幼儿排成四路纵队，各队保持一定距离，排头每人发一张纸，教师要求幼儿用手把纸顶在胸前做跑的准备，当开始跑动时，要求把手放开，用身体挺住纸张向前跑，看谁能顺利跑到终点。用同样的方法从终点跑回，把纸张交给第二名幼儿。如此反复，分组轮换游戏。

第二步游戏　每个幼儿一张正方形纸，在教师的带领下，把纸的两个对应的边向内折起相等的宽度，并立起。把细线的一头用透明胶粘于纸的中间及上缘位置（或穿孔系结），如图 4－37 所示，幼儿拉着线的另一头跑动。线长 1.5～2 米。看谁能让"小船"飞起来。组织方法：定向自由跑动。

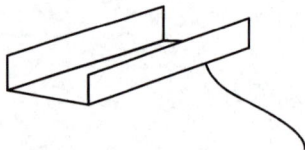

图 4－37

图 4－38

第三步游戏　把正方形的纸对角折起，从 90 度角处用剪刀剪开 2/3 的长度，再把另外两角对折，如以上方法，对角剪开相同的长度，用图钉把风车钉在一次性筷子上，如图 4－38 所示，注意不要固定得太紧，幼儿执筷子跑动。组织方法同第一步游戏。

规则

1. 第一步游戏，跑动中不能用手去扶纸张。

2. 第二步游戏，幼儿之间不相互干扰。

建议

1. 迎风跑的游戏还有会飞的塑料袋、会飞的羽毛、追泡泡、纸飞机等。

2. 教师注意运动量的控制。

3. 在各种游戏中,幼儿对于控制材料的游戏表现出极大的兴趣,通过不同形式对材料的控制,更容易激发幼儿的运动激情。教师在设计此类游戏时,可根据不同材料的物理性质以及身体的不同部位进行思考。

**游戏 13　救出小动物**

**目标**

通过各种折返跑的游戏,提高幼儿变向跑的能力,增加幼儿灵敏性及耐力。

**准备**

小筐一只、乒乓球若干;各种小动物的玩具若干。

救出小动物

**玩法**

第一步游戏　在场地上画出相隔 10 米距离的两条平行线,一端为起点,一端为终点,幼儿站于起点处,终点处放一小筐,筐内放 3 只乒乓球。游戏开始,幼儿从起点快速跑向终点,取回一只乒乓球,放在起点处;再跑回终点,取回第二个乒乓球;如此反复,把 3 只乒乓球逐一取回,游戏结束。此方式可进行多人同时对抗游戏,看谁最先完成。

第二步游戏　如图 4-39 所示,场地上画 4 条平行直线,每条线代表一层楼,从第二层楼开始,每层楼上放置一个小动物玩具。幼儿站于起跑线上(楼房起火)。游戏开始,幼儿跑到第二层楼处,救回一只小动物,返回起点;再跑向第三层楼救出小动物,返回起点;再跑向第四层。依次反复,直到完成所有的往返。可以是一个人单独练习,也可以每层楼上多放几个小动物,进行几个幼儿之间的对抗,两层楼之间的距离可根据幼儿的能力进行设计。

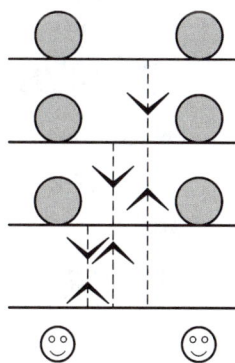

**规则**

1. 在两个游戏中,幼儿每次折返,只能拿回一个物品。

2. 取回的物品,必须放于起跑线前。

**建议**

图 4-39

1. 教师在设计折返跑的游戏时,可设计等距离的折返,也可设计不等距离的折返。

2. 为了方便集体游戏,在第二步游戏中,也可在每条线上放一只瓶子代替小动物,第一名幼儿依次打倒瓶子,跑回。第二名幼儿依次扶起瓶子形成接力游戏。

3. 在游戏中设置较长距离时,幼儿采用正向跑往返跑;设置较短距离时,教师可以教会幼儿侧向往返跑。

**游戏 14　多样接力赛**

**目标**

通过各种接力跑的游戏,提高幼儿跑的灵敏性和协调能力。

**准备**

大的呼啦圈若干。

**玩法**

第一步游戏　分段接力:如图 4-40 所示,设计直线场地 30 米距离,每组 3 名幼儿,分别站于起点、中间及终点 3 个区域,每段之间间隔 15 米。游戏开始,起点幼儿手执接力棒,快速跑至中间,交于中间幼儿手上,这名幼儿接棒后,快速跑至终点交于终点幼儿手上,终点幼儿接棒后,跑至中间,交于中间幼儿手上,中间幼儿执棒跑至起点。游戏结束。此方法可再增加相应的人数,进行分组对抗。

第二步游戏　八字跑接力:如图 4-41 所示,在跑动的路线上放置两个大的呼啦圈,将幼儿分成人数相等的两组,每组成一路纵队站于起跑线后,排头幼儿手执接力棒。游戏开始,排头幼儿按"8"字依次绕过呼啦圈,再跑回终点,交于第二名幼儿。如此反复,进行游戏。

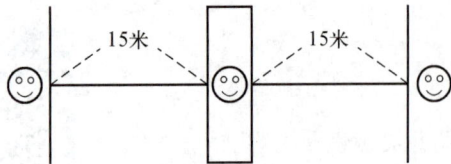

图 4 - 40

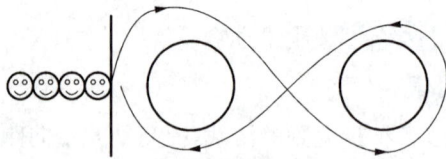

图 4 - 41

**规则**

1. 第一步游戏中,交接棒必须在规定的区域内进行。

2. 第二步游戏中,奔跑时必须绕过呼啦圈。

**建议**

1. 幼儿的直线接力比赛是平时进行奔跑游戏中较为常见的方式,此类跑方式可以增加幼儿的相互间的配合,提高竞赛能力。

2. 教师也可运用曲线跑、变向跑、各种图形跑等方式,进行灵活性设计。例如,在第一步游戏中,可把直线改变成曲线或圆形进行游戏,但路径不能太复杂。

**游戏 15 / 圆形接力**

**目标**

通过各种曲线跑的游戏,增强幼儿弯道跑的能力及提高身体的灵敏性。

**玩法**

第一步游戏 如图 4-42 所示,在场地上画一大的圆圈,幼儿分成两组纵队,站于圈内直径线上,面向外侧,两组排头手执接力棒。游戏开始,两组排头听到教师口令后,快速地按顺时针方向绕圆跑一圈,把接力棒交于同组的第二名幼儿,自己回到圆内。如此反复进行游戏。

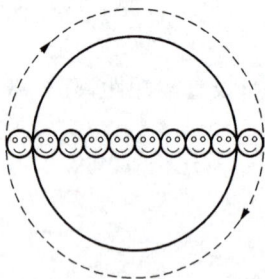

图 4 - 42

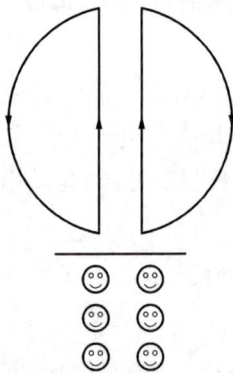

图 4 - 43

第二步游戏 如图 4-43 所示,在场地上画一个大的圆圈,并用两条平行直线把圆圈分开,将幼儿分成两组,以纵队的方式站于圆圈外一侧,对准圈内的直线。游戏开始,排头幼儿按地面上的线路,首先进行直线跑,然后进行曲线跑,回到起点,第二名幼儿出发。如此反复,进行游戏比赛。

**规则**

在第一步游戏中,必须沿圈外跑,如果有超越,必须从外侧绕过,不得阻碍他人。

**建议**

1. 圆形奔跑的游戏,有利于教师对整个场地人员的控制,也有利于幼儿集中在一起,提高幼儿的参与意识和兴趣。

2. 圆形奔跑的游戏很多,例如:"丢手绢""猫捉老鼠""切西瓜"等。

3. "切西瓜"的游戏方法:幼儿手牵手围成一个圆圈,选一人做切瓜人,站于圆内。此幼儿一边走,一边"切"幼儿牵的手,大家一起念儿歌(切,切,切西瓜,西瓜哪里来,农民伯伯种出来,要吃西瓜切——开——来)。这时切到西瓜的两名幼儿向左右相反方向跑,看谁最先回到原来的位子,先跑到的幼儿为胜,失败者做下一个切西瓜的人。

### 游戏 16 集体行动

#### 目标

通过小团体或集体的方式进行跑的游戏,提高幼儿自我调节的能力,以符合团体的节奏。

#### 准备

1.5 米长的细竹竿若干根。

#### 玩法

**第一步游戏** 3 名幼儿一组,前、中、后均匀分布站立,都把两根竹竿扛在肩上。如有身高区别,两头站个子高的,小个子站于中间,双手握住竹竿。游戏开始,3 人集体向前跑动。

在上述方法的基础之上,增加至 5 人,如图 4-44 所示,两根竹竿四端外侧各站一名幼儿,用单肩扛起,中间一名幼儿双手分别握住两根竹竿的中间,如同坐轿子。游戏开始,5 名幼儿一起跑动。

**第二步游戏** 把幼儿分成人数相等的两组,呈纵队站立,每组幼儿前后都手牵着手,教师站于排头起跑线上,终点放一障碍物。游戏开始,幼儿牵着手,以纵队的方式一起跑向终点,绕障碍物,集体跑回。

图 4-44

图 4-45

在上述方法的基础之上,如图 4-45 所示,在跑动的路线上设有多个障碍物,教师于排头带领小朋友们集体跑动,依次绕过每个障碍物,跑至终点。

#### 规则

1. 集体跑动速度不要太快,教师注意速度的控制。

2. 在第二步游戏中,前后不要相互推挤。

#### 建议

1. 在第二步游戏中,所设障碍物之间距离不要太近。

2. 也可以用呼啦圈把前后小朋友连在一起进行集体跑的游戏。

3. 集体跑动也可采用横向队伍进行,幼儿可手牵着手,或肩搭肩一起向前跑。

### (三) 跑步教案

#### 教案 1 快速起动

**活动目标:**

1. 通过各种起跑的游戏,提高幼儿快速起动的能力。

2. 加强幼儿自我控制力及听信号做出反应的能力。

**活动准备:**

场地准备:在场地上画出两条较长的平行直线,间隔 1.5 米,各线向后需要 10 米左右空间,保证儿童追逐的空间。

**活动过程：**

**1. 开始部分（6分钟）**

（1）在音乐的伴奏下，教师带领幼儿呈两路纵队跑步进入场地。绕场慢跑一圈。

（2）双人操（跟随教师进行上下肢的练习）要求：口令由慢到快。

①推手运动（两人相对，握住对方同侧手，进行推手的练习）；②转体运动（方法同"炒黄豆"）；③下蹲运动（两人相对，双手搭于对方肩上，同时向下半蹲，同时站起）；④腰部运动（两人相背，肘挂住对方的肘，一人向下弯腰，一人仰面向上；依次反复进行）；⑤跳跃运动（两人双手相牵，并脚跳跃，向同一方向转动）。

**2. 基本部分（21分钟）**

（1）看谁反应快（8分钟）。

幼儿呈四路纵队站于起跑线上，进行分组轮换。每横排为一组，完成一组再接第二组。如此反复。左右保持一定的距离，听从教师口令，进行各种起跑的练习。跑动距离10米左右。

①准备起跑的幼儿背对着跑动方向。听到教师口令后，快速转身跑向终点；②幼儿面向起跑方向，坐在地上，听到教师口令后，快速爬起跑向终点。

（2）老虎、狮子（5分钟）。

两个幼儿面对面站立于准备好的场地上，两人间隔1.5米，身后各设跑动区10米距离，其中一个幼儿当老虎，另一个当狮子，当教师喊"老虎"，老虎就追狮子；狮子转身逃，当教师喊"狮子"时，狮子就追老虎，老虎转身逃。10米距离内被抓为负，逃出10米为胜。游戏进行2～3次。

游戏组织：分成两组，每组站在同一直线上，一对一同时进行游戏。

规则：追逐者只要触及对方，就算胜，被追者只能回头跑直线逃出；教师注意强调安全。

（3）"孙悟空、唐僧、白骨精"（8分钟）。

教师教会幼儿游戏的方法，幼儿进行自主游戏。

①幼儿学会"孙悟空、唐僧、白骨精"的动作；②两人面对面，从动作中任选一种，同时进行模仿，口令为"一、二、三，变"，其中悟空胜白骨精、白骨精胜唐僧、唐僧胜悟空。如果两个幼儿做了相同动作则继续变化。出现胜负，胜者追，败者逃，逃出安全区者为胜；反之为败。游戏方法如上述（2），自由寻找伙伴。教师注意幼儿的安全。

**3. 结束部分（3分钟）**

（1）幼儿在教师的带领下进行慢走放松，同时调整呼吸。

（2）用按摩的方式，用手掌拍打腿部，由上到下，再由下至上。

**教案2　小小夹子本领大**

**活动目标：**

1. 通过小夹子结合跑的游戏，提高幼儿跑的能力及手指的操作能力。

2. 增加游戏的趣味性。

**活动准备：**

器材准备：小夹子若干。衣架3～4个。

**活动过程：**

**1. 开始部分（6分钟）**

幼儿随机站于教师周围，进行准备活动。

（1）手指练习。

①双手五指相对，进行顶手指的练习，十指有节奏地相互顶压和收回；②交叉抱拳：两手手指交叉握住，抱拳；再快速翻腕，掌心向外，伸展手臂；③握拳练习：两臂于体侧不动，五指用力展开，再快速握紧拳头，有节奏地收紧、放开手掌。

(2) 抓手指的游戏。

两个幼儿一组,面对面站立,每人都把左手的食指伸出并垂直立起,同时自己的右手握成空心拳,套在对方左手的食指上。游戏开始,听到教师说"抓"的时候,左手食指尽快逃出,右手尽快去握住对方的食指。看谁能抓住对方手指,游戏进行数次。

(3) 原地变速跑:听从教师指挥,在原地进行,由慢跑变快跑,再由快跑变慢跑的练习。练习反复进行。

### 2. 基本部分(21 分钟)

(1) 夹牢了,别断开(5 分钟)。

两个幼儿一组,把三个夹子横着夹在一起,每人一只手拿一侧的一个夹子,进行自由奔跑,看看哪一组跑的时间长,不断开。也可以选择更多的夹子串夹在一起。

在自由练习后,进行分组比赛。组织方法:全班分成两组,保持一定距离,看哪组做得既快又好。

(2) 夹子接龙(6 分钟)。

把幼儿分成若干组,呈纵队站立,每人手拿一个夹子,终点对应每组挂一衣架(适合幼儿的高度)。游戏开始:听到教师口令后,排头幼儿快速跑至终点,把手中的夹子夹在衣架上,跑回起点,第二名幼儿跑至终点把夹子夹于排头幼儿的夹子之下。如此反复,看哪组进行得最快,同时夹子夹得最稳。游戏进行2 次。

(也可以把接龙游戏放在地面上,最后教师看哪一组接龙的夹子可以提起来。)

(3) 夹子的魔术(5 分钟)。

教师出示由多个夹子夹在一起创造的造型。幼儿几人一组,拼成某种造型。(注意运动量的调节。)

(4) 夹在你身上(5 分钟)。

在规定的范围内,每个幼儿手拿 1～2 个夹子,进行自由追逐,每个人都想办法把自己手中的夹子夹到别人衣服上的任何位置,看看谁最先完成。规则:被别人夹在衣服上的夹子不能自己拿掉。教师注意安全的要求。

### 3. 结束部分(3 分钟)

放松游戏:我们都是机器人。每个小朋友都变成机器人,固定不动,教师依次说:"颈没力了",大家颈部自然弯曲;"手没力了",把手放松下来;"腰没力了",腰部弯曲;"全身没力了",大家全身放松坐在地面上。

### 教案3　天女散花

**活动目标:**

1. 结合颜色及数字进行跑的游戏,提高幼儿的判断能力。

2. 增加幼儿游戏的兴趣。

**活动准备:**

1. 器材准备:小竹筐一个;3～4 种颜色的小纸球若干个(要求每种颜色小纸球的数量要多于幼儿的人数);纸牌一副(只有 1～10 的纸牌 40 张)。

2. 场地准备:在较大的场地上画一个直径为 10 米的大圆圈。

**活动过程:**

### 1. 开始部分(6 分钟)

(1) 教师带领幼儿跑步进入场地,沿大圆圈慢跑数圈。

(2) 以跳皮筋的方式进行活动的准备。方法:幼儿平均站于大圆的线上,以地上画圆的线充当皮筋。教师带领幼儿在线上进行单脚跳、双脚跳、分腿跳、转身跳等并结合诗歌进行练习。(例如:《锄禾》)

动作由慢到快,由易到难,根据幼儿的能力进行编排。

### 2. 基本部分(20 分钟)

(1) 拉人进圈(7 分钟)

① 幼儿手牵手站于事先准备好的圆圈的圈外,教师站于圆心。游戏开始,听到教师口令后,幼儿一起

跑向教师;再次听到教师口令,幼儿一起退回到圈外。游戏进行 3～4 次。

② 同上组织,幼儿手牵手站于圈外。游戏开始,听到教师口令后,尽可能把两边的幼儿拉进圈内,自己保持在圈外,看谁最先被拉进圈内,游戏进行 3～4 次。

(2) 天女散花(13 分钟)。

① 幼儿各自站于圈外,教师站在圆心,手拿装有各种颜色小纸球的竹筐。游戏开始,教师把竹筐内的纸球尽可能地向高处一起抛出,幼儿快速跑进圈内,看谁捡的纸球多。游戏结束,把纸球归还筐中。

② 同上组织形式,教师抛出纸球后,同时喊出某一种颜色的纸球,此时幼儿快速跑进场地,去接或拾这种颜色的小纸球,并交于教师,看谁拿到的又对又多又快。游戏完成后,召集大家一起把剩余纸球拾回筐中。

上述两种游戏各进行 2～3 次。

③ 同游戏方法一的组织形式,教师站于圈内,幼儿在圈外。游戏开始,教师手拿一副纸牌向天空尽可能高地抛出,同时喊出 10 以内的某个数字,幼儿快速跑入圈内,并寻找该数字的纸牌。在此游戏的基础上再次进行抛纸牌的游戏,幼儿寻找这个数字的纸牌时,可以根据自己的能力把两张甚至两张以上的纸牌进行加、减,得到此数字,也算成功。游戏结束,大家一起拾回纸牌,交于教师。游戏进行 3～4 次。

④ 同上,教师抛撒纸牌后,幼儿进入场地任选一纸牌,然后要求相同数字的幼儿快速抱成一团。游戏进行多次。

规则:两种游戏教师都要有安全的要求;不允许相互抢夺,同时得到时用猜拳方式解决;教师始终站于圆心。

### 3. 结束部分(4 分钟)

教师带领幼儿进行身体的放松。①沿圈慢走。②以准备活动时跳皮筋的方式进行,在身体放松时,跳皮筋的动作尽可能简单,节奏慢一些。

### 教案 4  聪明的小矮人

**活动目标:**

1. 通过四散追逐跑及变向跑的游戏,提高幼儿的灵敏性。

2. 增强幼儿互动能力的发展。

**活动准备:**

1. 器材准备:背景音乐;画板若干;小树图画若干;巫婆帽子、魔法棒、白雪公主手偶、1 米长纸棒若干。

图 4-46

2. 场地准备:如图 4-46 所示,在较宽的场地上,放置 4～5 排椅子,各排间隔 2～3 米;每排随机放置 2～3 把,每把椅子之间间隔 2～3 米。把贴有小树图画的画板放置在椅子上,并朝同一方向。整体布置成一片小森林(可根据人数的多少,进行椅子的增减)。

**活动过程:**

### 1. 开始部分(7 分钟)

教师出示白雪公主的手偶,和幼儿进行交流。在《白雪公主》的音乐声中教师带领幼儿做准备活动。

(1) 在白雪公主手偶的引领下,大家一起做模仿操(以小矮人的集体行走、锄地、跳起摘果子、大家一起拔萝卜、跳舞等动作进行活动的组织)。

(2) 教师执手偶带领幼儿进入森林,每个人可按自己的意愿随意在其中绕跑(注意相互之间的距离)。一定时间后,在教师的口令下,大家一起快速冲出森林,朝同一方向跑出去,并要求大声地喊出"啊"的声音来。看谁先跟上白雪公主。此游戏进行 2 次。

**2. 基本部分(20分钟)**

(1) 森林里的小精灵(7分钟)。

在森林里同一排最近的两把椅子上,面对面各站一名幼儿,充当森林里的小精灵。每人手执一根长纸棒,闭上眼睛。游戏开始,其他每个幼儿依次跑过两人之间,两个闭着眼睛的幼儿不停地用纸棒向下打,看谁能安全地通过,被打中的幼儿替换成小精灵。(此游戏也可增加小精灵的人数,分别站于不同的位置,让幼儿自主地挑战每一关。例如:最前面站两人,后面再站两人,进行游戏。要求:小精灵一定要闭上眼睛。)

(2) 救出白雪公主(8分钟)。

白雪公主被老巫婆抓走,幼儿假装成小矮人一起去救白雪公主,但如果被老巫婆看到,小矮人也会被带走,因此,在救白雪公主的过程中,小矮人不能被老巫婆发现。如果被她的魔法棒点住,就不能动了。

①分组练习。方法:小朋友躲于森林的一端,用椅子上的木板遮住自己,通过跑动不断变换位置,向前移动,直至通过森林。练习进行数次。②配班教师充当老巫婆;背向幼儿坐于森林外,白雪公主手偶放于她的身后。游戏开始,老巫婆口念咒语,每隔一段时间回头一次,幼儿们在教师的带领下,最后救出白雪公主。

(3) (连接上一游戏)四散追逐跑(5分钟)。

方法:在一定的范围内,老巫婆追,小矮人跑,小矮人被老巫婆的魔法棒点到后就原地停住不能动,只有被白雪公主(教师手执)点一下后才可以恢复行动。一段时间后,老巫婆跑累了,离开场地,游戏结束。

规则:老巫婆不能追白雪公主。(两名教师相互合作,注意有效控制幼儿的运动量。)

**3. 结束部分(3分钟)**

在音乐声中,小矮人们和白雪公主一起跳舞,进行肢体的放松。

(教师强调下肢的放松,并强调幼儿呼吸的调整。)

**教案5　雁南飞**

**活动目标:**

通过集体跑同时结合各种队列队形的变换,提高幼儿跑的能力及听从指挥按口令做动作的能力。

**活动准备:**

器材准备:海绵球一个(制作方法:用纸包裹小石子,最外层用海绵包裹,最后用透明胶带固定);背景音乐。

场地准备:如图4-47所示,地面画有长方形的场地一个,对角画有连线。长约12米,宽约6米。

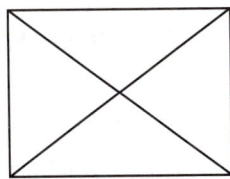

图4-47

**活动过程:**

**1. 开始部分(5分钟)**

幼儿随机站于教师周围,教师引出主题。

(1) 幼儿在教师的带领下,原地模仿大雁飞行的动作,两臂上下摆动。

(2) 在较舒缓的音乐伴奏下,从原地的模仿进入小跑的模仿。教师在最前面带领,幼儿在身后自由跟随模仿。强调动作节奏同步于音乐节奏,速度不宜太快。动作幅度由小到大。

教师的动作:直线小跑、曲线小跑、原地转圈跑、起踵、高重心小跑(手臂抬高)、半蹲压低重心小跑(压低手臂)等。教师带领幼儿跑入场地。

(3) 沿着长方形的场地线,幼儿跟随教师排成一路纵队,进行绕场走,同时放松手臂。

**2. 基本部分(22分钟)**

(1) 走步队形的变换(6分钟)。

把幼儿分成两组,在主班及配班教师的带领下,在长方形的场地内,结合对角线进行各种队形走的练习。以两组对称行走进行组织。

①分组同步绕两种对应的三角形行走,看看能走出多少个三角形。②分组同步沿斜线形成"开花走"

(即在交叉点处,两队分别向两侧分开)。③分组同步依次交叉走(即在中间交叉点处,每组保持直线行走,一方通过一名,另一方再通过一名,如此反复)。④对角同步走(即从上下对应角出发,走向交叉点的变换,方法同③)。

（2）跑步队形的变换(8分钟)。

①在走步队形的基础之上,如上方法进行各种分组跑的练习。注意跑动速度不宜太快。②两组组合成一组,在教师的带领下,在场地内的直线上,进行直线跑、"8"字跑、"V"型跑的练习。最后以向内螺旋式跑动结束练习。教师站于中间,幼儿紧紧围绕在身边。此游戏进行 2～3 次,教师注意每次游戏之间要休息。

（3）打大雁(8分钟)。

所有幼儿站于长方形内充当"大雁",两名教师分别站于长方形的两端,充当"猎人"。其中一名教师手拿海绵球。游戏开始,所有幼儿在场地内跑动,躲避教师扔过来的球,两名教师相互配合。注意扔掷速度不宜太快。让所有幼儿在其中有更多时间进行跑动。被打中者,走到场外等待被救,场内幼儿若能接到海绵球,场外幼儿可再次进入场地。若游戏中幼儿不能接住海绵球,教师可安排被击中的幼儿进行扔掷。

### 3. 结束部分(3分钟)

（1）教师带领幼儿在长方形场地内以大雁飞行的动作进行放松。

（2）在音乐的伴奏下,结合深蹲、踢腿、抖动身体等方式进行放松活动。

## 第三节  跳 跃 教 育

### 一、跳跃教育基本知识简介

跳跃的内容丰富多彩,跳跃的动作具有较强的实用价值。在活动中跳跃的练习具有一定的挑战性,是幼儿非常喜欢的一种活动方式,同时也是生活中重要的活动技能之一。跳跃的教育对于发展幼儿下肢爆发力、弹跳能力,协调能力,灵敏性,提高耐力,增强下肢力量都有着很好的促进作用。

### (一) 目标

1. 在跳跃的基本动作基础上,不断丰富跳跃的表现形式,逐步增加跳跃的难度,增强幼儿下肢力量、灵敏性及协调能力等方面的发展。

2. 学会几种基本跳跃动作技能的方法,提升练习难度,增强幼儿自我练习的机会。

3. 加强幼儿运用器材进行跳跃的能力,动作连贯,节奏稳定。

4. 在各种活动中,使幼儿跳跃的能力得以运用和巩固。

### (二) 跳跃的特点和基本要求

1. 跳跃时,一般分为准备、起跳、腾空和落地四个阶段。准备阶段包括助跑和原地两种。起跳阶段是使身体获得较快跳起的速度和合适的角度。腾空阶段主要是维持身体在空中的平衡和为落地准备有利条件。落地阶段主要任务是缓冲身体和保持好身体的平衡。

2. 跳跃时,强调全身协调用力,不但要求下肢快速地屈伸,同时要求上肢摆动与腰腹屈伸的协调配合。

3. 跳跃时,一般强调跳得高、跳得远;跳跃时的协调能力;单、双脚连续向前跳跃的能力等方面。

### (三) 跳跃中常出现的错误

1. 跳起时,向上屈大腿或向后屈小腿。

2. 上肢不能配合下肢的跳跃或上下肢不协调。

3. 蹬伸不充分。

4．落地过重,不能屈膝缓冲。

5．落地时不能平衡身体等。

### (四) 跳跃练习的内容

**1．跳跃基本动作的练习。**

根据跳跃基本动作特点及幼儿的年龄特点,跳跃活动主要包括并腿纵跳、并腿向前跳、并腿夹物跳、并腿变向跳、并腿不同方位跳、分腿深蹲跳、单脚跳等方式。

**2．跳跃基本动作技能的练习。**

跳跃的基本动作技能是基本动作基础之上形成的动作能力,此动作技能非常丰富,在幼儿园中主要包括单双脚转换跳、单脚跳、向下跳、抱膝纵跳、双脚变换跳、分腿跳并、跑跳、助跑跨跳、立定跳远、跳皮筋、跳绳、手臂支撑跳跃等方面的学习。

### (五) 各年龄段跳跃练习的主要内容

小小班：双脚原地向上纵跳;短距离双脚连续向前跳(如小兔子、小青蛙)等。

小班：较长距离双脚连续向前跳;原地纵跳的同时用头触物;双脚跨跳过一条"小河"等。

中班：原地纵跳用手触物;立定跳远;单脚连续向前跳;双脚交替跳;单双脚交替跳;助跑跨跳过较远距离;由较高处往下跳等。

大班：行进向前侧跳;向前、向后、向左、向右变向跳;转身跳;助跑跨跳;跳绳;跳皮筋;跳蹦床等。

## 二、运动实践部分——跳跃的教育

### (一) 跳跃基本动作

**动作 1　原地向上纵跳**

**动作要领**

1．踝关节跳跃：上体保持正直,膝关节保持直立;双手可叉腰或放于体前;前脚掌落地,快速起踵向上跳起,落地要轻;动作重复连续进行;要有合理而稳定的节奏。

(练习踝关节力量。)

2．半蹲跳跃：上体稍向前倾,双膝弯曲呈半蹲,向上跳起,腿部蹬直,同时手臂结合腿部的跳跃由身后向上摆动;动作一次性完成。如图 4－48。

(加强幼儿下肢爆发力量的练习。)

图 4－48

图 4－49

**动作 2　立定跳远**

**动作要领**

1．准备动作：双脚左右开立与肩同宽,手臂由上向后摆动,同时双膝屈呈半蹲,上体稍前倾。

2．起跳腾空：双臂向前上方摆动,同时结合踝关节、膝关节及髋关节的快速伸展积极向前上方跳起。

3. 落地缓冲：完成伸展动作后，快速屈髋、膝、踝关节呈全蹲落地，同时双臂快速收回。如图4-49。（发展幼儿下肢爆发力及身体的协调能力。）

**动作 3　并脚向前变向跳**

**建议**　幼儿在向前直线连续跳的基础之上，增加向左、向右前方连续变向跳跃的能力。不断增大每一步的跳跃距离以及连续向前跳跃的距离。如图4-50。

（强调下肢力量的发展，节奏及协调能力的发展。）

图4-50

图4-51

**动作 4　原地绕圈跳**

**动作要领**

1. 准备动作：双脚左右开立稍宽于肩，双膝稍屈，上体稍前倾，两臂左右平衡抬起。

2. 起跳腾空：以腰部力量及手臂摆动带动身体，同时髋、膝、踝关节快速伸展腾空积极转体跳起，使身体最大幅度转动。

3. 落地缓冲：快速回复准备动作，落地要轻。如图4-51。

（此动作强调幼儿腰部及下肢力量、平衡能力的发展。）

**动作 5　单脚连续跳**

**动作要领**　单腿支撑，支撑腿通过髋、膝、踝关节的屈伸，完成向前起跳、腾空、落地的动作；屈起腿随身体的向前移动做前后轻微摆动，上体稍侧向支撑脚，结合手臂保持身体平衡；动作反复。如图4-52。

（此动作强调幼儿腿部爆发力、身体的自控能力及平衡能力的发展。）

**动作 6　分腿跳跃障碍物**

**动作要领**

1. 动作准备：双脚合拢站于障碍物前，双膝稍屈。

2. 起跳腾空：快速伸展髋、膝、踝关节，同时左右最大幅度地分开两腿，跃起绕过障碍物。

3. 落地缓冲：快速回复到准备动作，两脚合并，落地要轻。如图4-53。

（此动作强调幼儿对身体的控制。障碍物的高度及宽度视幼儿能力进行选择。）

**动作 7　助跑跨跳**

**动作要领**

1. 跨跃垂直高度：助跑；支撑腿起跳，摆动腿快速向上跨出；形成两腿腾空；落地时快速合并两脚，保持身体平衡，在跑动中快速缓冲。如图4-54。

|  |  |  |
|---|---|---|
| 图 4－52 | 图 4－53 | 图 4－54 |

2. 跨跃水平宽度：在跨跃垂直高度的练习的基础上进行，方法相同，摆动腿向前跨出一大步。完成后，在跑动中缓冲。

（此动作强调幼儿踝关节的灵活性、节奏感及小腿力量的发展。）

**动作8　手臂支撑跳跃**

**动作要领**　两手臂支撑地面与肩同宽，上体及手臂保持不动，双腿快速做屈伸动作，同时提臀，左右脚进行分合跳跃。也可采用两手臂支撑在一定高度上进行两腿分合跳跃，手臂保持不动。如图 4－55。

（此动作强调幼儿上下肢协调能力及下肢力量的发展。）

|  |  |
|---|---|
| 图 4－55 | 图 4－56 |

**动作9　立卧撑跳**

属于手臂支撑跳跃的一种。

**动作要领**

1. 预备动作：直立。
2. 身体呈全蹲；两手臂支撑体前。
3. 手臂支撑不动。双脚同时快速向后伸出，带动上体及下肢呈一直线。
4. 回复呈蹲。
5. 直立。如图 4－56。

（此动作强调幼儿上下肢的协调能力及手臂、腹部力量的发展。）

**动作10　前后分腿（左右交叉）跨跳**

**动作要领**

1. 前后分腿跨跳：跳起，双脚呈前后支撑；两脚交换，再呈前后支撑，动作在一定的节奏下反复进行。不断增大两腿间的距离。

2. 左右交叉跨跳：跳起,双脚呈交叉;跳起,双脚呈左右分立;动作在一定的节奏下反复进行。在交叉的基础上可增加向后转体。如图4-57。

（此动作强调幼儿下肢力量及协调能力的发展。）

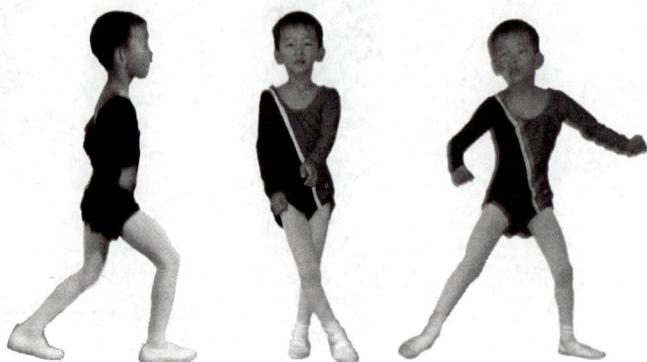

图4-57

**动作11 跪跳起**

**动作要领**

1. 支撑跪跳：两手支撑体前,双膝着地呈跪。两手臂支撑,双膝用力跳起,呈蹲。
2. 跪跳起：双膝着地呈跪,双手臂由后向上摆动,结合双膝用力跳起,成蹲。如图4-58。

（此动作强调幼儿身体整体力量及协调能力的发展。）

图4-58

图4-59

**动作12 单人跳绳（跳呼啦圈）**

**动作要领** 双手各握绳端(呼啦圈),由后向前摇动;摇动时,手腕保持放松;双脚跳跃时注意前脚掌的发力,可采用双脚并跳,也可采用单脚跨跳的方式进行;上体保持正直,强调手的摇动与身体向上纵跳时节奏的控制。跳呼啦圈可以作为学习跳绳前的准备练习。如图4-59。

（此动作强调幼儿上下肢的协调能力及耐力的发展。）

**？ 你知道吗？**

**什么是幼儿园体育教学？**

幼儿园体育教学是一种有目的、有计划、有组织的教育活动。它是以身体动作的练习为主要内容,注重幼儿身体的全面锻炼与发展,有目的、有计划地提高幼儿的身体素质,发展幼儿的基本活动能力,增强体质,重视幼儿身体、智力、情感以及社会性等方面的协调发展。在教学活动中,教师与幼儿为双主体,既要强调教学的目的性,同时也要强调围绕目标,幼儿的自主操作性,自我表现性等特点。

**幼儿体育教学包括哪几部分?**

1. 开始部分又称准备部分(10%～20%)

内容:以中小运动量的活动为主。例如:整队;队列;各种形式的热身操;舞蹈;小运动量的走、跑、跳、爬的练习;小游戏等。

2. 基本部分(70%～80%)

内容:

以较大运动量的活动为主。内容的性质为主题式、探索式、规则式、表现式、综合式等。

小班:以情节为主,采用各种模仿性动作;以幼儿之间平行的练习及跟随教师练习为主的方法,完成基本能力及基本素质的发展。

中班:有情节性,强调动作与认知相结合,并适当增加规则性,组织方式以联合练习为主进行。

大班:采用少许情节,鼓励幼儿创造性的玩法,规则性游戏的采用,有一定的竞赛形式,提倡幼儿间的合作能力的发展。

3. 结束部分(10%)

内容:以小运动量的活动为主。例如:小游戏;舞蹈;按摩;情绪及呼吸的调整;小运动量的走、跑、跳;集体归放器材等。

## (二) 跳跃游戏

**游戏 1　你能跳多高**

**目标**

1. 通过纵向跳跃的游戏,提高幼儿下肢的爆发力。

2. 加强幼儿自我控制的能力。

**准备**

竹竿一根;海绵球(制作方法参见跑步教案5)一个;大塑料板一块;各种粘贴画若干。

**玩法**

**第一步游戏**　幼儿在教师的带领下,围成一圈,呈纵队绕圈走,教师手执挂有海绵球的竹竿站于圈内,竹竿固定在一个位置,教师根据不同幼儿的能力,调整海绵球的高度,每个幼儿经过时,尽力跳起,用头触击海绵球。

**第二步游戏**　同第一步游戏的组织,幼儿经过海绵球时,尽力跳起,用手拍打海绵球,教师注意高度的调节。

**第三步游戏**　组织同上;每个幼儿发一张粘贴画,教师手举大塑料板,站于圈内。幼儿经过塑料拼板时,尽力跳起,把手中的粘贴画粘在塑料拼板上,看谁能把粘贴画粘得高。

**第四步游戏**　在一定的高度,平面拉起一网,网内放置一些气球或皮球,幼儿跳起,用手或头击打气球或皮球,让球飞起来。

**规则**

1. 保持两人间的距离,不相互碰撞。

2. 跳跃时尽力向上纵跳。

3. 保持好队形。

**建议**

1. 纵跳是幼儿喜欢的运动方式之一,本游戏主要针对一次性纵跳进行设计,教师也可针对多次连续性纵跳进行设计。

2. 结合器材进行纵跳的练习很多,例如:画彩虹。方法:小朋友手拿各种不同颜色的画笔一支,尽力跳起,在一定高度的画纸上快速涂鸦,不同小朋友在同一位置反复进行,最后看能画出什么样的彩虹。可分组进行,也可独组进行。

3. 纵跳主要表现在小腿力量及大腿力量两个方面,小腿力量的发展对于幼儿跑、跳能力都有着重要的作用。在幼儿园中,可多采用不屈膝的方式,进行着重练习。屈膝跳,更强调各部分肌肉的综合运用,对于大腿力量有更高要求,半屈膝的方式能加快跳跃的速度和效果,同样需要反复练习。

**游戏 2  双脚玩纸球**

视 频

双脚玩纸球

**目标**

1. 结合器材跳跃的练习,提高幼儿用脚控制物品的能力。

2. 增强幼儿下肢力量及协调能力。

**玩法**

第一步游戏  每名幼儿发放一个纸球,随机站于场地里,独自进行双脚夹抛球的练习。方法:(1)双脚夹住纸球,向前上方抛起,看看怎样才能抛得更远;(2)双脚夹住纸球,屈腿用力后抛起,看谁抛得高。

第二步游戏  幼儿分成若干组,呈纵队站立,每个幼儿发放一个纸球。游戏开始,排头幼儿双脚夹一纸球,向前连续跳跃,到达终点后,用双脚把纸球向前抛入指定的区域内,跑回起点,如此反复,最快一组为胜。

第三步游戏  组织方法同第二步游戏,每组一个纸球。排头幼儿双脚夹一纸球站于起点,游戏开始,排头幼儿尽力用双脚把纸球抛出,跑到纸球停滞处,用双脚再次把纸球夹住,向前抛出,如此反复,到达终点后,再从终点把纸球抛回起点;第二名幼儿接到纸球后才能出发,依次轮换,最先完成组为胜。

**规则**

1. 在第三步游戏中,在整个抛运纸球的过程中,不允许用手拿球。

2. 回到起点,允许下一个幼儿用手把球夹好,再开始。

**建议**

1. 双脚夹抛纸球,可用于幼儿平时独自进行的各种自由活动之中,在此基本动作之上,可不断增大难度,例如:抛起的高度;纸球由后向身前抛起;结合转体等进行。

2. 运用材料进行跳跃动作的变换,增强幼儿下肢跳跃的灵活性,下肢肌肉能得以更均衡地发展,同时会带来更多的成就感。教师在组织此类活动时,也可用沙包、易拉罐等材料进行游戏的开展。

**游戏 3  跳新房子**

**目标**

结合器材进行各方位及姿势的跳跃,提高幼儿下肢力量及协调能力。

**准备**

硬纸板剪成的各种形状的框架若干(长方形、正方形、圆形等);卡纸剪成的方向标若干。

**玩法**

第一步游戏  如图 4-60 所示,把各种形状的框架如图拼接,在长方形内进行双脚跳;在正方形内进行单脚跳;在圆形内进行双脚转身跳的练习。把幼儿分成若干组,依次跳过各种形状,根据练习密度的要求,教师控制前后两人的距离。(原则:不让幼儿等待太长时间。)

第二步游戏  如图 4-61 所示,把相同的长方形框架拼接成若干条直线,在每个长方形框架内放置一个方向标,幼儿根据方向标的要求,通过双脚跳的方式,进行各种姿势跳跃的练习,其中包括并脚向前跳、转体 90 度(180 度)跳、侧向跳等各种变向跳的练习。教师根据不同的难度进行每条线的设计,幼儿进行挑战。

图 4 - 60

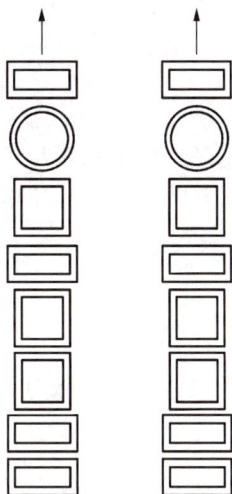

图 4 - 61

### 规则

1. 根据要求进行各种姿势的跳跃。

2. 前后保持一定距离,不相互碰撞。

### 建议

1. 此类游戏可变化的内容非常多,例如:图形次序的变化,各种形状框架的组合的不同;整体图形方向的变化等;方向标摆放不同方向的变化;单双脚的变化等。不用方向标时,也可形成一定的间隔跳跃。教师根据幼儿能力进行合理安排。

2. 硬纸板中,也可剪出各种方向的脚印,让幼儿踩准脚印跳。可以是双脚印,也可以是单脚印;可以是直向,也可以把脚印改变出各种方向等方法进行制作。

3. 以纸盒制作的跳房子,教师注意纸盒的高度,在选择和摆放过程中,由低到高进行布置,同时纸盒由大到小进行放置,不断挑战幼儿的并脚跳跃的能力。

### 游戏 4 高山滑雪

视 频

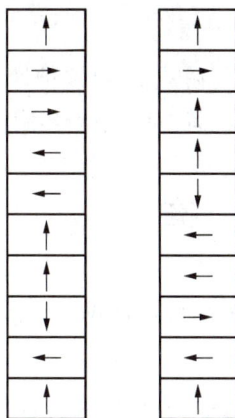

高山滑雪

### 目标

通过各种变向跳的游戏,提高幼儿侧向跳跃及控制身体的能力。

### 准备

长的橡皮筋若干条;低矮长凳若干条。

### 玩法

**第一步游戏** 如图 4 - 62 所示,把橡皮筋拉成一条直线,放于地面,幼儿呈纵队站立,从橡皮筋的一端开始,依次从橡皮筋的一侧并脚侧向跳向另一侧,再跳回。如此反复,不断向前跳进。教师控制幼儿前后保持一定的距离。

**第二步游戏** 根据幼儿能力,把橡皮筋抬起一定高度,如第一步游戏方法,依次进行练习。

**第三步游戏** 滑雪跳:在上述两步游戏反复练习的基础之上,教师带领幼儿在空旷的场地进行集体自由练习。动作方法:呈半蹲,双手体后相背,两脚相并,向左右方向连续向前跳进,如同高山滑雪状。

**第四步游戏** 把若干较低的长凳按直线连接,幼儿如图 4 - 62 所示的组织方法进行。动作方法:身体背向行进方向,双手支撑在长凳上,双脚并跳,从一侧跳向另一侧,如此反复,向后跳进。

图 4 - 62

**规则**

保持前后距离，不相互碰撞。

**建议**

1. 在第二步游戏中，可以把橡皮筋由低向高拉直，幼儿从低处向高处不断跳进，进行难度的挑战。

2. 侧向跳的练习可以结合不同方位跳在活动中进行练习，如向左、右、前、后、转体等。练习幼儿对身体重心的控制。

**游戏 5　夺营**

视　频

夺营

**目标**

通过并脚跳的集体游戏，提高幼儿下肢力量及快速应变的能力。

**玩法**

第一步游戏　两名幼儿自由组合为一组，在教师的带领下，练习用脚跳的方式进行"石头、剪刀、布"的游戏。游戏方法：①两脚左右开立代表"布"；②两脚并在一起代表"石头"；③一脚前，一脚后代表"剪刀"。1胜2；2胜3；3胜1。游戏进行时，两名幼儿面对面，一起同步原地跳三次，同时喊"石头、剪刀、布"，当喊到"布"时，自主选择以上三种动作中的一种，分出胜负。反复练习，直至熟练掌握。在游戏中，可采用挑战赛的方式进行集体游戏。比赛用淘汰制，三局两胜，胜者间进行比赛，淘汰至最后两名幼儿，决出冠军。

第二步游戏　"谁是冠军"，每组安排5~8名幼儿，呈一路纵队站立，选出一名幼儿面向队伍站于最前面充当"冠军"。游戏开始，"冠军"幼儿首先与排头幼儿用脚猜拳的方式进行比赛，排头幼儿输了，用并脚跳的方式回到本组的最后，"冠军"幼儿与第二名幼儿进行比赛。排头幼儿若胜了，就变成"冠军"，原来的幼儿用并脚跳的方式回到本组的最后。

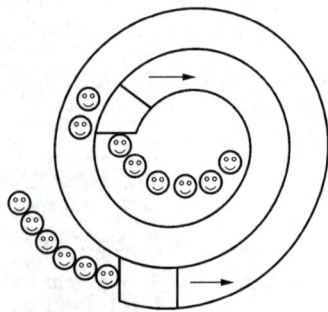

图 4-63

第三步游戏　如图4-63所示，把幼儿分成人数相等的两组，各站于起跳线后。一组站于螺旋形的圆心，一组站于螺旋形最外侧，各成纵队排列。在离螺旋形圆心及最外侧2米处各画两条终点线。

游戏开始，听到教师口令后，两名排头幼儿同时用并脚跳的方式，从内、外两侧出发，直至相遇，停下。用脚跳"石头、剪刀、布"的方式决出胜负。负者回到自己队伍的最后面，胜者继续向前跳。在决出胜负的同时负方的第二名幼儿快速出发，阻击胜方的第一名幼儿，相遇后，如上方法再次决出胜负。如此反复，直至一方幼儿到达终点线得一分。游戏的结束，可以是完成整个一组停止，也可以不断往复，直至教师按时间要求终止。

**规则**

1. 只有在决出胜负的时候，负方下一名幼儿才能出发。

2. 踩至终点线，就算得分。

**建议**

1. 此游戏具有一定难度，教师可参与其中，也可在游戏外指导。

2. 游戏的组织，也可用直线的方式进行，两组幼儿依次从两端向中心跳跃进行此类游戏。

**游戏 6　魔法棒**

**目标**

结合器材进行各种动作的跳跃练习，提高幼儿下肢力量及协调能力的发展。

**准备**

相同长度纸棒若干(制作方法：将报纸卷成纸棒，用透明胶带将外表全部裹上)。

**玩法**

**第一步游戏** 如图 4－64 所示,把相同长度的纸棒如火车铁轨状,按距离不断递增的方式摆放成几组。幼儿对应排成几路纵队,进行双脚连续跳(或单脚跳;侧向跳)的练习,教师根据幼儿能力,不断调整纸棒间的距离,或设计不同难度的各组。幼儿可自由选择进行。

**第二步游戏** 幼儿成纵队站立,教师手执纸棒,站于队前,根据幼儿不同能力调整纸棒高度。幼儿依次从纸棒上跳过。全部完成后,教师再次调整高度,挑战幼儿极限。

**第三步游戏** 幼儿成纵队站立,前后保持一定距离,每人原地不动。教师手执纸棒保持一定高度,依次经过幼儿,幼儿在原地依次跳过纸棒。在此基础上,可增加蹲钻、跳的选择,教师手执纸棒,不断变换高度,较低时要求幼儿跳过;较高时要求幼儿蹲下钻过。教师控制好移动的速度。

**第四步游戏** 如图 4－65 所示,在两名幼儿携手单脚跳练习的基础上,把纸棒夹于两人膝后进行练习,此方法难度较大,可让两个幼儿进行自由练习。也可在熟练掌握后,进行分组比赛。

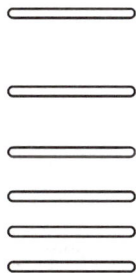
图 4－64

图 4－65

**建议**

运用纸棒辅助各种方式的跳跃非常多,如骑马(两腿骑跨于纸棒之上的并跳)、跨跳练习(高度或远度的设计)、左右跳跃(纸棒放于地面,幼儿在纸棒两侧左右反复跳跃)等,教师可根据幼儿能力进行合理设计。

**游戏7 单脚跳大拼盘**

**目标**

通过各种单人及多人单脚跳跃的游戏,提高幼儿下肢力量、协调及相互合作的能力。

**视频**

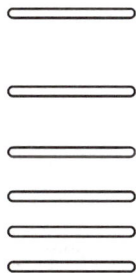
单脚跳大拼盘

**玩法**

**第一步游戏** 单脚支撑。幼儿随机站于场地上,每人之间保持一定距离,听从教师口令。游戏开始,口令:"左脚独立不动""换右脚独立不动""转一圈,左(右)脚独立不动""跨一步,左(右)脚独立不动"等。

**第二步游戏** 单人花样单脚跳。方法 1:一条腿支撑地面,另一条腿垂直于体前弯曲,双手抱住屈起腿的膝关节下部,进行短距离跳跃。方法 2:屈起腿向内侧屈,双手抱住小腿及踝关节进行跳跃(同斗鸡动作)。方法 3:小腿向身后屈起,双手在体后抱住屈腿进行跳跃。组织方法同第一步游戏。

**第三步游戏** 双人单脚跳。方法 1:两人面对面站立,一名幼儿一只脚单脚独立,另一只脚向前伸直;另一名幼儿辅助,双手托住对方伸直脚的踝关节;单脚独立的幼儿进行原地单脚跳跃及绕辅助幼儿跳圈的练习。方法 2:跳蚱蜢,如方法 1,两人面对面站立,相互托住对方伸直的腿,进行同步的纵跳。方法 3:编花篮:两人相反方向并排站立,内侧两臂相互钩住肘关节,同时内侧腿向后弯曲互相钩住,支撑腿随节奏转圈同时跳动。在此基础上,可适当增加人数。

**第四步游戏** 多人合作单腿跳。三轮车:两名幼儿并肩站立,双侧手相牵,第三名幼儿站于两人身后,单脚跨过前面两名幼儿相牵的手,用膝关节挂于其上,双手分别搭在两名幼儿的肩上,前面两名幼儿向前跑,后面幼儿进行单脚跳跃,同步行动。

**第五步游戏** 教师在地面上画出直径为 2 米的圆。两名幼儿站于圆内,双掌相对,十指相扣,手臂伸直,以单脚跳的方式进行对抗,当一方把另一方推出圈外,或使得对方双脚着地,为胜。教师可组织分组对抗赛的方式进行。

**建议**

1. 单脚跳跃的练习方法很多,其中有些方法适合幼儿自主游戏,如跳房子、编花篮、猜拳跨步等,教师可结合一些儿歌在教学中进行引导。也可形成一些集体游戏进行比赛。

2. 在单脚跳的基础动作练习时,教师应增强幼儿弱势脚的练习机会,使得身体能力得以均衡发展。

**游戏 8　支撑跳跃**

**目标**

通过手臂支撑跳跃游戏,提高幼儿上肢力量、协调及相互合作能力。

**准备**

平衡木若干。

**玩法**

**第一步游戏** 双手支撑骑跳。幼儿骑坐在平衡木上,双手支撑在平衡木上,手臂伸直,置于体前。游戏时,双手向前支撑,身体稍稍向前腾起,坐下,如此反复,向前移动。

**第二步游戏** 双手支撑变向跳。身体前倾,双手支撑在平衡木上,双脚落于平衡木的一侧,双腿屈伸跳起,手臂用力伸直,双脚从平衡木的一侧落于平衡木的另一侧,完成后,双手向前同时移动,再次完成以上动作。如此反复向前移动。

**第三步游戏** 双手支撑跳转圈。若干幼儿同时操作。游戏时,幼儿之间保持一定的间隔,方法同第二步游戏,幼儿从平衡木的一侧跳向平衡木的另一侧,此手双手保持在同一支撑点上,再按顺时针或逆时针方向,反复跳过平衡木。如此反复进行。

**第四步游戏** 跳山羊。一名幼儿全蹲于地面上,臀部稍稍抬起,低头,双臂抱膝。另一名幼儿站于此幼儿身侧,双手支撑在全蹲幼儿的背上,手臂伸直,跳起时,双膝屈伸,两腿分开,绕过全蹲幼儿的身体,落于全蹲幼儿身体的另一侧。

**建议**

1. 第一步游戏可不断强调手臂支撑的距离,增加跳跃的幅度。

2. 第二步游戏时,移动的方向既可以向前移动,也可以向后移动。

3. 第四游戏时,只强调幼儿从原地起跳,不强调跑动支撑起跳。

**游戏 9　蟹抓虾**

**目标**

1. 通过单脚跳的集体游戏,提高幼儿应变能力、灵活性。

2. 增加幼儿跳跃的兴趣。

**玩法**

**第一步游戏** 把幼儿分成两组进行对抗。两组面对面呈横队站立,左右幼儿相互搭肩,教师站于两组之间。游戏开始,教师口令"单脚独立",每个幼儿都单脚支撑,看哪一组保持的时间最长;一定时间后,教师口令"换脚独立",游戏继续。如果两组保持得都较好,教师适当提高难度,口令"向前跳一步"等。

**第二步游戏** 把幼儿分成两组,呈纵队站立,进行对抗。后面一名幼儿左手搭于前面幼儿的左肩上,把队伍连成一条直线。游戏开始,教师口令:"抬起右脚",后面一名幼儿把右脚抬起,前面幼儿用右手托住抬起的脚。连成一条直线,最前面幼儿单脚站立,看哪一组保持的时间最长。增加难度方法同第一步游戏。

蟹抓虾
第三步游戏

**第三步游戏**　在一定的场地内,幼儿自由散开,选出两名幼儿,面对面站立,这两名幼儿手执两根软棒,连接在一起,充当"螃蟹";其他幼儿各自散开,单脚跳跃,充当"虾"。游戏开始:充当"螃蟹"的两个幼儿快速移动,用手臂把充当"虾"的幼儿框入其中,被抓到的幼儿两脚站立不能动,只能等待其他充当"虾"的幼儿来救。被抓的幼儿被其他充当"虾"的幼儿触,就算复活。游戏继续。

**规则**

1. 在第三步游戏中,充当"虾"的幼儿,在没有被抓到的情况下出现双脚落地,按被抓处理,不能动。

2. 不允许跳出场地之外。

3. 不相互推挤。

4. 充当"螃蟹"的两名幼儿只能用手臂把"虾"框入,不能推、抓。

**建议**

单脚跳的集体游戏有助于幼儿形成集体意识,教师针对幼儿能力进行有效设计。

**游戏 10　跨过山沟沟**

**目标**

通过各种跨跳的游戏,提高幼儿下肢力量、控制身体的能力及耐力。

**准备**

呼啦圈若干。

**玩法**

**游戏方法一**　占圈。如图 4－66 所示,在地面上随机放置若干呼啦圈(多于参加游戏的人数 3～4 个),教师摆放时,根据幼儿的能力,控制呼啦圈之间的距离。每个呼啦圈内只能站一名幼儿。全部幼儿在各自圈内不断地向上纵跳。游戏开始,每个幼儿寻找有空位的呼啦圈跨入,相互之间不断变换位置,两人之间可以相互交换。教师控制游戏的时间,不宜太长。

图 4－66

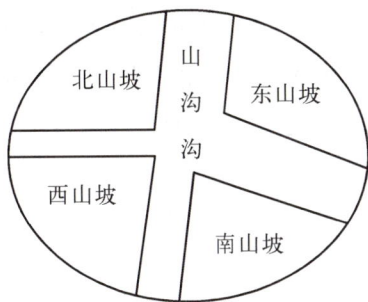

图 4－67

**游戏方法二**　如图 4－67 所示,在场地上画出 4 个山坡和 4 条距离不等的山沟沟,由窄到宽。(1)自由练习,幼儿在场地内自由跨跃,不断挑战自我的极限。教师观察幼儿的能力,为第二步游戏做准备。(2)两名教师站于山沟沟内,充当守关人。游戏开始,教师不断变换位置,站于不同的山沟沟内进行控制,守住较短距离的山沟沟,可以促使幼儿挑战难度,守住较宽的山沟沟,可以促使幼儿体能进行调整。教师控制运动的密度和游戏时间。

**规则**

1. 在游戏方法一中,每个圈内只能站一名幼儿,不允许抢圈。

2．在游戏方法二中，幼儿间不要相互碰撞。

**建议**

这两种游戏都是无序的组织方式，强调幼儿间相互配合。教师对于幼儿能力要有合理的判断，再进行此类游戏。

**游戏 11　两个好朋友**

**目标**

1．通过两人间的跳跃游戏，提高幼儿对抗能力及灵活性。

2．让幼儿学会自主游戏的内容。

**玩法**

**游戏方法一**　跳起击掌。如图 4-68 所示，两名幼儿面对面站立，一名幼儿快速蹲下击掌一次，对面幼儿快速跳起，双手在头顶击掌一次；两人交换，反复进行。

图 4-68　　　　　　　　　　　图 4-69

**游戏方法二**　"就是要和你一个样"。两名幼儿面对面站立，相互猜拳，失败者做模仿人。胜者决定各种跳跃的动作，可以选择的动作，如：向上纵跳，转体向左、向右、向后等的并脚跳，也可选择向左、向右、向后移动跳跃，可选择双脚跳，也可选择单脚跳等。例如：图 4-69 转体跳等有一定难度的方法进行相互挑战。

**游戏方法三**　两名幼儿面对面站立，单脚独立支撑。游戏开始：两人一边单脚跳，一边相互用双手推对方的双手，看谁先双脚落地，先落地者为败。

**游戏方法四**　猜拳跨步。两名幼儿平行站在一端的起跑线上。游戏开始，两人猜拳：石头、剪刀、布，胜方向前跨跳一大步，负方不动。游戏反复进行，先到终点者为胜。猜拳的方法既可用手，也可用脚进行。

**建议**

两人间游戏是幼儿喜欢的活动方式，教师在设计此类游戏时，注意以下四点：

1．无器材或器材易得。

2．可操作性强。

3．有一定对抗性，强度不大。

4．具有一定的胜负结果。

**游戏 12　竹竿上的舞蹈**

**目标**

1．结合竹竿进行各种跳跃的游戏，提高幼儿对跳跃节奏的把握。

2．增强幼儿下肢的灵活性。

### 准备

竹竿若干根（制作方法：如图 4-70 所示,细长竹竿,两端用胶布缠绕,便于抓握;在最下面垫起两根较粗竹竿,保持离地面一定距离）。

图 4-70

### 玩法

**第一步游戏**　两根竹竿分开敲击,进行初步练习,着重节奏的把握。方法 1：身体侧向竹竿外侧,根据节奏双脚同时稍稍跳起,内侧脚进行跨过竹竿、收腿的练习,节奏为点跨、收回,反复练习。方法 2：在方法 1 的基础之上,双脚依次跨过竹竿,再依次跨回,反复练习。

**第二步游戏**　两根竹竿进行练习,着重于动作的熟练。竹竿敲击及操作的方法 1："开、开、合、合",即展开两竿,敲击两次,合并两竿,敲击两次。跨跳的动作方法：在"开、开"时,两脚依次跨入,在"合、合"时,两脚依次跨出,可向前跨出,也可跨回原地。方法 2："开、合、开、合、开、开、合",此种方法在方法 1 的基础上进行,难度较大,教师可选择运用。

### 建议

1. 开始练习,节奏不宜太快。

2. 竹竿辅助跳在熟练掌握之后,可跟随音乐节奏进行。

3. 难度的增加,可选择 2～4 根竹竿平行放置;也可进行两两竹竿呈十字交叉放置,形成多种变化。

4. 在跳跃难度的增加上,可加快节奏,也可增加更多的动作,如跳跃时向内、向外转体等。

5. 结合器材进行跳跃,主要常见的有结合绳子跳、橡皮筋辅助跳等。在组织时,可呈单线跳、双线跳、三角线跳;在动作内容上,可以是单独动作跳、组合跳;在人数上,可以是一人跳、多人跳等。

### 游戏 13　跳动的舞步

### 目标

1. 通过各种集体跳跃的舞步,提高幼儿对跳跃节奏的把握。

2. 增强幼儿下肢的灵活性。

### 玩法

**游戏方法一**　阿细跳月。四拍一组动作。第一拍：左脚向左侧跨一步;第二拍：右脚向左交叉到左脚前跨一步;第三拍：同第一拍;第四拍：右脚向左侧踢出,左脚原地小跳一次,同进双手击掌一次。第二个四拍,动作相反,如此反复。组织：呈横队站立;动作由慢到快;幼儿也可以左右相互牵手跳跃。

在阿细跳月的动作变换中,可进行前后移动的跳跃方法。第一拍：左脚向前跨一步;第二拍：右脚向前跨一步,第三拍：左脚向前跨一步;第四拍：右脚向前踢出;第五拍：连接第四拍,右脚在空中向后退一步;第六拍：左脚向后退一步;第七拍：右脚向后退一步;第八拍：左脚向前屈膝提起。组织方法同上。

**游戏方法二**　兔子舞。幼儿呈纵队站立,后面幼儿用双手搭住前面幼儿的双肩,跳跃开始。第一拍：左脚尖（跟）向左侧点地跳起,收回,第二拍：同第一拍;第三、四拍：换右脚跳;第五拍：向前并跳一步;第六拍：向后并跳一步;第七、八拍：向前并跳三步。

**游戏方法三**　脚尖脚跟脚尖跳。第一拍："脚尖"（左脚尖在原地点地一次）;第二拍："脚跟"（左脚跟朝前点地一次）;第三拍："脚尖"（将左脚尖前交叉于右脚前方点地一次）;第四拍："跳"（左脚向左前方踢出）。每拍双脚同时向上稍稍跳起。第二个四拍换右脚,依次反复进行。幼儿可边念边跳。

**游戏方法四**　八步舞。第一拍：左脚向前一步;第二拍：右脚向前一步;第三拍：同第一拍;第四拍：右脚尖在原地向内侧点地一次;第五拍：右脚尖向右外侧点地一次;第六拍：向左转体,两脚相并;第七拍：左脚向前一步;第八拍：左脚向后一步。每一拍两脚同时小跳一次。每八拍都从左脚开始,沿正方形走跳。

视频

兔子舞

**建议**

1. 结合简单的舞步，主要针对幼儿肢体对节奏的把握，协调左右两脚的运动。
2. 各种舞步既可作为教学内容进行教学，也可用于准备活动或放松运动之中。
3. 方法很多，根据需要可自主编排。

### （三）跳跃教案

**教案 1** **小兔弹琴**

**活动目标：**

1. 通过音乐游戏练习跳跃的能力，锻炼幼儿下肢肌肉力量和提高身体的协调性。
2. 在音乐游戏中体验跳跃的乐趣。

**活动准备：**

器材准备：电子琴一架。

场地准备：如图4-71所示，在活动场地画一个八度的键盘（可依据人数而定），长约4米、宽约2米的长方形。

经验准备：在本课前幼儿应已基本认识钢琴键盘的组成及基本音符。

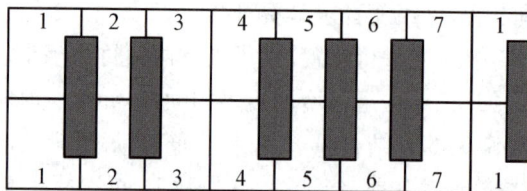

图4-71

**活动过程：**

**1. 开始部分**（5分钟）

（1）教师带领幼儿围绕地面键盘进行走、慢跑、小步跳的准备。

（2）以地面键盘为中心，教师带领幼儿围成圈做准备运动（模仿操）。

早上空气真正好，小兔小兔起得早；

先把脸儿洗干净，再把身体锻炼好；

伸伸手来伸伸手，弯弯腰来弯弯腰；

踢踢腿来踢踢腿，看见萝卜哈哈笑；

一把抱起大萝卜，啊呜啊呜吃个饱。（动作略）

**2. 基本部分**（23分钟）

（1）介绍及初步尝试（6分钟）。

在教师的带领下，幼儿围绕在地面键盘的周围，教师介绍地面键盘及玩法。并按每人对应一个键进行组织（人多时，可以两人共一个键），正面站于键盘外。

试音1：听从教师要求，运用电子琴，教师弹出"哆"时，站于"1"前面的2名或几名幼儿快速下蹲一次，并站起，同时一起唱"哆"，如此方法"来、咪、发、索、啦、西、哆"对应的幼儿都进行相同的操作。

试音2：同试音（1）组织，当教师弹到"哆"时，对应幼儿快速并脚跳到"1"的键盘上，同时跳回，并唱"哆"的音。其他幼儿的练习方法同上。在"试音"环节中，教师按音节次序进行，让幼儿尽快熟悉。同时，不断加快音节的速度，让幼儿练习快速反应。反复练习。

（2）跳歌谱（5分钟）。

教师随机用自编的歌谱用电子琴弹出来，对应幼儿快速并脚跳入并跳出。自编歌谱要求每个音节练习的次数基本相同，速度由慢到快，幼儿对应地唱出。反复练习。

（3）单人跳音符（7分钟）。

方法1：在教师的带领下把幼儿排成两路纵队,站于地面键盘的窄位前。排头两名幼儿首先进行,在1、3、5、7的方框内用单脚跳,在"2、4、6"的方框内用双脚跳。同时唱出相对应的音符。其他幼儿轮换进行。

方法2：幼儿排成一路纵队,站于地面键盘的左侧的窄位前,排头幼儿先进行,方法同上,跳到终点,再跳到对面的键上跳回。后面幼儿一个接一个地进行。反复练习。

（4）根据已学过的儿歌谱子练习跳跃（5分钟）。

让幼儿随机站于歌谱中运用到的音符地面键盘上,例如：12 31/12 31/34 5/34 5/,教师弹,幼儿对应着用单脚跳或双脚跳进行,同时一起唱此歌谱。（几名幼儿可站于同一键上。）

### 3. 结束部分（2分钟）

教师弹电子琴,幼儿唱儿歌《两只老虎》,一边模仿走一边唱,进行放松。

### 教案2　神气的跳跳糖

**活动目标：**

1. 通过两人及多人间的配合,进行各种跳跃的练习,提高幼儿下肢爆发力量及身体的协调能力。

2. 增加跳跃的乐趣,增强两人及多人间协同的能力。

**活动准备：**

器材准备：垫子若干;跳跳糖若干。

场地准备：如图4-72所示,在地面上画6～7米长的椭圆形;音乐。

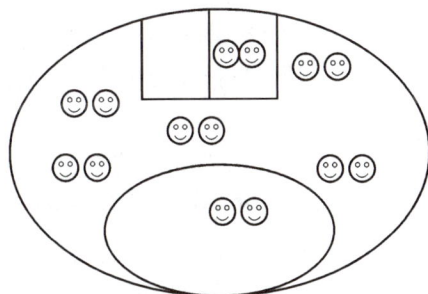

图4-72

**活动过程：**

### 1. 开始部分（5分钟）

（1）教师带领幼儿在音乐的伴奏下,围绕着地面上的"大嘴巴"进行各种走、跑、跳的练习。

例如：沿着曲线跑,在曲线内外跳进、跳出等方法。

（2）教师要求两个小朋友自由组合,随机站于场地上。听从教师的命令。

身体触碰游戏：好朋友握握手;好朋友击击掌;好朋友顶顶肩（面对面站立,左肩碰左肩,右肩碰右肩）;好朋友碰碰头;好朋友撞撞屁股;好朋友踢踢脚（左脚踢左脚,右脚踢右脚）;好朋友抱一抱。

### 2. 基本部分（21分钟）

（1）感受跳跃（3分钟）。

教师带领幼儿进入"大嘴巴"里,同时给每个幼儿品尝跳跳糖,并带领幼儿尝试用肢体语言来表现跳跳糖在嘴巴里的感受。（强调突然的爆发。）

教师拍手,同时喊"啪",幼儿快速向上纵跳起,看看谁跳得最高。反复练习。

（2）两人协同跳（9分钟）。

方法1：听从教师的口令有节奏地进行。两名幼儿面对面,手拉着手向上跳,要求尽可能同步。在此基础上,进行两手携手向同一方向旋转跳。再向相反方向跳。

方法2：两个幼儿面对面站立,一个幼儿站于原地拍手,同时喊"啪"的音,另一个幼儿快速向上纵跳起,完成后,交换角色,反复进行。在此基础上,跳跃的幼儿进行空中转体的跳跃。反复交换练习。

方法3：两个幼儿面对面,一个幼儿坐于地面,双腿平放分开,充当嘴巴,嘴巴开时,另一幼儿跳进,嘴巴合时,快速跳出。两人交换反复进行。

注：教师在安排每个练习方法之间要求安排好幼儿休整的时间,不应密度过大。

（3）跳过我的背（6分钟）。

教师把幼儿分成两组,在每组中选择一身高适中的幼儿侧向蹲于地上,充当小山羊,前面放一垫子,两名教师分别在两组保护,每组幼儿依次从"小山羊"上跳过。方法：双手放于蹲地幼儿的背上,两腿分开,向前跳起。教师不断替换"小山羊"的人。跳起时,要求快速有力,可结合跳跳糖的感受。

(4) 快乐的跳跳糖(3分钟)。

在教师的带领下幼儿围成一个圈,用并脚跳的方法,一起向圈的中间跳跃,听到教师"啪"的声音后,快速跑回到原地。游戏反复进行。

### 3. 结束部分(4分钟)

两人间相互按摩,听从教师要求,"拍拍肩,拍拍背,摸摸脊椎骨"(双手放在脊椎骨的两侧,上下搓动);每个幼儿在教师的带领下,捶捶双腿,踢踢双腿,蹲一蹲进行放松。

### 教案3　快乐的小松鼠

**活动目标:**

1. 结合器材进行各种动作跳跃,提高幼儿下肢力量及身体的灵敏性和协调能力。

2. 增加跳跃的乐趣,增强多人间协同配合的能力。

**活动准备:**

1米左右长橡皮筋若干条;小塑料圈若干个。

**活动过程:**

### 1. 开始部分(6分钟)

(1) 幼儿每人手执1根1米左右长的橡皮筋排成两路纵队,左右手各执皮筋的一端。前后保持一定的距离,教师站于排头带领幼儿一起站于场地边。在《松鼠小宝宝》音乐的伴奏下,有节奏地进行小跨跳的练习。

动作方法:左脚向左前方小跨跳一步,右脚快速并上(为一个动作);右脚向右前方小跨跳一步,左脚快速并上(为一个动作)。每个动作踩准一个节拍。

在一开始练习时,教师也可以在并脚后停一个节拍,帮助幼儿进行调整。进入场地后,幼儿排成两列横队,呈体操队形散开,面向教师。

(2) 把橡皮筋对折,做皮筋操:①手腕运动(两臂向前伸直,利用手腕,向前或向后绕动两手间的皮筋);②扩胸运动;③踢脚运动;④踩踏运动(橡皮筋成单条,双手执皮筋两端,提起,双脚依次踩踏在皮筋中部);⑤腰部运动;⑥跳跃运动(把皮筋放于地面,进行个人跳跃。向前、向后,左右侧向跳等)。

### 2. 基本部分(21分钟)

(1) 小松鼠的本领(12分钟)。

一根橡皮筋的玩法:双(单)脚踩踏皮筋跳:如图4-73所示,教师把幼儿分成两组,每组一根长橡皮筋,选两名幼儿手拿皮筋两端,拉直并抬起适合跳跃的高度。其他幼儿站于皮筋的外侧。听从教师口令,教师喊"双脚跳"时,所有幼儿跳起,并踩踏在皮筋上,看谁踩得既准又稳。失败者替换拿皮筋的幼儿。练习反复进行。根据幼儿能力,不断提高皮筋的高度,进行练习。双脚完成后,如此方法再进行单脚的练习。再把双脚跳和单脚跳进行组合变换练习。

图4-73

图4-74

连续踩踏皮筋跳:如图4-74所示,幼儿排成几路纵队,站于第一条皮筋后。听到教师口令,以双脚跳的方式向前跳跃,要求尽可能踩准每根橡皮筋。

建议:从第一根皮筋开始,后面每根皮筋在前一根皮筋的基础之上适当增加一定高度,挑战幼儿能力。也可把皮筋连成正方形,进行跳跃。

多样跳:在连续踩踏皮筋跳组织方式的基础上,幼儿可进行如下方法:①连续跨跳过每根皮筋的练习;②并脚侧向跳过每根皮筋的练习;③单脚踩踏跳或单脚跳过的方式练习等。(采用分组轮换方式,注意幼儿练习中的休整。)

(2) 小松鼠运果果(9分钟)。

如图4-75所示,两名教师手执长皮筋的两端拉直,在皮筋上穿挂一塑料小圈,放于一端,并抬起一定的高度(幼儿跳起,能触碰到塑料小圈),幼儿排成两路纵队,分别站于皮筋两端。游戏开始,一组排头幼儿跳起,用手打小塑料

图 4-75

圈,使其向前移动,反复进行,直至小圈移到另一端;另一组排头如上方法进行,如此反复不断地进行游戏。此方法也可做分组对抗。

把幼儿分成两组,排成两路纵队,每组排头用脚钩住一小塑料圈。游戏开始,听到教师口令后,排头幼儿用单脚跳的方法跳转身,把小塑料圈交给第二名幼儿,第二名幼儿用单脚接住,如上方法交于第三名幼儿。如此反复,看哪一组最先完成(也可用手接小塑料圈套在自己脚上的方法完成,以降低难度)。

3. 结束部分(3分钟)

"我是橡皮筋":在教师的带领下,幼儿结合手臂尽力向上伸展,再快速放松,坐于地上,反复练习。

## 第四节 投 掷 教 育

### 一、投掷教育基本知识简介

投掷教育是发展幼儿上肢肌肉力量、身体协调能力及结合器械对投掷物进行有效控制的重要途径。在各种投掷动作的练习中,常伴随着腰、腹、背、腿等部位以及视觉运动能力的综合运用,是幼儿喜欢的一项体育活动。

#### (一) 目标

1. 运用多样性基本投掷动作,结合多种材料及目标,提高幼儿上肢爆发力、协调能力及投掷的兴趣。

2. 在学前阶段逐步强调幼儿的投掷从掷远到掷准的动作技能发展要求。不断完善基本投掷的姿势,增加多种投掷的方法,以达到姿势正确,挥臂自然,增强幼儿上肢力量及准确性的发展。

3. 结合其他各种形式的运动,提高投掷动作在其中的运用能力,使投掷动作得以巩固。

4. 掌握几种基本的投掷游戏,达到自主游戏的目的。

#### (二) 投掷的特点和基本要求

投掷一般可以分为掷远和掷准两类。

1. 掷远强调如何把投掷物尽可能地投远。这一动作强调速度和力量的结合、合理的动作、合理的角度,以达到最有效的投掷结果。

2. 掷准即要求尽可能将投掷物击中指定的目标。掷准动作需要对肌肉力量很好的控制能力,更需要有良好的目测能力,对于投掷物空间和时间的把握能力。

3. 投掷动作的发展从小班到大班具有很大差异,投掷的内容也发生着较大的变化。教师在帮助幼儿此能力的发展上应遵循循序渐进、从实际出发的原则,不宜操之过急。

#### (三) 投掷中常出现的错误

1. 投掷时,不能很好把握动作的要领。主要表现:(1)下肢、躯体与上肢的合理位置与协调;(2)各种不同投掷动作中,肩、肘、腕、指关节有哪些不同的发力要求;(3)动作的连贯性。

2. 方向与角度的把握不合理。

3. 做不同动作时,投掷速度的控制不合理。

4. 投掷完成后的缓冲动作不合理等。

### （四）投掷练习的内容

在活动中投掷的方式和方法也是多种多样，主要包括单手肩上投掷、单手肩下投掷、双手肩上投掷、双手胸前投掷、双手肩下投掷。

第一，投掷基本动作的练习。

根据投掷的基本动作特点及幼儿的年龄特点，在幼儿园中，以基本动作为基础的投掷活动开展中主要包括双（单）手推掷、双手向前（后）抛滚、单手向前抛滚、双（单）手上抛、单（双）手肩上向前（后）抛掷、单（双）手转体侧向投掷等方式。

第二，投掷基本动作技能的练习。

投掷的基本动作技能在基本动作的基础之上，强调投掷结果的最大有效性，对于动作的科学性有了更高要求，同时应了解幼儿的年龄特点，寻求合理的方式，不断发展幼儿各种投掷技能，主要包括单手肩上投掷、单手屈臂掷准，以及专项篮球运动中的双手胸前推掷等。

### （五）投掷的器材

在各种活动中，主要投掷的器材如沙包、垒球、实心球、海绵球、羽毛球、乒乓球、各种大小的皮球、三角球、气球、毽子、飞镖、塑料制品（飞碟、塑料圈等）、纸制物品（纸飞机、纸棒、纸片、纸团等）、木棒、扎起的绳索及各种自制器材等。

### （六）各年龄段投掷练习的主要内容

小班：自然地往前上方或向远处挥臂掷物（如小沙包、小球、小纸镖）等。

中班：肩上掷远；打雪仗；滚球击物；打前方目标等。

大班：半侧向转体肩上掷远；将小物体投进目标物内；投篮；打靶；用小圈套前方的物体等。

## 二、运动实践部分——投掷的教育

### （一）投掷基本动作

**动作 1　单手肩上向前投掷**

**动作要领**　身体侧向投掷方向，两脚成丁字步前后站立，重心后倒；投掷臂后引，眼看前方。投掷时，后腿向前蹬起，同时转体，挺胸；手臂由身后经头侧快速向前上方挥臂、甩腕、伸展指关节。在动作中，屈臂要求肘关节高于肩关节。如图 4-76。

（此动作强调幼儿基本投掷动作的掌握，发展上肢力量及协调能力。）

 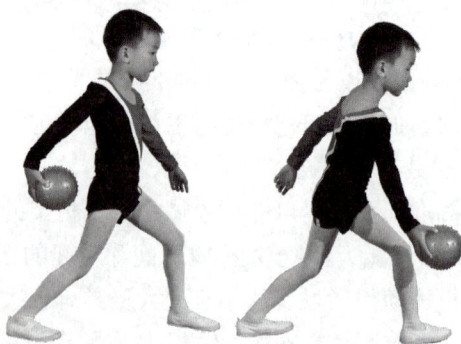

图 4-76　　　　　　　　　　　　　　图 4-77

**动作 2　单手肩下向前抛滚**

**动作要领**　身体面向投掷方向，两脚前后开立一步距离；右手投掷，左脚在前。投掷时，身体重心向前移动并不断降低；投掷臂伸直，手臂随身体由后向前积极摆臂、甩腕、伸指关节。如图 4-77。

（此动作发展幼儿肩、腕力量，提高幼儿控制器材的能力。）

**动作 3** 单手肩下侧向投掷

**动作要领** 身体侧向投掷方向,两脚前后开立一步距离;右手投掷,左脚在前;腰部向后转动。投掷时,投掷臂于体侧稍屈,随腰部快速向前转动,蹬腿、挺胸、摆臂、甩腕。如图 4-78。

(此动作发展幼儿肩、腰、腕力量,提高幼儿控制器材的能力。)

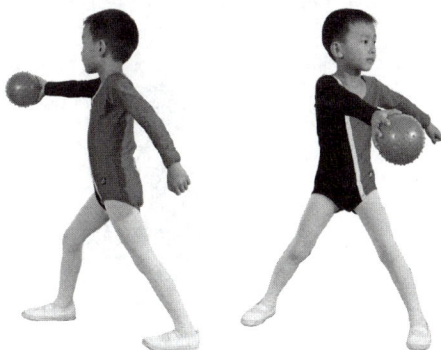

图 4-78

**动作 4** 双手肩上向前投掷

**动作要领** 身体面向投掷方向,两脚呈弓步前后站立;后腿屈,前腿稍直,重心落于后脚;双手持投掷物屈臂放于脑后。投掷时,身体重心快速向前移动;顶髋,屈前腿膝,后脚积极并于前脚,上体收髋积极下压;双臂经后脑,随身体由后向前上方快速伸展肘关节,手臂摆动,压腕。如图 4-79。

(此动作发展幼儿腰背、肩、肘、手腕力量及身体的协调能力。)

图 4-79

图 4-80

**动作 5** 双手肩上向后投掷

**动作要领** 身体背向投掷方向,两脚左右开立,稍宽于肩;屈膝,上体前屈;双手持投掷物垂于体前。投掷时,快速伸直膝关节,身体向上伸起;上体积极向后伸展;两臂随身体的移动,经体前快速向身后直臂摆动,压腕。如图 4-80。

(此动作发展幼儿腰背、肩部力量及身体的协调能力。)

**动作 6** 双(单)手肩下向上抛掷

**动作要领** 两脚左右开立,双(单)手持器材于体前;屈膝,身体重心向下,直臂下垂(后摆)。投掷时,身体积极向上;同时手臂由下向上快速摆动。此动作多结合个人抛接进行练习;或进行两人间抛接练习。如图 4-81。

(此动作发展幼儿肩背及下肢力量,提高练习控制器材的能力。)

**动作 7** 双(单)手肩下向后抛滚

**动作要领** 身体背向投掷方向,双脚左右开立宽于肩;双(单)手持投掷物于体前举起。投掷时,手臂上举,上体积极向前屈,同时持投掷物,快速经体前,从胯下向后直臂摆动。如图 4-82。

(此动作发展幼儿肩部及腰背力量,提高幼儿控制器材的能力。)

图 4 - 81　　　　　　　　　图 4 - 82

**动作8**　**双手肩下侧向转体抛掷**

**动作要领**　背向投掷方向,两脚左右开立;两手直臂持投掷物于体前。投掷时,重心降低;以左(右)脚为轴,蹬右(左)脚,拧腰,身体积极从左(右)侧转体;同时双臂平举,把器材向投掷方向的前上方抛出。如图 4 - 83。

(此动作发展幼儿腰部及肩背部力量,提高幼儿身体的协调能力。)

图 4 - 83　　　　　　　　　图 4 - 84

**动作9**　**双手胸前投掷**

**动作要领**　身体面向投掷方向,两脚呈弓步前后站立;双手持投掷物屈臂于胸前;身体重心移于后腿。投掷时,后脚蹬地,身体积极向前;同时双臂快速向前伸出,抖腕、拔指。如图 4 - 84。

(此动作发展幼儿手臂的力量及控制器材的能力。)

**？ 你知道吗？**

幼儿体育教学的组织包括哪些内容?

幼儿体育教学的总时间:小班:20分钟左右;中班:25分钟左右;大班:30分钟左右。

幼儿教学中平均心率一般要求达到:130～150次/分;心率恢复时间要求达到:5分钟以内。

运动密度:一个幼儿在课内运动的时间÷课时的总时间＝运动密度。练习密度一般要求:50%～70%。

运动强度:运动强度的大小可依据心率来确定。运动强度指身体运动对人体生理刺激的程度,是构成运动量的主要因素之一。常用生理指标表示其量值,如以心率衡量运动强度的大小,一般认为:130次/分以下为小强度;130～150次/分为中等强度;150～170次/分为大强度;170次/分以上为超大强度。

运动量：也称"运动负荷"，指人体在体育活动中所承受的生理、心理负荷量。由完成练习的数量、强度、密度、时间以及动作的准确性和运动项目特点等因素所决定。在幼儿园体育教学中教师也可根据幼儿的疲劳程度来确定幼儿运动量的大小。

教学中的轮换：包括班级内小组为单位的分组轮换以及个体间轮换等。这是幼儿体育教学中使用较多的组织方式，有利于幼儿有目的地休整与教师的管理。

间歇：在体育教学中每个活动环节之间，教师有意识、有目的地让幼儿进行休整的过程。间歇的方法主要有：示范、讲解；分析、总结上个环节的问题；介绍下个环节的任务及要求；转换场地；分发器材；有意识地进行放松等活动。

## （二）投掷游戏

**游戏 1　抛得高——接得准**

### 目标

1. 结合器材，通过各种独自抛接的游戏，提高幼儿对器材的控制能力。
2. 提高幼儿手眼协调及对活动中器材的判断能力。

### 准备

抛接器若干（制作方法：如图 4－85 所示，饮料罐剪去上部分，用火烫的方式处理断口处，长线或皮筋连接饮料罐与纸球之间）；自制纸球若干；自制网兜若干（如图 4－86 所示，铁丝制作框架，网线交叉连接）。

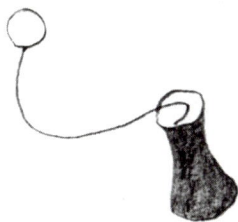 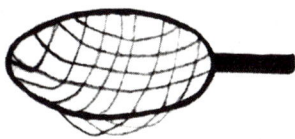

图 4－85　　　　　　　　　　图 4－86

### 玩法

**游戏方法一**　幼儿在教师的带领下，随机站于场地内，人手一个抛接器进行练习。初次练习，教师可采用较短的绳子；熟练后，采用长绳或细皮筋。

在抛接练习时，随着能力的发展，动作不断增加。从向上垂直抛接到向侧面抛起，移动中接球；到抛弧线进行接球；到在抛接过程中进行换手等。采用皮筋时，利用弹力亦可增加平行抛接等方法进行练习。

**游戏方法二**　组织方法同上。每人一手执一纸球，另一手执一网兜。一手向上垂直抛球，然后用网兜接住下落的纸球。在练习中，可不断增加抛起的高度。在熟练的基础上，增加身体动作的变化，如原地转圈接球、换手接球、抬高或降低手臂接球、身后接球、移动接球等方法。

### 建议

1. 上述两种游戏方法强调个人自抛自接的练习。抛接器的练习难度稍低于网兜接球，可进行层次性练习安排，也可分组进行交换练习。
2. 抛接器亦可拆除长线或皮筋，进行如同网兜抛接的各种动作的练习。
3. 网兜的框架可用铁衣架来制作，网线可用装球的球兜更为方便。
4. 手眼协调，幼儿的能力相对较弱，反复练习有利于幼儿对于物品物理性质的理解，也有利于幼儿感觉器官的发展，同时对于幼儿精细动作发展也有很好的促进作用。教师在操作此类活动时，应给予幼儿更多成功的机会，在自信的基础之上，调动幼儿反复练习的兴趣。在设计以上材料时，须注意抛接器口径的大小、长短,使用短绳或皮筋的长短等,以及网兜直径的大小、网线的松紧等方面的问题。

### 游戏2 网兜兜

**目标**

结合器材进行两人及多人间的投掷游戏,提高幼儿控制器材的能力,激发运动兴趣。

**准备**

自制海绵球若干;网兜若干(如游戏1中制作方法);可挂起的大呼啦圈若干。

**玩法**

**第一步游戏** 两人一组面对面站立,间隔2米,每人手执一网兜。一人手执海绵球向对面抛掷,对方用网兜接住来球,再抛回对方,在成功的基础上不断增大抛掷距离。比一比哪组能在最远距离接住抛掷的球。

**第二步游戏** 组织方法同第一步游戏,一人手执海绵球,背对对方,将球向后抛掷,对方手执网兜接球,互换角色,反复练习,直至接住来球。

**第三步游戏** 三人一组,一人手执海绵球向上尽可能高地抛起,二人手执网兜去接来球,看谁接得住,接住者与抛球者互换角色。在此游戏的基础上,可适当增加接球者的人数。

**第四步游戏** 射门。如图4-87所示,把三个或更多的大呼啦圈如图方法挂起。第一步练习:幼儿距离挂起的大呼啦圈一定距离,把海绵球放入网兜中,甩动网兜把球掷出,看谁能射入呼啦圈;第二步练习:球门线上站一名幼儿,守住球门,用手或网兜挡住来球。

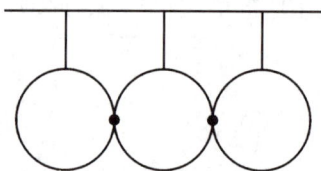

图4-87

**规则**

在第四步游戏中,如果分组进行游戏;保持相互间的距离,避免碰撞。

**建议**

1. 网兜抛掷游戏的设计以投准为主,也可进行掷远,同时结合跑动进行设计。

2. 第四步游戏,如果分组对抗,可在一定距离的两边对应挂起如图4-87所示的球门。分组对掷。

3. 网兜也可用小脸盆代替,此时脸盆里可以放更多的海绵球,有利于调动幼儿更大的投掷兴趣。

### 游戏3 小小皮球抛起来

视频

**目标**

结合小皮球进行各种抛掷的练习,提高幼儿手眼协调及控制器材的能力。

**准备**

小皮球若干。

**玩法**

如图4-88。

**第一步游戏** 自抛自接。幼儿在教师的带领下,随机站于场地上,每人手执一球,进行向上抛起、接球的练习。教师要求幼儿不断增加高度,看谁抛得又高,接得又稳。

**第二步游戏** 在第一步游戏的基础上,教师要求幼儿在球抛起的过程中,快速击掌,看谁击掌的次数多,同时能接住球。

**第三步游戏** 一手抛球,一手接球,可以垂直抛接;也可进行向左、向右抛接,在熟练的基础上,不断增大两臂间的距离,不断增加高度及难度。

**第四步游戏** 在教师的带领下,幼儿面向中间围成一圈,教师执球站于圆心。游戏开始,教师把球垂直向上抛起,同时喊圈上任一幼儿的名字,此幼儿快速跑至圆心接住球,游戏中允许皮球落地一次,再接住。然后,从接住球的幼儿开始,继续游戏。

小小皮球抛起来

图4-88

### 规则

1. 在第四步游戏中,抛球者必须把球垂直抛起,抛得太斜必须重抛。

2. 抛完球后,快速回到自己的位置上。

### 建议

1. 第四步抛接球的游戏,在一开始时可针对两人或三四人之间进行设计。

2. 抛接球的练习对于幼儿属于较难的手眼协调动作,教师在组织此类活动时,可以让幼儿更多自我尝试,球抛起时不宜太高,应允许球落地后再接住。

### 游戏 4　羽毛球投掷

视　频

羽毛球投掷

### 目标

1. 结合羽毛球进行投掷的游戏,增强幼儿上肢力量。

2. 增强幼儿投掷的准度及远度。

### 准备

羽毛球若干;雨伞一把。

### 玩法

**游戏方法一**　掷准。(1)教师带领幼儿在场地上围成一圈,每人手执一羽毛球,教师执伞站于圆心。游戏开始,在教师的口令指挥下,幼儿把手中的羽毛球掷向雨伞,看谁掷得准。(2)教师握住雨伞顶部,使伞里朝上,幼儿进行投掷,看谁能把羽毛球投入伞内。(3)同第 2 的方法进行,教师在圈内不断移动位置,幼儿进行投掷。

**游戏方法二**　掷远。幼儿分成若干组,呈纵队站立,每组一个羽毛球。每排排头手执羽毛球;起点至终点 15 米左右距离。游戏开始,排头幼儿把羽毛球掷向终点方向,同时跑向羽毛球的落地点,在原地继续向前掷,直至投过终点线;用同样的方法返回,第二名幼儿照排头幼儿的方法进行。如此反复,最快组为胜。注意投掷时必须采用肩上单手向前投掷的方法。

### 规则

1. 在游戏方法一中,幼儿必须站于圈外进行投掷,未投入时,拾回羽毛球,回到原来位置。

2. 在游戏方法二中,只有投过起点线,下一名幼儿才能开始;在投掷时必须站于原地进行。

### 建议

1. 在游戏方法一中,雨伞也可换成铜锣、箩筐或衣服等。

2. 为了能让幼儿在投掷时使投掷物具有一定的高度,在设计游戏时,可采用拉线限高的方法。幼儿分成两组,分别站于较高的横线两侧,对掷。要求羽毛球必须超过拉起的横线高度。此方法也可进行分组对抗的游戏。教师注意横线高度的设计。

### 游戏 5　气球飘呀飘

### 目标

用气球进行各种投掷的游戏,提高幼儿投掷的准确性及对游戏的兴趣。

### 准备

纸张若干;纸棒若干;气球若干(不宜充气太足)。

### 玩法

**第一步游戏**　在教师的带领下,幼儿随机站于场地,每人一个气球。游戏开始,幼儿用身体不同的部位(如手掌、手背、头、小臂、脚、腿等部位)不断把气球向上拍起,看谁能使气球长时间不落地。

**第二步游戏**　在教师的带领下,每人一个纸棒,一个气球。游戏开始,每名幼儿用纸棒向上打气球,看看哪组能让气球不落地的时间最长。

**第三步游戏** 把幼儿分成两大组,每组一个气球,每人手握一个纸团,游戏开始前,两名教师同时把两组气球抛起,每个幼儿都用手中的纸团去打气球。比比看,哪组能让气球不落地的时间最长。游戏反复进行。

**第四步游戏** 把幼儿分成若干组,每组6名或更多幼儿;如同排球比赛进行组织,中间的横线稍高于幼儿手臂伸起的高度,自方不论相互传击的次数,若球在自方落地,判对方得一分。每局5分,最先得到5分为胜。输的一方被下一组替换。

**规则**

1. 在第二、三步游戏中,手不触球。

2. 在第四步游戏中,只能用手不断打球,不能抱住球。

**建议**

结合气球进行投掷的游戏,可锻炼身体的各种姿势,有益于幼儿学习投掷姿势之前的准备。

**游戏6 会飞的纸**

**目标**

运用各种不同材料的纸及纸的各种形态进行投掷的游戏,提高投掷的兴趣。

**准备**

纸牌一副;报纸;纸飞机若干。

**玩法**

**第一步游戏** 飞纸牌。在教师的带领下,幼儿随机站于场地,人手一张纸牌。游戏开始,小朋友们可以选择各种投掷的姿势进行练习,看看哪种姿势、哪种方法能把纸牌投得更远。

**第二步游戏** 每人发一小张报纸,想想怎样才能把报纸投得像纸牌一样远(尽可能小地折叠报纸,并压平),比一比看谁投得远。或者比一比是纸牌还是报纸更易投远。

**第三步游戏** 教师发放每名幼儿一个纸飞机,进行自由练习。一段时间后,教师组织各组进行掷飞机比赛,看看谁的飞机在空中飞的时间更长。

**第四步游戏** 打雪仗。把第二步游戏中的报纸拿出,并揉成纸团;将幼儿分成两组,如图4-89所示进行组织。河界可用两根长绳拉出。游戏开始,两组幼儿同时把自己的雪球投到对方场地内,在一定的时间内,看看哪组能把自己场地的雪球更多地投到对方场地内。结束时,哪方雪球少,即为胜。

图4-89

视 频

打雪仗——
纸球投掷

(此游戏中,只有尽可能地把雪球掷到对方更远的距离才有可能胜利。教师在活动中应给予幼儿提示。)

**建议**

1. 在第四步游戏中,河界宽度可不断变化。同时,也可以增加一定高度的障碍物来进行游戏。

2. 运用纸的各种游戏非常多,在走、跑、跳、投、钻等基本动作为基础的游戏中,纸张都能成为很好的辅助材料,教师可针对不同材质、不同大小的纸张,进行各种内容及自制器材的设计。

**游戏7 花花的手绢飞起来**

**目标**

结合两种不同的手绢进行各种抛掷的游戏,增强幼儿的上肢力量。

**准备**

花手绢若干(多层叠加的多边形或圆形的布);降落伞(方形手绢一块,四线一头牵于手绢的四角,一头系于同一木块上)。

**玩法**

第一步游戏 在教师的带领下,每个幼儿手执花手绢进行自抛的练习,可以进行抛远、抛高、花式动作的抛掷。也可比比用何种方法,看谁抛出后的手绢自己可以接住。

第二步游戏 两人一组,对掷花手绢,在投掷的过程中,不断增大距离,看看谁能抛得准,谁能接得稳。此游戏也可适当增加人数,进行一定距离的抛传游戏。例如:一人抛,多人接。

第三步游戏 两人一个降落伞,在投掷时,用手绢把小木块紧紧包起;比比谁能把降落伞抛得更高。在此基础之上,在手绢包木块时,也可同时包入许多碎纸片进行游戏。投掷时,要求把四个角相互缠住,并用手抓住向上抛起,碎纸片才会在最高处散落。

**规则**

第三步游戏结束后,必须把碎纸片打扫干净。

**建议**

1. 教师合理安排好各组位置,避免相互碰撞。

2. 花手绢在投掷方法上如同掷飞盘,却是非常安全的器材。可结合的身体姿势的练习非常多,教师可进行各种动作的设计,以此帮助幼儿更多地进行身体各方面的运动和协调能力的发展。投掷手绢,需要多层布叠加在一起,以增加重量,使投掷效果变得更好。

3. 降落伞的制作,可以运用手绢与小木块进行结合,也可以用手绢与弹力小球进行结合,更容易增加抛起的高度,以及落地时的反馈效应,提高游戏的趣味性。

**游戏8 沙包宝宝**

**目标**

运用沙包进行投掷的游戏,增强幼儿上肢力量及准确性。

**准备**

小沙包若干;60厘米左右长的短绳若干;大报纸若干。

**玩法**

第一步游戏 在教师的带领下,幼儿随机站于场地中;每人一根短绳,一个沙包;用短绳系在沙包上,手执短绳的另一端,进行游戏。游戏名称为"让你到哪就到哪",通过手臂及身体的变化,进行各种投掷动作的演练,使沙包在身体周围飞舞。最后可进行此方式的投远比赛。

第二步游戏 在教师的带领下,幼儿分成三人一组,每组三个沙包;三个人轮换进行游戏,用猜拳的方式决定游戏的顺序。猜拳胜者先进行游戏。游戏开始,把两个沙包放在地上,一个沙包拿于手中;把手中沙包向上抛起,然后快速拾起地上的沙包,再接住落下的沙包;如此方法拾起第二个沙包;成功后,把其中两个沙包再次抛于地上;继续进行游戏。游戏失败,则换人进行。

第三步游戏 如上组织方法,三人一组;两人拉住展开的大报纸上面两角,站于终点;间隔3～4米起点处,一幼儿手拿沙包,投向报纸,看看能不能打准报纸,并能将其打破。由于报纸下方没有紧绷,因此需要很大力量才能打破报纸,故游戏可反复进行。打破后,可折叠报纸,用更小的目标进行游戏。三人轮换。

**规则**

在第二步游戏中,可以一手抛,另一手去拾,减少游戏的难度。

**建议**

1. 在第一步游戏中,教师注意自身安全及相互间安全的要求。

2. 沙包是幼儿投掷中的主要器材,但由于较硬,不宜以人为目标,目标多以其他器材替代。

3. 在第三步游戏中,两人拿报纸,如果有危险,也可以采用较粗的绳索上贴报纸的方法进行游戏。

**游戏9　过街老鼠**

**目标**

结合海绵球进行各种投掷的游戏,提高幼儿投掷的准确性及游戏的兴趣。

**准备**

海绵球若干(制作方法参见跑步教案5"雁南飞");细长绳若干;可用绳子拉动的空的大纸箱一个。

**玩法**

第一步游戏　在教师的带领下幼儿围成一圈,在圆圈的中心放一较大的空纸箱。幼儿每人手执一海绵球,站于圆线上,向空纸箱内进行投准的练习。

第二步游戏　两名教师在圈外左右拉动纸箱(视幼儿能力调整速度,也可不断变换方位),幼儿向箱内投掷,不论是否投进,幼儿都可拾回海绵球,回到原地,继续投掷,游戏反复进行。

第三步游戏　把幼儿分成两组,一组站于圈外,一组站于圈内,圈内幼儿自由跑动,圈外幼儿共用一个海绵球,投打圈内的幼儿,被击中者同圈外任一幼儿交换角色。游戏反复进行。

第四步游戏　如第三步游戏的组织方法进行游戏。圈外幼儿每人一个海绵球,用长绳的一端系住海绵球,长绳另一端攥于手中,向圈外的幼儿进行投掷。被击中者与圈外幼儿互换角色。游戏继续。

**规则**

1. 在投掷时,只允许投打身体及下肢部分。

2. 圈内幼儿注意不要相互碰撞。

**建议**

1. 在组织以上游戏时,教师注意箱子大小、圈的大小的设计,以及内外人数的合理搭配。

2. 掷准游戏的设计,第一步是静态设计方案;首先是对投掷物类型思考与选择,其中要考虑重量、大小、手感、形态及可能存在的综合性功能等元素。例如:铃球抛出后可以发出声音;粘粑球可以形成粘连;纸飞机可以飞起来;皮球可以弹起。再考虑投掷目标的存在的形态及功能,如目标可以是平面、立起、顶面、斜面的等,可以是固定的,也可以是移动或翻转的。在功能上,可以是分值型、角色型、声响型、粘连型、立柱型、空间型等。第二步可考虑动态性目标,其中包括滚动型、滑动型、跑动型、牵拉型、飘浮型等。第三步可考虑幼儿间互动投掷。教师必须综合考虑以上因素,进行活动的设计。

**游戏10　有趣的小圈圈**

**目标**

运用塑料小圈圈进行投掷的游戏,提高幼儿投掷的准确性。

**准备**

直径40厘米左右的塑料小圈若干;可立起的短木棒若干;各种小玩具若干。

**玩法**

第一步游戏　在教师的带领下,幼儿分成三人一组,每组三个小圈圈;间隔1.5米左右的终点处放一可立起的短木棒,三个人轮换进行游戏,每人连续投三次,看看谁投进的圈多。

第二步游戏　幼儿三人一组,站成三角形,并间隔一定距离,每组一个小圈圈。游戏开始,一名幼儿平行投掷小塑料圈,接圈的幼儿积极伸出手臂套入圈中,如此反复轮换。在游戏中,可不断调整各自的位置,不断增大相互之间的距离。

第三步游戏　幼儿两人一组,每人一个小圈圈,面对面间隔一定的距离站立,其中一人把小圈圈放在地上。游戏开始,另一幼儿手执小圈圈,掷向对面幼儿的小圈圈,如果击中,从原地向后退一步,再次投掷。没击中,换对方幼儿开始投掷。

**第四步游戏**　在教师的带领下,幼儿围成一圈;把各种玩具摆放于圈的中间,根据幼儿能力调整小朋友与玩具之间的距离。游戏开始,幼儿进行自由投掷,看谁套得最多,并能套到最远的玩具。组织中,如果人数较多,可把幼儿分成两组,轮换进行。

**建议**

小塑料圈用于游戏中,不但可以用来进行掷准,也可用来进行投远的游戏。例如:小圈垂直向前抛滚;小圈垂直向上抛接;小圈平行抛远。或结合其他器材进行游戏,例如:结合短木棒,木棒套圈,手握木棒进行转动,最后把圈从木棒中抛出等方法进行游戏。

## 游戏 11　好玩的保龄球

**目标**

结合小皮球、易拉罐进行各种抛掷的游戏,提高幼儿控制器材的能力。

**准备**

小皮球若干;易拉罐若干。

**玩法**

**第一步游戏**　两人一组,面对面进行单手抛滚球的练习,一人抛掷,一人接住。在练习的过程中,两人距离由远到近,看谁掷得准,看谁接得稳。

**第二步游戏**　四人一组,每组分配一个皮球、四个易拉罐。易拉罐的摆放可以按幼儿自己的设想进行自由组合,可以横向排成一条直线,可以纵向放置一条直线,可以排成各种图形,也可堆高。抛球点与易拉罐之间的距离按幼儿能力进行调整。每人一次,轮换投掷,轮换摆放。

**第三步游戏**　四人一组,每人一个易拉罐;站成正方形,每人站一角,相距 5 米左右。游戏前,用翻正反手掌和猜拳的方式决定游戏中的次序。游戏开始,每人把易拉罐放于自己的脚前,最先进行的人手执小皮球,用抛滚或抛掷的方式去击打任一幼儿的易拉罐,投完后,第二名幼儿如此方法进行,依次轮换。被击中的幼儿退出游戏,看谁最后获胜。游戏反复进行。

**规则**

在第三步游戏中,幼儿投掷时必须站于易拉罐的放置点前。

**建议**

1. 以上方法较适合幼儿进行自主游戏,教师应有效引导,并安排好游戏的器材和时间。

2. 抛滚的组合目标物设计时,采用不同的组合材料,可以是间隔组合,也可以是集中组合,还可以是立体组合。

## 游戏 12　水也可以投

**目标**

结合水进行各种投掷的游戏,提高幼儿投掷的准确性,激发对游戏的兴趣。

**准备**

塑料小杯若干;装有水的水桶若干;软塑料小鸭子若干;大水盆两个。

**玩法**

**第一步游戏**　在教师的带领下,把幼儿分成两大组;每人手执一塑料小杯。游戏开始,如图 4－90 所示,幼儿依次用小杯从水桶里舀出水,站于离水盆较近的线(间隔一米左右),把水泼入水盆。反复进行,直至让水盆里的水达到一定的高度,比比哪组做得又快又好。

**第二步游戏**　组织方法同上。幼儿站于离盆较远的一条线,每人手拿

图 4－90

软塑料小鸭。游戏开始,两组同时进行,幼儿依次把小鸭投入水盆,一段时间后,看看哪组盆里的小鸭最多。

**第三步游戏** 两组小朋友,每人手执塑料小杯,从自己一方的水盆里舀水,站于自方长线后,两方间隔2米左右。游戏开始,把水杯里的水尽力泼向对方,比比看谁身上被泼的水最多。直至水盆里的水用完,游戏结束。

**规则**

1. 每一个游戏都要求站于线后。

2. 在第三步游戏中,注意不要相互挤撞。

**建议**

1. 此类游戏适合在夏天进行,幼儿可赤足玩耍。教师在游戏后,及时更换幼儿的衣服。

2. 教师在设计此类游戏时,注意空间的大小,不要让幼儿拥挤在一起。

3. 此类游戏设计方法多种多样。例如:用水杯装水,看谁泼得远;在水池边泼水池里的球,进行比赛;也可进行洗刷等方法,如一块用粉笔涂鸦过的小黑板,幼儿间隔一定距离,把水泼向小黑板,看看哪组最先把黑板洗干净等。

**游戏 13 / 洗澡**

**目标**

运用海洋球进行投掷活动的开展,发展幼儿向上抛掷的准确性。

**准备**

绳子一根;透明雨伞一把;60厘米长的透明PVC软管一根,软管直径大于海洋球;海洋球若干。

**玩法**

**第一步游戏** 教师把绳子固定在屋顶上,把透明雨伞打开,倒挂在绳子上,伞底离地面不超过2米高度,在地面上随机放置较多的海洋球。游戏开始,若干幼儿把海洋球尽力抛入伞内,当伞内的海洋球汇集一定数量后,幼儿站于伞下,教师发出指令"洗澡了",并把雨伞内的海洋球倾倒到幼儿身上。游戏反复进行。

**第二步游戏** 教师把PVC软管穿过透明雨伞的顶部,形成稳固连接,按第一步游戏的方法进行放置。幼儿可以选择站于PVC管下面,也可以选择抛掷海洋球。如此反复游戏。

**规则**

1. 幼儿左右保持一定的间隔。

2. "洗澡"时,不相互争抢。

**建议**

1. 教师可以在伞底下,用障碍物围出一定的区域,放置海洋球。

2. 与伞连接的PVC管,也可以多设置几根,使PVC管呈现不同的角度。

**游戏 14 / 看谁跳得高**

**目标**

运用粘连球进行投掷活动的开展,发展幼儿向上抛掷的准确性。

**准备**

固定在房顶的粘连板一块,并在粘连板上用纸板局部覆盖,按幼儿能力露出部分可以形成粘连。用不同长短的细绳与粘连球系在一起。并把细绳的另一端系住小纸球。

**玩法**

幼儿首先选择粘连球抛向房顶的粘连板,一旦成功,可以通过垂下的细绳把粘连球拽下来。能力强的幼儿可以选择较短的细绳进行游戏。

**规则**

1. 幼儿左右保持一定的间隔。
2. 注意躲避落下的粘连球。

**建议**

1. 开始设计此游戏时,教师应选择大块的粘连板,使幼儿获得更多成功的经验。
2. 细绳或纸球可采用不同的颜色进行区分,使幼儿获得更明确的信息。

**游戏 15  击球得分**

视 频

击球得分

**目标**

运用沙包进行投掷活动的开展,发展幼儿向下投掷的准确性。

**准备**

小皮球若干;沙包若干。

**玩法**

教师在地面上画一个圆,把一定数量的小皮球放于圆内,间隔圆 3～4 米的距离画一条投掷线。游戏开始,每名小朋友手执一个沙包,站于投掷线后,依次向圈内的小皮球进行投掷,被沙包打出圈外的小皮球,归掷出者。看看最后谁得的球最多。

**规则**

1. 投掷时必须站于投掷线后。
2. 一个投完后,下一个才能开始。
3. 击出的球,归击出者管理。

**建议**

此游戏在设计时,教师注意:投掷距离;摆放球的圈的大小;摆放何种材料;用何种材料进行投掷等问题。

### (三) 投掷教案

**教案 1  小狗快跑**

**活动目标:**

1. 通过各种游戏发展幼儿投掷及奔跑的能力,锻炼上、下肢肌肉力量,提高身体的协调性。
2. 体验游戏的乐趣,提高幼儿的合作意识。

**活动准备:**

30～40 厘米长的纸棒若干;大呼啦圈若干。

**活动过程:**

**1. 开始活动(5 分钟)**

幼儿每人手执一纸棒,跟随教师自由跑入场地。随机散开,站于教师前。教师带领幼儿进行热身操的练习。器械操的名称:可爱的哈巴狗。

一只哈巴狗,坐在大门口,"汪汪"(动作:从站立到身体的全蹲)。

眼睛圆溜溜,想啃肉骨头,"汪汪"(动作:头部运动结合上肢运动)。

快乐的哈巴狗,啃完肉骨头,"汪汪"(动作:左右转体跳跃运动结合两脚分合跳)。

尾巴摇一摇,冲我哈哈笑,"汪汪"(动作:左右摆髋运动结合腹背运动)。

("汪汪"声由幼儿配合教师完成。)

此器械操练习 4～5 次。

**2. 基本部分(21分钟)**

(1) 练习投掷动作(5分钟)。

教师把幼儿分成两组,排成两列横队,进行个人投掷的练习。

听从教师口令,第一列横队幼儿一起把自己手中的纸棒向前掷出,看谁投得最远。投完后,快速跑出,拾回纸棒,回到第二列横队的身后。第二组如上方法进行。此练习反复进行。

此练习完成后,教师要求所有幼儿把手中纸棒向上一起抛起,并伴随幼儿的欢呼。此练习进行2~3次。

图4-91

(2) 纸棒投准(8分钟)。

如图4-91所示,两组幼儿面对面站立,站于教师预先准备好的两段弧线后,在每组的正前方放一呼啦圈。听到教师口令后,幼儿把手中的纸棒投向自方的呼啦圈中,看看哪一组的纸棒离圈最近,堆在一起最集中。游戏反复进行。

砸纸棒:两组幼儿站成两列横队面对面排列,间隔2~3米距离,两组幼儿一一对应。游戏开始,第一组幼儿把自己的纸棒放在身前的地面上,对应幼儿手拿纸棒投向对面地面的纸棒,看看谁能砸得准,击准者可以用手捏一下对应幼儿的鼻子;反之亦然。完成一次游戏后,交换角色。游戏反复进行。

(3) 小狗快跑(8分钟)。

基本练习:教师把幼儿排列成两路纵队。每名幼儿手执一纸棒,两组对应幼儿进行对抗性比赛。游戏开始,排头两名幼儿把自己手中的纸棒尽力向前掷出,在拾回纸棒时,要求幼儿去拾对方的纸棒,返回排尾。如此反复进行游戏。

小组对抗:如上方法进行小组间对抗,每组幼儿一个纸棒。游戏开始,听到教师口令后,排头幼儿把纸棒掷出,拾回对方掷出的纸棒,返回交给自己一方的第二名幼儿,如此反复,看看哪组完成得最快。

**3. 结束部分(4分钟)**

我叫你也叫,我笑你也笑:教师"汪汪"叫,小朋友跟着叫,教师不叫,小朋友不能叫;教师"哈哈"笑,小朋友们跟着笑,教师不笑,小朋友们不准笑。

### 教案2 快乐的牧羊人

**活动目标:**

1. 结合情境进行各种游戏,发展幼儿投掷及跑跳的能力,强调幼儿控制投掷物的能力,提高身体的协调性。

2. 在游戏中体验活动的乐趣。

**活动准备:**

跳绳若干;呼啦圈若干;可移动的20厘米左右的小木桩若干;背景音乐。

**活动过程:**

**1. 开始部分(6分钟)**

(1) 幼儿排成一路纵队跟随教师,以骑马小跳的方式进行集体行进,在行进中教师带领进行直线、变向、弧线等方式行进,完成后,结合走把幼儿排成一路纵队。

(2) 教师把幼儿分成两列横队,在音乐的伴奏下进行准备操的练习。

在准备操中,以上肢练习为主,包括手腕、肘、臂、胸部等部位的练习。

例如:向上伸展手臂;交叉手指向前伸直手臂;肩绕环;扩胸运动;抓握手指等动作。

**2. 基本部分(21分钟)**

(1) 抛圈套桩(5分钟)。

教师带领幼儿以骑马小跳的方式进行一定距离的练习,行进的方式可如准备部分。到达指定位置,每个幼儿按次序领取一个呼啦圈。四人一组,每组一个木桩。间隔一定的距离进行投准的练习。反复练习。

（2）平衡套圈（6分钟）。

把木桩如图4-92所示进行排放两组，幼儿分成两组，每组从排头开始，手拿呼啦圈从木桩上走过，站在最后一个木桩上，把呼啦圈投向"目标桩"。看谁投得准。游戏反复进行。

目标桩

图4-92

（3）掷绳比赛（5分钟）。

四人一组，呈纵队排列，每组一根跳绳。游戏开始，听到教师口令后，每组排头幼儿把长绳向正前方掷出，绳子落地后，第二名幼儿跑向绳子的落地点，再次把绳子向正前方抛出，完成后，第三名幼儿跑出，如第二名幼儿的方法进行，第四名完成后，看哪一组把绳子掷出得最远。

在此游戏中，交给每组的跳绳不预先进行任何处理，每组幼儿自己想办法：怎样才能把绳子掷得远？

只有当绳子落地后，后一名幼儿才能跑出。

（4）抛圈拉桩（5分钟）。

把跳绳一头系在呼啦圈上，如"3"的组织方法，四人一组。如图4-93所示，每组前2~3米处，画一圆圈，在圈内放一木桩。排头幼儿一手拿着呼啦圈，一手拿着绳子的另一端。游戏

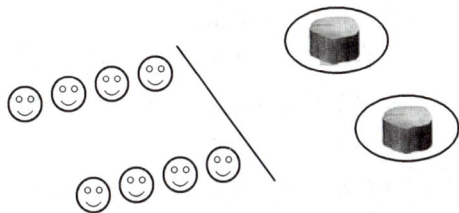

图4-93

开始，听到教师口令后，排头幼儿把呼啦圈抛出，套准后，拉跳绳，快速把木桩拉回起点处，将绳和圈交于第二名幼儿，自己把木桩放回地面的圈内，如此反复，看哪一组完成的次数最多，最先完成，游戏反复进行。教师也可规定一定的时间，看看哪组拉回木桩的次数最多。

### 3. 结束部分（3分钟）

归放器材。在音乐的伴奏下，教师以小马跳的方式进行放松，以动、停相结合，向前小跳出一步，双脚并。动作轻柔，节奏慢，教师在前面示范，幼儿在身后跟随练习。

### 教案3 突破封锁线

**活动目标：**

1. 结合情境进行各种游戏，提高幼儿掷远、准远的能力，以及身体的协调能力。

2. 体验游戏的快乐。

**活动准备：**

可藏入幼儿的大纸箱四个；沙包若干；椅子四把；纸靶子四张；歌曲《共产儿童团歌》。

**活动过程：**

### 1. 开始部分（5分钟）

（1）在歌曲《共产儿童团歌》的伴奏下，教师带领幼儿排成四路纵队进入场地。完成后，教师组织进行各种原地的队列练习。例如：稍息、立正、向左转、向右转、向后转、蹲下、起立等动作。

（2）热身操：学做解放军。

例如：敬军礼、射击的各种姿势；投掷手榴弹（反复练习）；拼刺刀；匍匐动作结合起立；骑马等。

结合动作特点，教师鼓励幼儿用声音表现。

### 2. 基本部分（22分钟）

（1）徒手练习（2分钟）。

老师讲解示范投掷动作，幼儿模仿反复练习，练习中教师强调投掷时手臂抬高。

注意：投掷时主要是肩部用力，要求肘关节的上臂及前臂夹角大于90度。

（2）对墙练习（6分钟）。

把四张画有靶子的报纸的上沿紧紧裹贴在细长绳上，报纸间隔一定的距离。把长绳紧贴在墙壁上。幼儿分组进行自由练习。每组在间隔目标2.5米、3.5米、4米处画上不同颜色的横线。幼儿从最近的横线开始，进行轮换投掷，打准目标退后一格。反复练习。

完成上述练习后，两名教师每人手拿细长绳的一端，使报纸离开墙壁一定的距离。幼儿再次练习，看

谁能把报纸打破。

(3) 炸碉堡(7分钟)。

把四个大纸箱的开口朝上,间隔一定的距离,分开放置。幼儿站于椅子后,进行投掷,开始距离3米左右,看看谁能把沙包投入纸箱内。在开始组织时,教师可以以分组轮换的方式,四人一组进行练习。一定时间后,幼儿排成一排,进行集体练习。投掷时要求听从教师口令,一起投,一起拾回。练习反复进行。在此基础之上,可适当增加投掷的距离,把椅子向后移动一定的距离。

(4) 打坦克(7分钟)。

把纸箱的开口朝下,教师选出四名幼儿,钻于纸箱内,用头顶着纸箱爬行。其他幼儿间隔2米,进行投掷练习,四名在纸箱内的幼儿听到打在纸箱上的沙包声后,开始向远处爬,其他幼儿反复练习。爬行一定距离后,教师安排交换角色,再次进行练习。

练习中从分组轮换到集体投掷,教师注意投掷和拾沙包时的统一行动。注意投掷的安全。

### 3. 结束部分(3分钟)

(1) 师生共同整理,归放器材。

(2) 教师带领幼儿进行放松。要求:双手握紧,咬紧齿关,绷紧身体,全身用力。在一瞬间,快速放松。

(3) 两人间相互手牵手,一人抖动,一人放松。进行轮换。

## 第五节　攀、钻、爬教育

### 一、攀、钻、爬教育基本知识简介

攀的动作能增强幼儿四肢肌肉力量的发展,尤其是手的抓握力量发展,能促进幼儿的平衡能力、灵敏性及协调能力等身体素质,同时对于幼儿良好的心理品质和自信心的形成都有很大帮助。

钻的动作能增强幼儿腿部和腰背部的肌肉力量,发展幼儿身体动作的灵敏性、柔韧性及平衡能力等身体素质。

爬行的练习是一种有趣而且是对身体练习非常有价值的运动方式,强调人体上下肢及躯干的协调配合。在学前时期的幼儿力量发展较弱的情况下,不论哪个年龄段,爬行练习对于促进幼儿身体的全面发展都显得特别有效,主要表现在四肢力量、背肌力及腹部力量的发展,提高幼儿动作的灵敏性和协调能力,发展耐力素质等。

#### (一) 目标

1. 学前时期的幼儿不断提高各种攀、钻、爬的基本动作能力,不断增加此类各种动作的运用难度,从而发展幼儿的灵敏性、灵活性、协调能力、柔韧性及各部位的力量等身体素质。

2. 在各种游戏活动中,使大班幼儿在攀、钻、爬的技能得以掌握和巩固。增强其上肢力量,上下肢的协调配合,腹部力量及小朋友间的协作能力等。

3. 学会几种攀、钻、爬的游戏,有独立游戏的能力。

#### (二) 攀、钻、爬的特点和基本要求

##### 1. 攀

攀的动作主要包括攀登及攀爬。攀登强调下肢力量的运用,如攀登楼梯、攀登山坡等,上肢更多地起到辅助作用。幼儿攀登的活动多在各种环境中进行,结合一定的坡度,练习幼儿攀登的速度及身体的灵活性。

攀爬活动则强调全身动作的协同运动,促进身体力量的均衡发展,如攀爬肋木、攀爬绳网等。攀爬的活动不但可借助各种中、大型器材,也可通过人为设置进行各种活动的开展。例如:运用跳箱、木台、椅子、轮胎、梯子、长木板等进行组合,形成高低错落的障碍物进行练习。攀爬的活动具有一定的挑战性和危险性,因此教师在组织此类活动时,需要有目的地进行观察、辅助与保护。

### 2. 钻

钻的动作主要包括正面钻和侧面钻。

正面钻：此动作在钻过时，以正面向前，头先钻过障碍物，再通过身体和腿的方式进行。根据不同的区域空间大小，选择屈膝弯腰钻和全蹲钻。发展幼儿的空间知觉。例如，在一根长绳下钻、钻过呼啦圈、桌子下面钻等。

侧面钻：此动作强调身体侧向钻过。动作要领：一腿先通过障碍物，再通过头和躯体，最后通过另一条腿，主要用于较小空间进行的动作。例如：钻过一定高度的呼啦圈、钻过绳网等。

### 3. 爬

爬行的动作强调上肢与下肢之间各关节的相互协调配合。上肢：肩、肘、手等；下肢：膝、脚等。形成各种组合进行爬行。爬的动作主要包括：（1）手膝着地爬（又称宝宝爬）；（2）并手并膝爬（又称毛毛虫爬，双手同进，接双膝同进向前爬）；（3）手脚着地爬（又称猴子爬，包括向前、向后、侧向并步、侧身交叉、原地旋转等动作）；（4）肘膝着地爬（又称蜗牛爬）；（5）正向及侧向匍匐爬（又称军人爬）；（6）仰身手（肩）脚着地的爬行（又称蜘蛛爬）；（7）两人及多人协同爬行等多种动作及动作技能。

### （三）各年龄段攀、钻、爬练习的主要内容

小班：攀登肋木；攀登较低的攀登设备等。

　　　正面钻；钻过小山洞。

　　　钻爬过低矮障碍物；倒退爬等。

中班：在各种类型的攀登设备上自由攀登和攀爬等。

　　　钻过长长的小山洞；侧面钻等。

　　　猴子爬；肘膝着地爬等。

大班：在攀登设备上完成各种手的交替、脚的交替等动作；攀登滑梯的斜坡、攀爬竹竿、绳索等。

　　　在各种障碍物下灵活地运用各种钻的动作等。

　　　各种爬行的动作。

## 二、运动实践部分——攀、钻、爬的教育

### （一）攀、钻、爬基本动作

**动作 1  攀爬障碍物**

以跳箱、木台等高结构器材或以椅子、轮胎等组合器材为障碍物进行练习。

**动作要领**  在攀爬障碍物时，一般采用双手抓握或按压器材等动作，一脚先蹬上一定的高度，手脚同时用力，使身体重心得以提高。如图 4－94。

（此动作强调幼儿上下肢协调能力及力量的发展。）

**动作 2  攀登肋木（梯子）**

动作内容一般包括：同侧并步攀，左右交替攀。

小班幼儿更多采用前种方法；大班幼儿强调后一种能力的发展。

**动作要领**  一手握住高处肋木，一脚蹬上肋木；接着，另一手、脚超越前面的手脚向上攀爬，如此反复交替。如图 4－95。

（此动作强调幼儿上下肢协调能力及力量的发展。）

**动作 3  攀爬绳索**

**建议**  大班幼儿在攀爬绳索时，以斜坡度不小于 45 度，绳长 3 米左右为宜。

**动作要领**  双手前后握住绳索，两脚前后蹬地，上身前屈，躯干与下肢呈 45 度，手脚同时用力，交替向上。如图 4－96。

（此动作强调幼儿上下肢协调能力及力量的发展。）

图 4-94　　　　　　　　图 4-95　　　　　　　　图 4-96

**动作 4　悬垂**

**建议**　悬垂方法一般包括两种：一种为正握悬垂，一种为反握悬垂。

**动作要领**　正握悬垂：掌心向前，拇指与其余四指相对呈钳状，握杠，两臂伸直，两腿并拢，头部端正，身体自然放松。

反握悬垂：两手掌心向后，动作同上。如图 4-97。

此动作是各种攀爬动作的基础，可结合下肢进行各种动作的练习。

例如：四肢挂吊单杠等。

（此动作强调幼儿上肢力量的发展。）

图 4-97　　　　　　　　图 4-98　　　　　　　　图 4-99

**动作 5　正面钻**

**动作要领**　身体正面朝向障碍物，屈膝弯腰，一腿支撑，另一腿和头钻过障碍物，积极向前，使身体整体钻过。如图 4-98。

（此动作强调幼儿身体灵活性的发展。）

**动作 6　侧面钻**

**动作要领**　身体侧向站于障碍物前；前脚穿过障碍物，同时弯腰、低头、下蹲，使身体重心从一侧移向另一侧。躯体整体钻过障碍物后，收回后脚。如图 4-99。

（此动作强调幼儿身体灵活性的发展。）

**动作 7　手膝着地爬**

**动作要领**　手、膝着地,左(右)手和右(左)膝及小腿协调配合用力向前爬行。头稍抬起,眼视前方,强调异侧手膝的同步向前。如图 4－100。

（此动作强调幼儿上、下肢协调能力的发展。）

**动作 8　并手并膝爬（毛毛虫爬）**

**动作要领**　身体呈跪,两手相并于体前,双膝双并;爬行时,双手同时向前支撑,收腹,双膝同时向双手并拢,再次双手同时向前支撑。如此反复。如图 4－101。

（此动作强调幼儿上肢及腹背部力量的发展。）

图 4－100　　　　　　　图 4－101　　　　　　　图 4－102

**动作 9　肘膝着地爬（蜗牛爬）**

**动作要领**　身体呈跪,双臂屈肘,双肘着地,两前臂置于头侧;爬行时,肘膝异侧同步向前移动,腰部随肘膝的移动进行左右摆动。如此反复,向前爬行。如图 4－102。

（此动作强调幼儿协调能力及腰侧力量的发展。）

**动作 10　手脚着地爬（猴子爬）**

**动作要领**　双手、双脚着地,头抬起。一般采用异侧手脚同步动作,也可运用同手同脚同步动作提高难度。爬行时,可采用向前、向后、原地转圈、侧向等方式。侧向爬可分为并脚侧向及交叉脚侧向爬。在此基础之上,亦可增加直腿爬进一步提高难度。如图 4－103。

（此动作强调幼儿协调性、灵活性及对身体的控制的能力。）

图 4－103　　　　　　　图 4－104　　　　　　　图 4－105

**动作 11　匍匐爬（军人爬）**

**建议**　匍匐爬一般包括正向匍匐及侧向匍匐,大班幼儿开始练习此动作,主要为正向匍匐。

**动作要领**　身体正面匍匐于地面,双臂屈于胸前,前臂支撑起上体,抬头;爬行时,运用两前臂依次向前扒地,结合异侧膝及小腿的屈蹬向前爬行。行进过程中臀部始终不抬起。如图 4－104。

（此动作强调幼儿上下肢协调能力,肩背及腰部力量的发展。）

**动作 12　仰身爬（蜘蛛爬）**

**动作要领**　头朝向终点,仰面朝上,双手及双脚着地,指尖朝侧前方,双膝弯曲,仰撑于地面,臀部不着地。一般采用同侧手脚同步配合行进。仰身爬也可采用双肩着地,结合双脚进行爬行。如图 4－105。

（此动作强调幼儿协调能力、平衡能力及腹背部力量的发展。）

图 4 - 106

**动作 13** 多人协同爬（千足虫爬）

**建议** 两名或多名幼儿协同进行，每人都以跪膝爬的方式前后相互连接。

**动作要领** 最前面的幼儿跪于地面，双手支撑于体前，两踝关节绷直，后面幼儿两手分握于前面幼儿的踝关节处，协同向前。如图 4 - 106。

（此动作强调幼儿协调能力及合作能力的发展。）

### 你知道吗？

幼儿体育活动中的游戏性具体表现在哪些方面？

1. 模仿性：对于各种事物的模仿，如模仿动物类、植物类、人物类、自然现象类、社会现象类、社会事物类、社会文化类等。具体的内容如：小兔跳、猴子爬；小花朵、大柳树；老爷爷；解放军；春风、下雪；问候、抓小偷；电风扇、小汽车；卡通人物、童话故事等。以切合幼儿的年龄与认知特点。

2. 情境性、情景性：在体育游戏中常以主题性故事情节贯穿整个活动，以幼儿的装扮角色通过运动不断展开；同时借助各种道具、玩具、器材及场景的设置，激发幼儿的兴趣。

3. 探索性：体育游戏强调幼儿通过亲身实践来发现各种游戏的方法，或创造出各种新颖的玩法，从而使活动更具自主性、积极性和创造性。

4. 规则性：体育游戏常以规则进行展开，强调幼儿的体育活动符合一定的要求，并共同遵守。

5. 社会性：体育游戏强调幼儿与幼儿间、幼儿与成人之间的交流与互动。在游戏中主要通过两人间、多人间、小组内、集体中等组织形式，达到相互协同，相互配合，角色互补，进行交流。

6. 竞赛性：体育游戏强调在激烈、紧张又充满欢快与友好的氛围中展开。以提高幼儿活动的积极性，使幼儿在参与身体活动时更加努力和投入，注意力更为集中。

### （二）攀、钻、爬游戏

**游戏 1** 有趣的梯子

**目标**

1. 结合梯子通过各种攀爬类的游戏，提高幼儿身体的协调能力。
2. 加强幼儿上下肢力量的发展。

**准备**

长竹梯两根；轮胎若干个；保护垫若干。

**玩法**

**第一步游戏** 如图 4 - 107 所示，用 2～3 个轮胎间隔一定距离平均放置，上面平放长竹梯。幼儿在教师的带领下，分成两组，依次在水平的竹梯上以猴子爬的方式进行爬行。也可把两根竹梯按一定的路线进行组合排放。例如：直线、折线、交叉等。

**第二步游戏** 如图 4 - 108 所示，把 3～4 个轮胎上下叠起，两根竹梯分别把一头架于轮胎上，另一头用保护垫固定。幼儿在教师的带领下，在斜梯上由下至上，再由上至下用猴子爬的方式爬行。

图 4 - 107

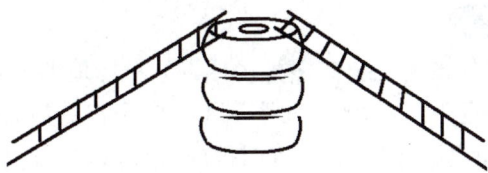

图 4 - 108

**第三步游戏**　组织同上；幼儿从竹梯的反面进行攀爬，借助手的抓握及脚的蹬力，由下向上攀爬。（保护垫放于竹梯之下）

**第四步游戏**　如图 4 - 109 所示，教师把竹梯垂直放置，结合轮胎进行固定，幼儿可以从竹梯的两侧向上爬行，也可以从轮胎上向上攀爬。（保护垫放于竹梯之下。）

**建议**

由于器材的制约，攀爬在幼儿教学活动中的运用非常少，但攀爬性活动是幼儿非常喜欢的运动方式之一，教师可结合椅子、梯子、轮胎、肋木、各种长短的木板、斜梯、垫子、绳索等进行有效设计。

图 4 - 109

**游戏 2**　锁铁锁

**目标**

通过各种集体钻的游戏，提高幼儿身体的灵活性，培养同伴间的合作意识。

**玩法**

**第一步游戏**　教师把幼儿分成人数相等的两组，呈横队站立，前后排对齐，每组幼儿左右手牵手散开。游戏开始，后面一排的幼儿放下手臂，选择最近的路线，钻过前排幼儿手臂连接起的下方，完成后，快速在前面手牵手，恢复到开始的状态，此时，后面一排的幼儿如上方法钻过。如此反复进行游戏。

视 频

锁铁锁

**第二步游戏**　关门。教师把幼儿分成人数相等的两组，每组幼儿面向圈内手牵手围成一圈，每两人间隔一臂距离，手臂水平抬起，教师在每组中任选一名幼儿做关门人。游戏开始，听到教师口令，两组幼儿的关门人同时快速跑出，按顺时针方向，依次逐个钻过每两个小朋友之间的手臂，回到自己的位置，并拍左侧旁边幼儿的手，此幼儿如上方法快速跑出，如此反复，直至每个幼儿都完成，游戏结束，看哪一组做得既快又好。

**第三步游戏**　在第二步游戏的基础之上，教师在内外圈各选一名幼儿，形成相互追逐，被追的幼儿可以随机在场地内外钻出钻进，在跑动的过程中可以随机站于任何一名幼儿的后面，此时站于前面的幼儿替代被追逐的幼儿，继续跑。若被追逐的幼儿触碰到，两人交换角色，如此反复进行游戏。

**第四步游戏**　锁铁锁。组织方法同第一步游戏，两名教师分别做两组的关门人。游戏开始，教师牵着后面幼儿的手按顺时针方向跑出，后面的每个幼儿牵着手不松开，一起跟随教师跑动，每个人都从最接近教师的两个幼儿的手臂下钻过，当所有人都钻过后，被钻的两个幼儿第一个不动，第二个向后转体 180 度，两臂交叉于胸前，被锁住；如此方法，教师带领所有幼儿，依次把后面每个幼儿都锁住；最后教师和最前面的幼儿都转体 180 度，把双手交叉于胸前，相互接起，所有人都面向圈外被锁住围成一圈。看看哪一组最先完成。

**规则**

1. 在游戏中，作为"山洞"的两人之间的手臂只能平举；不能抬得太高。
2. 在第三步游戏中，被追逐的幼儿必须双手轻拍前面幼儿的肩膀，前面幼儿才能跑出。

3. 在第一步游戏中,前排牵手的每个人之间始终不能断开。

**建议**

1. 钻的游戏方式多种多样。如果场地够大,可形成对抗性游戏,即把两个队伍排成一条直线,两队间隔一定距离,每排幼儿手牵手。听到口令后,两组排尾各执一球同时开始,依次钻过自己一组的每两人间,完成后,把球依次传回排尾,此时排尾幼儿拿到球后,再如上方法进行,如此反复,看哪一组最先完成。

2. 若要增加难度,两人之间可以从手牵手变成相互搭肩。左右横队时,每名幼儿也可以分开两脚,使空间变小。

**游戏 3　老鼠偷粮**

**目标**

通过各种集体钻的游戏,提高儿童身体的灵活性,培养同伴间的合作意识。

**准备**

沙包若干个。

**玩法**

**第一步游戏**　在教师的带领下,幼儿围成一圈,左右两人手牵手呈水平高度,教师任选两名幼儿,一个充当猫,一个充当老鼠,两者间隔一定的距离。游戏开始,猫捉老鼠,两个小朋友都必须依次逐个从每两人间的手臂下钻过。抓到后或一定时间后换两人继续。

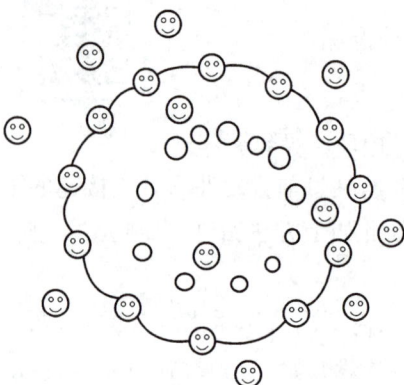

图 4-110

**第二步游戏**　如图 4-110 所示,把幼儿分成人数相等的两组;一组幼儿围成一圈,左右两人手牵手成水平高度,充当粮囤;圈内放至若干沙包充当粮食;教师在另一组幼儿中任选 2~3 人充当猫,站于圈内,保护粮食。其他幼儿充当老鼠站于圈外。游戏开始,老鼠可以选择从圈的任何地方两人间钻入,去偷粮食,并快速地把粮食偷出圈外,同时避免被猫捉住。猫只能于圈内活动,不能跑出圈外,尽可能地保护粮食。一定时间后,游戏结束,看看老鼠偷出了多少粮食,猫又能捉住多少老鼠。教师安排充当粮囤者与充当猫和老鼠者互换角色,游戏再次开始。

**规则**

1. 在第一步游戏中,猫和老鼠都必须依次逐个钻过两人间的手臂,违者判为失败。

2. 在游戏中,猫只要触碰到老鼠就算捉住。

**建议**

1. 此游戏的难易度在于粮食摆放的位置,粮食越靠近圈心,难度越大,教师注意粮食位置的调节。

2. 被抓到的老鼠,可以变成猫,也可以变成粮囤,尽可能保障每个幼儿充当各种角色参与到游戏中。

**游戏 4　搭门洞**

**目标**

通过各种集体钻的游戏,提高幼儿身体的灵活性,培养同伴间的合作意识。

**玩法**

**第一步游戏**　两个幼儿面对面站立,双手相互架起,形成门洞;其他幼儿排成一路纵队,依次从门洞中钻过。在此基础之上,如图 4-111 所示,不断增加门洞的数量,并按 S 形或圆形等的组织方式排列,其他幼儿依次从每个搭起的门洞下钻过。在此基础之上,如图所示把S形的门洞相互连接在一起,排成一条直线。其他幼儿在长长的门洞下穿过。

**第二步游戏** 在教师的带领下,把所有幼儿按图4-112的方式组织,并确定排头与排尾。游戏开始,听到教师口令后,排尾的两个搭门洞的幼儿,从长门洞中钻过,直至排头,并快速在排头的位置上再次搭起门洞;按此方法,一旦成为排尾的两个幼儿就按如上方法操作;形成一个跟着一个钻,并不断加长排头门洞,使整个队伍向前移动。当整个队伍回复到最开始的队形时,游戏结束。

图4-111

图4-112

**第三步游戏** 教师把幼儿分成两组,按第二步游戏的方法进行对抗游戏。并要求按如上方法重复两次,即每个幼儿必须钻两次的方式完成。看看哪一组完成得既快又好。

**规则**

在第三步游戏中,哪组门洞不能正常搭起,判为失败。

**建议**

1. 此游戏对于大班幼儿具有一定的挑战性,教师在进行对抗游戏前应反复练习。

2. 此游戏又称"懒蛇蜕皮",由于队伍要不断向前移动,教师在组织时,应考虑到向前移动的空间距离。

3. 搭门洞的方式多种多样,两人面对面时,可以通过不同的体位,形成大小不同的门洞。教师应根据幼儿完成情况进行选择。

**游戏5 钻圈圈**

**目标**

通过各种集体钻的游戏,提高幼儿身体的灵活性以及快速反应的能力。

**准备**

大呼啦圈若干。

**玩法**

**第一步游戏** 在教师的带领下,把幼儿分成人数相等的甲乙两组,甲组幼儿每人手执一呼啦圈,间隔1米左右距离成纵队排列,如图4-113所示,呼啦圈全部垂直放置,面向乙组,执圈者站于圈外侧,乙组面向呼啦圈,成一路纵队。游戏开始,乙组幼儿依次逐个以正面钻的方式钻过每个呼啦圈。

**第二步游戏** 组织方法同上,甲组幼儿把呼啦圈转动90度,侧向面对乙组,乙组幼儿依次逐个以S形跑动,用侧面钻的方式钻过每个呼啦圈。

**第三步游戏** 组织方法同上。游戏开始,甲组结合第一及第二步游戏,任意选择一种摆放的方式,乙组以正面钻及侧面钻的方式钻过。完成后,游戏交换角色。

**第四步游戏** 钻圈接力,两组幼儿如图4-114所示,成两路纵队,站于起跑线上。每组正前方每隔2米处,在地面平放一呼啦圈,共三个。游戏开始,两组排头听到教师口令后,快速跑出,拿起呼啦圈,用各种方法逐个钻过,跑回起点。第二个幼儿跑出,如此反复,看哪一组最先完成。

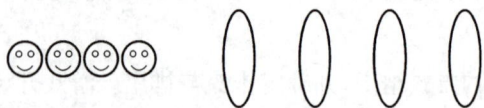

图 4 - 113

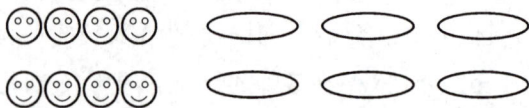

图 4 - 114

### 规则

在第四步游戏中,被拿起的呼啦圈必须放回原位。

### 建议

1. 在第一、二、三步游戏中,执圈幼儿都可以适当增加圈的高度,也可以彼此抬起不同高度,以增加难度。

2. 在第四步游戏中,教师可在呼啦圈外,再画一个圈,帮助幼儿确定放圈的位置。幼儿钻时可从上向下套过,也可从下向上套过。

3. 呼啦圈形成钻的游戏非常多,可参考一物多玩中的呼啦圈游戏。

### 游戏6 乌龟爬爬

视 频

乌龟爬爬

### 目标

通过跪膝爬的各种集体游戏,提高幼儿身体的灵活性、协调能力及快速反应的能力。

### 准备

可供幼儿爬行的场地;呼啦圈一个。

### 玩法

第一步游戏 在教师的带领下,幼儿在场地里以跪膝爬的方式扮演"小乌龟"进行自由爬行,听到教师说"狼来了"时,"小乌龟"们快速把头、脚团缩起来,即从爬行姿势快速变成蹲(团身、低头、双手抱膝)的姿势。看看谁的反应快,游戏反复进行。

第二步游戏 在一较大的方形场地内,幼儿扮演"乌龟"进行自由爬行。教师任选出一名幼儿扮演大灰狼。游戏开始:"大灰狼"手拿呼啦圈,以双脚跳的方式去套"小乌龟","小乌龟"可以采用蹲的姿势进行自我保护,避免被捉;如果没能自我保护,被套住,则要求"小乌龟"侧向滚动一圈,以示被捉。角色互换,游戏继续。

### 规则

1. 在第二步游戏中,"小乌龟"不得爬出要求的场地。

2. 当"大灰狼"不在身边时,不得一直蹲着不动。

3. "小乌龟"注意不要相互碰撞。

### 建议

1. 此游戏运动量较大,教师注意时间的控制。

2. 跪膝爬的游戏创编,可以模仿各种跑的游戏进行设计,例如模仿本书中"跑步教案1"中的"快速起动"亦可变为爬行方式来进行,如听口令快速转身爬、追逐爬(两人面对面相隔1米猜拳,决出胜负,胜者追,负者逃)。也可把钻的各种游戏改编成爬行的游戏进行,等等。

### 游戏7 猴子抢果子

### 目标

通过手脚着地爬的各种游戏,提高幼儿身体的灵活性、协调能力及快速反应的能力。

### 准备

可供幼儿爬行的场地;小沙包若干。

**玩法**

**第一步游戏**　在教师的带领下,幼儿随机站于场地内。每人都以手脚着地爬的姿势做准备,左右、前后保持一定的距离。游戏开始,听从教师口令,教师要求"向前爬""倒退爬""侧向爬""原地转圈爬"等要求。幼儿依据口令完成各种动作。

**第二步游戏**　在教师的带领下,把幼儿分成两组,排成两路纵队,起点至终点 10 米左右。每组排头以手脚着地爬的方式做好准备,同时背上放一沙包。游戏开始,听到教师口令后,排头背着沙包爬向终点,再由终点返回起点,把沙包交于第二个幼儿。如此反复,最先完成的一组为胜方。

**第三步游戏**　把幼儿分成四人一组,每组发五个沙包(充当水果),在地面上画一直径为 1 米左右的圈,把沙包散放在圈内,同时任选一名幼儿充当猴子,用手脚着地爬的姿势,待于圈内,保护自己的"水果",同时不能离开这个圈子;其他三名幼儿也以手脚着地爬的姿势位于圈外。游戏开始,外面的三只"猴子"想办法去抢"水果",圈内的"猴子"尽可能保护自己的"水果",游戏中外圈的"猴子"被圈内的"猴子"触碰到,或者圈外的"猴子"成功抢到"水果",游戏都算结束,交换角色,游戏继续。

**规则**

在第二步游戏中,沙包在何处落下,必须在何处拾起,放好于背上才能继续爬行。

**建议**

1. 教师注意此类游戏运动量的控制。

2. 手脚着地爬的动作较快,在第三步游戏中教师应提出注意安全的要求。

**游戏 8　谁的脚印**

**目标**

结合各种自制的动物脚印进行多种动物的模仿,提高幼儿身体的灵活性及协调能力。

**准备**

大象、猴子、狮子、青蛙等的脚蹼若干。(制作方法:用剪刀在软泡沫塑料上剪出以上各种动物脚蹼的形状,并用皮筋穿于脚蹼上,便于套在手上。)

**玩法**

**第一步游戏**　教师介绍各种动物的脚蹼,并依次模仿以上动物进行各种姿势的爬。大象:同侧手脚同步向前爬;猴子:异侧手脚同步向前爬;狮子:异侧手脚同步向前爬,同时转动腰部,两手及两脚间距离较近;青蛙:两手同时向前,完成后,两脚再同时向前。幼儿跟随教师依次模仿以上动物进行练习。

**第二步游戏**　各幼儿自由选择一种脚蹼,并套于手上,模仿对应动物的动作,在场地上进行自由练习。

**第三步游戏**　在第二步游戏的基础上,每个幼儿都把脚蹼放入水中浸泡,然后在场地上自由爬行,一定时间后,教师带领幼儿分辨各种动物的脚印。完成后,相互交换脚蹼,进行练习。

**第四步游戏**　选择三种脚蹼按直线或曲线混合放在一起,平铺于地面上。幼儿游戏时,可以选择任一种脚蹼从头开始爬,四肢必须都落在同一种脚蹼上。

**建议**

1. 教师可根据需要,制作其他各种动物的脚蹼,制作时,注意大小适合幼儿进行练习。

2. 在第四步游戏中,需要教师把脚蹼有目的地进行摆放,使得每一种脚蹼之间可以形成合理间隔的连接,才能使得游戏得以顺利开展。

**游戏 9　我用身体来玩球**

**目标**

运用爬的动作结合球进行各种游戏,提高幼儿身体的灵活性及协调能力。

**准备**

小皮球若干;健身球若干。

**玩法**

**游戏方法一** 如图4-115所示,幼儿以跪膝爬的方式进行,把小皮球放在自己的身体下面,即手臂与大腿之间进行控制,向前爬行。

图4-115

图4-116

**游戏方法二** 如图4-116所示,幼儿以跪膝爬的方式进行,把健身球放在身体的前面,用头去顶球,向前爬行,过程中不得用手触球。游戏既可以对球进行控制,边爬边顶;也可以用于顶远传球的游戏。(小球也可进行。)

**游戏方法三** 如图4-117所示,幼儿以仰身爬的方式进行,把小皮球放在大小腿之间进行爬行,手臂向身后支撑,臀部坐于地面,双腿控制球,依靠腹部及膝关节的伸缩使身体向后移动,同时用双腿带动球或用双脚夹住球爬行。

图4-117

图4-118

**游戏方法四** 如图4-118所示,幼儿以仰身爬的方式进行,把小皮球放于腹部上,进行身体的移动。四肢可以控制各种方向,可以向后,也可以向前,可以原动进行转动等,保持球不掉下来。

**建议**

1. 以上四种游戏方法,均可放入爬行类游戏之中进行集体游戏,如带球接力、花样控球(即把如上多种方法进行综合运用的集体游戏)。

2. 此类游戏速度较慢,在组织时应考虑更多人同时参与。

**? 你知道吗?**

学前儿童各年龄阶段体育游戏的特点是什么?

1. 小班:小班幼儿无论在耐力、力量、身体的基本活动能力、动作的协调能力、灵活性、平衡能力,还是在自我控制能力、注意力等方面与其他年龄段相比较,都有着明显的差异和不足。小班幼儿喜欢模仿,对游戏的情节、角色容易发生兴趣。在游戏中通常运用幼儿熟悉的角色,通过具体的情节来进行,情节简单,角色不多,主要角色由教师担任。幼儿对游戏的结果不太注意,没有较强的胜负意识,所以游戏结束后,基本为皆大欢喜。

2. 中班：中班幼儿无论在体能上、空间知觉上，还是在社会性上都有了明显的发展。注意力较集中，具有一定的自我控制能力，初步学会了与同伴合作，集体观念有所增强。因此，中班幼儿游戏内容开始复杂，幼儿喜欢情节较复杂的游戏和运动量较大的游戏，同时也增加了一些无情节的游戏；游戏的规则较严格，出现了两人以上或小组的合作性游戏。幼儿对游戏结果开始有所注意，喜欢自己能获胜。

3. 大班：大班幼儿的体能较中班而言有了更大的提高，动作更加灵敏、协调。随着知识范围的扩大，理解能力、社会性能力、活动能力和身体素质的增强，大班体育游戏的动作难度进一步增大，幼儿表现出更强的竞赛意识，动作难度增大，动作增多，内容更为丰富。游戏的规则性较复杂，合作性游戏增多，幼儿更加在意游戏的结果，喜欢有一定胜负的游戏。

## （三）钻、爬教案

**教案1　摆个造型你钻钻**

**活动目标：**

1. 通过各种集体性游戏，结合幼儿的创造性，增强幼儿钻、爬以及身体协调、平衡的能力。

2. 体验游戏的乐趣，提高幼儿的合作意识。

**活动过程：**

**1. 开始部分**（4分钟）

幼儿随机站于场地，听从教师口令，进行各种内容的队列练习。

练习内容：原地踏步、向上跳，转圈、下蹲、起定、单脚独立、快快离开老师、跑回来、我们都是木头人等口令进行指挥。幼儿听从教师口令，迅速做出反应，看谁做得既快又好。

在游戏中，教师多采用身体语言进行各种动作的变换与控制。

**2. 基本部分**（23分钟）

（1）你摆我钻（6分钟）。

在教师的带领下，幼儿分成两人一组，在场地内进行自由练习。

如图4-119所示，两个幼儿，其中一个幼儿甲，双脚左右开立，双手向前着地，身体呈倒"V"字形，另一个幼儿乙，从他的身下钻爬过去。完成后，幼儿乙如上方法快速摆成倒"V"字形，幼儿甲成为钻爬者。游戏反复交替。

在练习一段时间后，教师把幼儿组织成两路横队，进行游戏的比赛，距离10米左右。看看哪一组幼儿做得又快又好。

图4-119

（2）两人合作摆造型（9分钟）。

教师把幼儿分成四人一组，要求其中两个幼儿之间用身体的各个部位相互连接在一起，并能形成可容别人钻、爬过的空间。四人间相互讨论，要求能组织、能游戏。

教师预设：如图4-120所示的各种方法。

完成后，小组间相互交流各种活动方式，教师在其中每组中选出一个较好的、可操作的方法组织集体游戏。

图4-120

游戏方式:教师带领其他所有幼儿,依次钻爬过每组的造型(注意各个造型之间距离的安排)。

(3)集体游戏:穿地道(8分钟)。

教师把幼儿分成人数相等的两组,面对面半蹲,每组左右幼儿紧紧相靠;两组对应的两个幼儿两手相握,向上举起,搭成拱门。游戏开始:从排头开始,两名幼儿以跪膝爬的方式,从搭成的拱门下爬过,完成后的幼儿再搭成拱门,一对接一对。游戏进行2～3次。

教师调整拱门的高度,幼儿全体呈蹲,方法可采用匍匐爬的方式进行。游戏进行2次。

(此游戏在进行时,教师可对幼儿的身体姿势提出各种不同的要求。在通过拱门时,可以有多种方法的选择,如钻、手脚着地爬、跪膝爬、匍匐爬等,高度不断降低。)

### 3. 结束部分(3分钟)

游戏:我们都是木头人,喊"我们都是木头人,不许说话,不许动"。

当听到"不许动"时,每个幼儿都要摆出自己的最有创意的造型。教师一起参与。注意时间的控制,一定时间后,幼儿如能坚持,教师可选择结束这轮游戏。若有失败者,即给予小小的惩罚,如"挠痒痒"。最后在笑声中结束本次教学。

### 教案2 小蝴蝶找朋友

**活动目标:**

1. 结合情境进行各种游戏,提高幼儿钻的能力及身体的协调性。
2. 在游戏中体验活动的乐趣。

**活动准备:**

花环(用彩条等材料缠绕在呼啦圈上)若干;木棒两根。

**活动过程:**

### 1. 开始部分(7分钟)

(1)热身运动。

在教师的带领下,幼儿自由跟随教师,如蝴蝶一般慢慢跑入场地。

动作要领:双脚前脚掌着地,小步向前跑动。在跑动中,身体或向上伸展,或向上屈体,或侧向转动,或原地旋转。手臂跟随身体,向上抬高,或向下压低,或一高一低,协调配合。

(2)找朋友。

幼儿围成一个圈,教师选出1/3的人,站于圈内,大家一起拍手,一起唱《找朋友》这首歌,圈内的小朋友一边跳,一边找自己的好朋友,交换位置后,游戏继续。

(交换位置时,也可两个幼儿单手相牵,外圈幼儿抬高手臂,内圈幼儿从手臂下钻过,交换位置。)

歌词:找呀找呀找朋友,找到一个好朋友,敬个礼呀,握握手,你是我的好朋友。再见!

教师参与其中,并进行时间的控制。

### 2. 基本部分(19分钟)

(1)我们变成一棵树(8分钟)。

教师手执两根木棒,高高举起,站于中间,所有幼儿都以教师为中心,紧紧围抱在一起,变成一棵大树。教师要求其中的几个幼儿变成"蝴蝶",开始围绕着"大树"慢慢地飞,"蝴蝶"变得越来越多,最后,所有幼儿都变成"蝴蝶",围着老师飞旋。

教师把两根木棒平举,幼儿都从两根木棒下飞过。木棒越来越低,幼儿不断变换身体姿势,从木棒下钻过。教师不断降低木棒的高度,最后把木棒一头放于地面上。幼儿调整身体姿势,依次钻过障碍。一定时间后,放松,调整。

教师注意幼儿前后通过障碍的次序,强调相互礼让,才会有好朋友。

(2)一群蝴蝶飞过来(5分钟)。

游戏方法:教师把幼儿分成两组。每组小朋友前后手牵着手。教师依然充当"大树",两手各拿一个花环。幼儿以集体钻过的方式通过花环。要求手与手之间不能断开,前后小朋友要相互照顾,一个一个钻过花环,并集体围绕着教师转动。游戏反复进行。教师不断调整花环的高度。

在游戏中,强调幼儿动作不要太快。两人间的手不能松开。

(3) 蝴蝶传花环(6分钟)。

教师把幼儿分成人数相等的两组,呈两列横队排列,左右幼儿间隔一臂距离。第一个幼儿把花环放于地面,一只脚在圈内,靠近第二个幼儿的一只脚在圈外。游戏开始,两只脚不能动,幼儿用手提起呼啦圈,把身体从圈内钻过,从一侧脚套向另一侧脚,完成后,拿出呼啦圈,交于第二个幼儿,如此反复,看看哪一组幼儿最快完成。游戏进行 2~3 次。

### 3. 结束部分(4分钟)

教师带领幼儿围成一圈,以准备活动中"找朋友"游戏的方式,再次进行游戏,并要求幼儿找不同于上次的好朋友进行游戏。教师注意时间的控制。

### 教案3 | 小刺猬的收获

**活动目标:**

1. 结合情境进行各种游戏,提高幼儿快速爬行的能力、身体的侧身滚动及集体意识;

2. 在游戏中体验快乐。

**活动准备:**

大垫子四张;呼啦圈(两人一个);粘有双面胶的较大水果纸片若干;可爬行的场地。

**活动过程:**

### 1. 开始部分(6分钟)

(1) 教师带领幼儿走入场地,从慢走到快走,再由快走到慢走,进行变换,幼儿跟随教师。

(2) 地面操。

① 上肢运动:教师要求每个幼儿仰卧,躺于地面,双手平放于地面,向上伸展,使身体呈一直线;手臂垂直地面伸展,与身体呈 90 度角;两臂展开,身体呈"十"字。反复练习。

② 下肢运动:双脚在空中行走,幅度由小到大,速度由慢到快。反复练习。

③ 腰部运动:收紧双腿,呈团身,伸展肢体,呈平卧,再次团身,反复练习;幼儿身体呈平卧,用双手触碰双脚尖,反复练习。

④ 后踢腿运动:幼儿身体从仰卧到俯卧,两只小腿有节奏地依次后折踢起,再到双腿同时向后踢起。反复练习。

### 2. 基本部分(21分钟)

(1) 碰上好朋友(4分钟)。

幼儿在教师规定的场地内,以跪膝爬的方式自由爬行,在遇到小伙伴时,要求两人用头相互轻轻地碰一下。(练习幼儿在爬行中的观察能力。)

(2) 爬行抢圈(10分钟)。

教师把幼儿分成两组,呈横队排列,间隔 5 米处,对应每个幼儿放一呼啦圈。游戏开始,听到教师口令后,第一组幼儿先以爬行的方式快速爬向呼啦圈,看谁最先到达,并站于圈内。完成后,第一组退出,换第二组进行。

第二组完成后,教师把呼啦圈减少两个。游戏开始:第一组幼儿快速爬向目标,没有抢到呼啦圈的幼儿,要求找个好朋友,两人站在一个呼啦圈内。完成后,第一组在圈内不动。第二组开始,当第二组到达终点后,同样找个好朋友,一起站于圈内。

教师不断减少呼啦圈的数量,看看幼儿如何按教师要求完成游戏。教师注意幼儿每次游戏间的调整。

呼啦圈可不断减少,让一个圈内的幼儿不断增多。

(3) 采果果(7分钟)。

把幼儿分成两组,呈两列纵队站立。每组正前方 5 米处,放两个大垫子,垫子上放有 2~3 个大的水果纸片。游戏开始,排头幼儿从起点处爬向垫子,在垫子前调整身体姿势,用各种滚动的方式,把垫子上的水果纸片粘在自己的身上,再爬回起点。如此反复,依次轮换。看看最后谁身上的纸片粘得最多。

教师注意幼儿前后距离的保持。

3. 结束部分(3分钟)

(1)仰天大笑:教师要求大家一起大笑,笑时身体向后躯,双手叉腰,一定时间后,要求停止。重复游戏。帮助幼儿调整呼吸,并放松四肢。

(2)师生一起归放器材。

## ❓ 你知道吗?

体育游戏编写程序有哪些内容?

1. 名称:要求简单、扼要,点明主题。

2. 年龄:标明适宜的年龄段。

3. 人数:适合多少人参与。

4. 目的:体育游戏存在哪些方面的发展价值。

5. 游戏步骤与方法:组织方法和操作步骤。

6. 规则:保证体育游戏顺利进行的必要条件。

7. 建议:教师组织中应注意的问题,及游戏可能存在的变化。

8. 示意图:在图中标明活动场地的大小、距离、材料设置的位置、幼儿组织的队形、运动路线等。

## 思考与练习

1. 走步动作练习中,哪些动作有利于平衡能力的发展?

2. 跑步动作练习中,哪些动作有利于幼儿灵敏性的发展?

3. 跳跃动作练习中,哪些动作有利于幼儿下肢协调能力的发展?

4. 掷准动作练习中,设计何种目标物更容易引发幼儿的兴趣?

5. 请分析攀爬动作练习的发展价值有哪些。

6. 选择某一动作进行幼儿体育游戏的创编。

7. 按照各种基本动作及基本动作技能进行集体练习。

8. 从教材中选择一定的游戏进行集体活动的开展。

9. 在实习中,理解不同年龄段幼儿体育游戏的组织方法。

# 第五章　球类教育

## 第一节　球类教育基本知识简介

　　球类活动是幼儿常见的身体运动方式,也是专项动作技能的获得的主要途径。大多数球类活动既可单独进行也可集体进行,同时具有一定的娱乐性、挑战性,因此备受幼儿的喜爱。球类的教育对于发展幼儿四肢力量、关节的柔韧性,提高视觉运动能力以及动作的灵敏性、协调能力和准确性等方面都具有很好的锻炼价值,是幼儿基本运动能力的综合反映。

### 一、目标

　　幼儿初步了解和掌握若干球类活动的基础技能,逐步增强球感,较协调地用手或脚对球进行控制,从而提高幼儿身体的灵活性及全身各部位的综合发展。

　　在基本技能的基础之上,不断拓展若干球类项目同伴交互的技能与技巧,从而增强社会的合作能力与社会意识。

　　培养幼儿对球类运动的兴趣,在各种活动中使幼儿的各种球类的技术能力得以运用和巩固,培养终身体育的能力与习惯。

### 二、球类活动的方式和主要项目

　　球类的活动形式多种多样,主要依靠身体中的手、脚、头、口等部位对球进行控制,因此可以进行滚、抛、掷、拍、接、运、踢、击、吹、托、顶等活动方式。

　　活动主要的项目有足球、篮球、气排球、垒球、实心球、气球、乒乓球、高尔夫球、曲棍球、橄榄球、软式网球、棒球、壁球、板球、保龄球、台球、门球、木球、藤球、珍珠球等。

### 三、各年龄段球类练习的主要内容

　　小班:各种姿势的滚球、抛球、拍球;用手或脚控制地面上的球;用手控制气球。

中班：抛接球；双手交替拍球；移动拍球；投球；脚踢球；用单、双手控制小皮球。

大班：两人间的抛接球；移动拍控球；双手拍两球；一定距离的投球；脚踢球和停球；用脚控制地面上的皮球；结合身体的各种动作控制小皮球。

## 四、球类活动的基本内容、特点和基本要求

球类的活动在幼儿园中的开展形式多种多样，从其目的性来看，主要是借助专项运动项目的开展，提高幼儿的运动兴趣，不断促进幼儿身体综合能力的发展，从而达到锻炼身体的目的。另一方面，不断提高专项运动技能，培养基本的专项运动能力，使之为终身体育的发展打下扎实的基础。同时，球类项目中，涉及许多科学的身体练习的方式与方法，也是幼儿园可以借鉴的内容。球类活动在幼儿园体育活动开展中主要是以基本的篮球技术和基本的足球技术为主，其他许多球类的动作技能在根本上与这两个项目相类似。不论何种动作技能，在学习与练习的过程中都应循序渐进，对于不同年龄段的要求在同一技术上以螺旋上升的方式不断增加技术难度。下面就以这两个运动项目为例进行分析：

### （一）幼儿篮球主要技术动作

幼儿篮球技术主要有拍球、拍球移动、投篮、传球、接球、控制球等。

#### 1. 拍球练习

手的练习可以进行单手拍球、双手交替拍球、双手同步拍两球、双手交替拍球等。

不同体位的练习可以从站立拍球到半蹲、全蹲、坐、跪、躺等；这种不同体位的拍球，也可结合球的高低位进行练习。

不同方位的练习可以形成原地不同方向的变化，向左、向右、向后转体、原动转圈等。

不同节奏的拍球练习可以形成单、双手快速拍球；也可形成单、双手慢拍球。

结合身体的练习可以形成体侧拍球、体前拍球、身后拍球、拍球过胯、胯下拍球、双手交替反弹拍球等。

#### 2. 拍球移动练习

拍球移动可以进行拍球定向移动、拍球往返跑动、拍球变向移动、拍球跑圈、拍球侧向移动、拍球后退等，在这些移动过程中可以结合单、双手进行练习。双手交替时，注意身体重心的移动。

#### 3. 投篮练习

投篮练习可借助各种投掷的动作完成，如双手肩下投篮、双手肩上投篮、双手胸前投篮、单手肩上投篮等。随年龄和技术的增长，不断增加投篮的距离。开始练习时，也可以用一定大小放于地面上的筐代替篮筐，以增加幼儿投篮的兴趣，降低投篮的难度。

#### 4. 传接球

可分为一定距离的双手肩下传抛球、双手肩上传球、胸前传球、单手肩上传球、单手体侧传球、单手钩传球、反弹传球等。

传接球对于幼儿的练习具有一定难度，主要控制传球距离以及不同动作的要求，如可从短距离到长距离、从基本的抛传接球到胸前传接球到反弹传接球、从原地的传接球到移动中的传接球等。

### （二）幼儿足球主要技术动作

幼儿基本足球技术主要表现在个体结合足球的控球动作、踢球、停球、掷界外球等。

#### 1. 个体结合足球的控球动作练习

控球动作主要包括原地的控制动作及跑动中的控制动作。

原地控制球动作练习可以进行双脚依次踩球练习、单、双脚拨球练习、单脚拨球转体、单脚及双脚垫球练习、用身体原地护控球练习等。

跑动中控球练习可以进行内侧脚弓控制直线跑、外侧脚控制直线跑、内外侧脚控球曲线或圆形跑、脚底拨球侧向跑动、单脚拨球变换方向跑、倒退移动、脚背控球跑等。

#### 2. 踢球动作练习

踢球动作练习主要可以进行踢远、踢准、踢高等目的。

幼儿学习踢球动作以地滚球为主,主要学习脚弓推球。在学习过程中,注意左右脚同步要求;有一定能力的幼儿学习踢高空球的动作,以脚背踢球练习为主。正脚背踢球可以从幼儿双手执球,抛起后,用脚背把球踢高练习开始。踢准包括传球与射门,以静态球练习为主,有一定能力的幼儿学习动态传球与射门。

### 3. 停球动作练习

停球动作对于幼儿具有较大的难度。一般从原地停球逐步过渡到跑动中停球的动作练习。主要包括双脚内侧脚停球、踩停球、脚弓停球等。

### 4. 双手掷界外球动作练习

在幼儿园中,可以把双手掷界外球,作为投掷动作的练习内容。掷界外球时,双手执球于脑后,掷出时,双脚不离地,双手快速把球从脑后向前抛出。动作要求一次性完成。

## 第二节  运动实践部分——球类的教育

### 一、篮球的基本动作教法

**动作 1** **单手托控球**

**动作要领** 身体直立,单手掌托住球,不断变换球与身体的位置。例如:球放于体侧,向上、向下快速托举、放下,反复进行;把球放于体前,然后向上、向下快速托放,反复进行;把球平举,向左右移摆,反复进行;把球向上托起不动,原地转动身体等。如图5-1。

(此动作强调幼儿手对球的控制能力及球性的发展。)

**动作 2** **单手拨控球**

**动作要领** 把球放于地面,身体前屈,用一只手拨控皮球,可在原地把球向前、向后、向左、向右、转圈拨动;也可在身体的移动中把球向各个方位进行拨动。如图5-2。

(此动作强调幼儿单手控球能力及球性的发展。)

图 5-1                     图 5-2                     图 5-3

**动作 3** **双手拨控球**

**动作要领** 把球放于地面,身体前屈,两脚左右开立,用双手在体前左右拨控皮球,并不断增大拨传球间的距离;身体呈弓步姿势,在胯下用两手进行拨传球;身段呈蹲,在身后进行拨传球等方法。如图5-3。

(此动作强调幼儿两手间协调配合能力及球性的发展。)

**动作 4　胯下传接球**

**动作要领**　单手执球,身体呈弓步,双手在胯下传接皮球,也可以把球绕弓步的前腿进行传接;双脚左右大幅度地开立,双手在胯下,进行皮球传接,可从前向后经胯下进行传接,也可把球从身后向前经胯下进行传接。如图 5-4。

(此动作强调幼儿双手间绕障碍协调配合能力及球性的发展。)

图 5-4　　　　　　　　　图 5-5　　　　　　　　　图 5-6

**动作 5　两手间交替抛接球**

**动作要领**　身体呈直立,两脚左右开立,单手执球于体前,把球轻轻垂直抛起于体前,用另一只手接住。如此反复,不断增大抛起的高度。在此基础之上,可把球向身体外侧移动,单手抛起皮球,呈弧线落于另一只手,并不断增大两手臂之间的距离。如图 5-5。

(此动作强调幼儿两手控球能力的发展。)

**动作 6　原地拍球**

**动作要领**　身体向前微屈,五指自然张开,屈伸肩、肘、腕关节,用五指及指根包住球,并有节奏地拍打,在练习过程中不断控制球下压的力量及弹起的高度,由轻到重,把握好手下压的准确性,使球垂直起落。如图 5-6。

(此动作强调幼儿控球的能力及准确节奏和力度的发展。)

**动作 7　拍球移动**

**动作要领**　幼儿在原地拍球的基础之上,有意识地进行拍球移动的练习,如向前移动、向侧移动、退后移动、拍球转圈等,练习中主要强调球与身体适当的距离和手臂力量,控制好球的方向。如图 5-7。

(此动作强调幼儿的球性及对移动物体控制能力的发展。)

**动作 8　双手交替拍球**

**动作要领**　在单手拍球动作较为熟练的基础上,强调双手交替拍球的练习。身体微向前屈,在原地依次用左、右手拍球,使球垂直起落;不断增大两手间的距离,使球呈"V"字形在两手间进行反弹起落。如图 5-8。

(此动作强调幼儿双手的协调动作并促进球性的发展。)

**动作 9　双手拍两球**

**建议**　主要包括双手同步拍两球、双手交替拍两球、拍球移动。

图 5 - 7　　　　　　　　　　图 5 - 8　　　　　　　　　　图 5 - 9

**动作要领**　双手同步拍两球：两球在身体的前侧方，两手臂同时运用臂、肘、腕、指的力量向下有节奏地屈伸，控制皮球。如图 5 - 9。

双手交替拍两球：两手运用拍球技术，依次左右拍球。

这两种技术可结合不同的力量，进行高低拍球等。

（此动作强调幼儿球性及手眼协调能力的发展。）

**动作 10　传接球**

**建议**　如图 5 - 10，幼儿在相互传接球时，注意以下方面：

1. 距离根据能力进行不断的调整。

2. 传接球时强调传球的力度和准确性。

3. 不过分强调动作。

4. 传球时可采用平传球；向上抛起的弧线传球；传向地面，使球呈"V"字形反弹传球等方法。

5. 传球中特别强调接球幼儿的快速反应，不断由被动接球到主动接球的过程。

图 5 - 10

（此动作强调幼儿的球性，控制球的能力及相互间合作能力的发展。）

## 二、足球的基本动作教法

**动作 1　踩踏球**

**动作要领**　单脚踩踏球：把球放于体前的地面上，身体呈直立，一只脚轻轻地踩踏在皮球上，另一只脚支撑在地面。双脚踩踏球，两脚同时跳起，在空中交换两腿，成开始动作，反复练习。踩踏球既可以在原地进行，也可以结合身体向不同方向的移动进行练习。如图 5 - 11。

（此动作强调幼儿下肢协调能力、球性及力量的发展。）

图 5 - 11　　　　　　图 5 - 12

**动作 2　踢球**

**动作要领**　幼儿踢球时，强调摆动腿的幅度，有意识地加大向后的摆动力度。支撑脚尽可能保持在球的侧方，踢球时绷直踝关节，用脚面击打球的下后方；或采用钩起脚尖，脚向外侧展开，用足弓踢球的方法。如图 5 - 12。

（此动作强调幼儿运动技能、下肢力量及协调能力的发展。）

**动作3　停球**

**建议**　停球动作对于幼儿有一定难度。停球时,可采用的方法主要包括:(1)踩踏停球(用脚底踩住来球);(2)脚弓停球(一脚支撑地面,另一脚外转,用脚弓迎住来球)。如图5-13。

(此动作强调幼儿运动技能及眼脚协调能力的发展。)

**动作4　带球跑动**

**建议**　幼儿在进行带球跑动的练习时,尽可能保持较轻的力量,把足球保持在体前,用足弓轻轻地推动球向前滚动;在此基础之上增加不同路线的变换练习。如图5-14。

带球跑动练习也可以增加脚底拨球跑动、脚背及脚外侧的控球跑动等动作。

(此动作强调幼儿球性及下肢协调能力的发展。)

图5-13

**动作5　护控球**

**动作要领**　把球放于身体前的地面上,重心微向前倾,身体不断围绕着足球转动,同时用内足弓轻轻地拨动球,使球一直处于身体前的位置,保护好自己的球,动作熟练之后,可增加两人间的游戏,要求护球幼儿尽可能背向抢球的幼儿。如图5-15。

(此动作强调幼儿运动技能及身体灵活性的发展。)

图5-14　　　　　图5-15　　　　　图5-16

**动作6　颠球**

**建议**　颠球动作对于幼儿具有一定的挑战性,是球性练习的主要方法。

**动作要领**　练习时,双手执球,在体前把球轻轻地抛起,用正脚面积极击打球的正下方,将球踢起,练习中逐步要求幼儿能把踢起的球用双手抓住。也可以让幼儿颠球时,让球落地一次,再连续进行颠球动作。在此基础之上,要求不断增加连续颠球的次数。如图5-16。

(此动作强调幼儿眼脚协调能力及球性的发展。)

## 三、球类游戏

**游戏1　拍拍我的小皮球**

**目标**

1. 结合皮球进行各种拍球的游戏,提高幼儿的基本技能的发展。

2. 加强幼儿手眼协调能力。

**准备**

小皮球若干。

**玩法**

**第一步游戏** 在教师的带领下,幼儿围成一圈,教师手执皮球站于圈的中间。幼儿听从教师的要求。当教师拍一次球时,幼儿模仿球,快速蹲下,并站起;当教师把球抛起时,幼儿快速向上跳起。教师可针对这两个动作进行重复练习,或交替练习。看看哪位小朋友的反应又快又准确。

**第二步游戏** 在教师的带领下,幼儿自由分散在场地内,每个幼儿手执一球,左右相互间隔一定的距离,教师站于场地的中间,手执一球。练习开始,听从教师的口令,教师喊"1",大家一起拍球一次,同时快速抓住球;教师喊"2"时,大家一起拍球两次,如此反复,看看谁能原地拍得又多又好。

**第三步游戏** 组织方法同第二步游戏,每个幼儿手执一球,教师要求幼儿用力拍球,看看谁的皮球跳得最高;在此基础之上,教师要求幼儿不让球跳过身体的高度,用力拍完球后,在胸部及胸部以下,快速把球抓住。如此反复练习,看看谁的反应最快,能准确地在最低点抓住球。

**建议**

1. 拍球练习中最主要的是节奏控制。节奏的练习也可以运用掌声、口哨或音乐来进行辅助。

2. 拍球练习中,力量的控制也是极为重要的。在力量的控制上,个体做练习时,可采用不同体位进行,可以侧向站于平衡木等有一定高度的材料上进行练习。也可以让球空跳若干次后,再接着拍球进行练习。

**游戏2 大家一起来拍球**

**目标**

1. 结合小皮球进行各种拍球的游戏,提高幼儿球性、手眼协调及控制器材的能力。

2. 强调幼儿在练习中相互合作的意识。

视 频

大家一起来拍球

**准备**

小皮球若干。

**玩法**

**第一步游戏** 在教师的带领下,把幼儿分成两人一组,每两个幼儿一个球,两人围绕着皮球进行交替拍球的游戏,可以是两人间的比赛,看看谁拍得多;也可以是合作拍球,一个人拍几次,另一个人接着拍,不让球停下来,反复交换。看看哪组最厉害。

**第二步游戏** 教师把幼儿分成人数相等的两组,排成两路纵队,每组排头手执一球。游戏开始,排头幼儿拍完不少于三次球后,快速跑至排尾,第二个幼儿接上继续拍,努力使球不停下来,如此反复,一个接一个,看看哪组完成得最好。

**第三步游戏** 幼儿围成一圈,任选一名幼儿手执皮球,站于圈的中间。游戏开始,中间的幼儿开始拍球,一定次数后,喊班内任一幼儿的名字,并快速跑回原位,被喊到名字的幼儿,快速跑出,去接着拍中间的皮球,尽量不使皮球停下来。如此反复,看看谁会失误。

**规则**

在第三步游戏中,拍球幼儿尽力保持在圈的中间;只有拍得较好时才能喊其他小朋友的名字。

**建议**

1. 合作拍球的游戏,强调幼儿之间的相互配合,教师在进行以上操作时,应给予幼儿更多合作性的要求。

2. 在第三步游戏中,为了增加幼儿参与的频率,也可进行分组比赛,看看哪组坚持的时间更长。

视 频

球不离身

**游戏 3** 球不离身

**目标**

通过各种提高球性的游戏,发展幼儿身体的灵敏性及控制球的能力。

**准备**

小皮球若干。

**玩法**

**第一步游戏** 在教师的带领下,幼儿分散站于场地内,每人手执一皮球,听从教师的要求。练习方法1:把球置于身前地上,两脚左右开立,左右手在平行于身体的直线上来回交替拨动球。练习方法2:身体姿势同上,在体侧用单手前后拨动皮球,左右手交替练习。练习方法3:蹲下,双手配合,身体不动,拨动皮球,使球绕身体旋转。以上方法要求不断增大拨动的幅度,不断加快拨动的速度。

**第二步游戏** 组织方法同上,幼儿每人手执一球,两脚大幅度地左右开立,听从教师要求。练习方法1:两手在身体前后,把球从胯下传过,在两间腿之间反复进行,也可以采用绕某只腿进行球的传递。练习方法2:单手执球,在体前左右手相互传接球,尝试在体后双手传接球。

**第三步游戏** 在教师的带领下,把幼儿分成人数相等的两路纵队,每组排头手执一个皮球,距离终点5米距离。游戏开始,排头幼儿把球放于地面,用单手拨球滚动跑向终点,再返回起点,把球交于第二个幼儿,如此反复,看哪一组最快。

在此基础之上,增加难度,每个幼儿拨动两个皮球向前滚动。

**规则**

在第三步游戏中:(1)球不能离身体太远;(2)规定路线,注意两人交接时不要出现相互碰撞。

**建议**

提高球性的练习可作为各种内容的准备活动,教师在平时应给予经常性操作。

视 频

传得准—接得稳

**游戏 4** 传得准—接得稳

**目标**

1. 结合小皮球进行各种拍球、传球的游戏,提高幼儿球性、手眼协调及控制器材的能力。

2. 强调幼儿在练习中相互合作的意识。

**准备**

小皮球若干。

**玩法**

**游戏方法一** 在教师的带领下,幼儿分成两人一组,每组一个皮球,进行相互间传球的自由练习,在练习时,距离由近到远。传接球成功了,向后退一步,失败了则向前进一步。

**游戏方法二** 如图5-17所示,把幼儿分成四组,面对面站立,对应两组间隔3米左右的距离,对应两组中一个排头手执一球。游戏开始,执球幼儿原地拍球3次,结束后,把球传给对面幼儿,同时快速跑到对面组的排尾,如此方法,每个执球幼儿都原地拍球3次,并跑到对面一组排尾。一定时间后,游戏结束。

**第三步游戏** 如图5-18所示,起点至终点4米的距离,教师把幼儿分成两组,排成两路纵队,两组间隔一定的距离,每组排头手执一球。游戏开始,听到教师口令后,排头幼儿拍球跑至终点,在终点处把球传回自方一组的第二个幼儿,由场外跑回,第二个幼儿接到球后,如排头的方法进行游戏。如此反复,看看哪组最先完成。

图 5－17

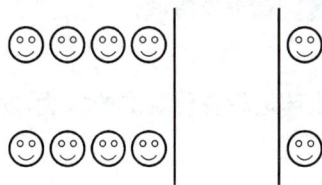
图 5－18

### 规则

在第三步游戏中,如果传球不准确,接球幼儿要求在起点线后拾球。

### 建议

1. 第二及第三步游戏是篮球各种动作的组合游戏,在进行这类游戏之前,教师应针对性地进行各种单独动作的反复练习,以保障这类游戏的成功操作。

2. 幼儿传球的动作,教师不需要过分强调动作的规范性。

### 游戏 5　球的传递

视频

球的传递

### 目标

通过各种提高球性的游戏,发展幼儿身体的灵敏性,增强合作意识。

### 准备

小皮球若干;箩筐 4 个。

### 玩法

**游戏方法一**　如图 5－19 所示,教师把幼儿分成人数相等的两组,排成两列横队,在每组的排头放一装满球的箩筐,在每组的排尾放一空的箩筐。游戏开始,听到教师的口令后,排头幼儿不停地把箩筐内的球传给下一个幼儿,依此传递下去,排尾幼儿把球放入空箩筐中,最后看哪一组最快完成传递。

图 5－19

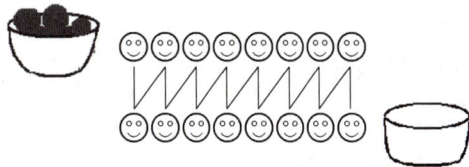
图 5－20

**游戏方法二**　如图 5－20 所示,两组间隔 2 米,第一组排头把球抛传给第二组排头,第二组排头把球抛传给第一组的第二个幼儿,依此类推,最后一个幼儿把球放入箩筐中,此游戏可分组对抗。

**游戏方法三**　教师把幼儿分成两组,排成两路纵队,前后幼儿间隔一臂距离,每组排头手执一个皮球,全体幼儿两脚分开。游戏开始,每组第一个幼儿将球从胯下向后传递,依次进行,球经过每个幼儿的胯下,当球传递到最后一个幼儿的手上时,此幼儿执球跑到队伍的最前面,再将球向后传递,当每个幼儿都跑过一次后,游戏结束,看看哪组速度最快。

### 建议

1. 传接的游戏既可以作为主要的练习内容,也常常用来作为常规取放器材的方法,教师可在此类练习的基础上,多运用于平时各种器材的取放中。

2. 在游戏方法三中,前后的传递方式很多,既可以把球从胯下滚动着传递,也可以把球从头顶上传递,还可以把球从身体侧向转体进行传递。

**游戏6** 看谁踢得准

视 频

看谁踢得准

**目标**

结合小足球进行各种踢准的游戏,发展幼儿下肢力量及眼脚的协调能力。

**准备**

小足球若干;中小型木块若干。

**玩法**

**游戏方法一** 两名幼儿一组,间隔4米左右,一名幼儿两脚左右开立,另一名幼儿用脚把球踢向两脚开立的幼儿,足球若能从两脚之间通过,记一分,如此反复,看谁先得5分。

**游戏方法二** 两名幼儿一组,一名幼儿用木块建构成一定的造型,另一名幼儿间隔4米,把球踢向木块造型,能把木块踢散,得一分。若未踢到,换另一名幼儿进行。若踢到,则此幼儿继续进行。如此反复,看哪名幼儿最先完成10分。

**游戏方法三** 一名幼儿把木块摆出一定宽度的直线通道,另一名幼儿,间隔通道1米左右,把球踢向通道,若球能通过通道,得一分,此幼儿继续进行。若不能通过通道,则换另一名幼儿进行。看谁最先得到5分。

**建议**

1. 此类游戏中存在一定的规则,教师需要在游戏前,让幼儿懂得相应的规则。

2. 踢准的游戏相对比较多,教师需要根据幼儿的能力调整距离。

3. 木块的摆放方式中,可根据幼儿的能力强调摆放的宽度。当需要幼儿练习踢球的力量时,也可把木块摆放成多米诺骨牌的方式进行。

**游戏7** 抓住你,不许跑

视 频

抓住你,不许跑

**目标**

结合小足球进行各种停球的游戏,发展幼儿眼脚协调能力及身体的灵敏性。

**准备**

小足球若干。

**玩法**

**游戏方法一** 教师把幼儿分成两组,每组一个小足球,两人间隔5米左右,相互间进行足球传踢球和停球的练习,在练习的过程中,幼儿不允许用手去触碰球,努力做到所有的操作用脚进行,在传踢球和停球的练习过程中,教师给予逐步的规范。

**游戏方法二** 教师把幼儿分成2~3组,每组幼儿手拉手围成一个圆圈,把手放下,在圈内放入一足球,幼儿在圈内相互之间进行传停球的游戏,不要让球跑出圈外;在此基础之上,教师可在每个圈内再增加一个足球,以增加幼儿的判断能力及快速反应的能力。

**游戏方法三** 两名幼儿一组,相隔3米左右,面对面站立,一名幼儿双手执球,向另一名幼儿站立的方向抛滚出去,此时让球尽可能离站立幼儿有一定的距离,站立幼儿快速移动身体,把球停住。如此反复进行练习。

**游戏方法四** 两名幼儿一组,并列站立,一名幼儿双手执球,向前抛滚,另一名幼儿快速跑出,把球停住。完成后,两人交换角色。如此反复进行练习。

**游戏方法五** 三名幼儿一组,成并排站立,中间的幼儿双手执球,向前抛滚,在抛出的一瞬间,左右两名幼儿同时跑出,看谁最先把球停在自己的脚下。

**建议**

1. 停球的动作,对于幼儿具有一定的挑战,开始练习时,多以脚底踩球为主,逐步发展到用脚内侧停球。

2. 停球动作的发展,从原地正面开始,逐步发展到移动中的停球,再发展到对抗中的停球动作。教师应根据幼儿的能力进行活动的开展。

3. 抛滚出去的球,要求在地面上滚动。

**游戏8　足球和我一起跑**

视频

足球和我一起跑

**目标**

结合小足球进行各种带球跑的练习与游戏,发展幼儿运球的动作技能。

**准备**

小足球若干;障碍筒若干。

**玩法**

**游戏方法一**　定向跑:把幼儿排成四列横队,面向同一方向,左右幼儿间隔一定距离,第一排幼儿每人一个小足球,听到教师口令后,用正向跑的方式,轻轻地触碰带球向前跑动,一定距离后,努力用脚将球停下,并用脚将自己停下的足球控制着带回起点,把球交给第二排幼儿,第二排幼儿如上方法进行,依次轮换。注意在向前带球跑动时,力量不要太大。

**游戏方法二**　侧向跑组织方法同游戏一,此时幼儿侧向站立于球前,运用侧向交叉跑的方式,用脚底拨动球,带球一起向终点跑动。

**游戏方法三**　变向跑:组织方法同上,在幼儿跑动的路径上,每隔2米放一障碍筒,共3个。要求幼儿带球依次绕过前面的障碍筒。

**游戏方法四**　狼抓羊:游戏在一定范围的场地上进行。把幼儿分成两组,一组幼儿为红方,一组幼儿为蓝方。红方每名幼儿一个足球,在固定的场地上带球随机跑动,要求蓝方幼儿去抢红方幼儿的球,红方幼儿的球若被踢出固定的场地,红方幼儿必须把球拾回,两手把球举起,两脚开立,同时大声喊:"救命",只有同伴把自己的球踢过此名幼儿的两脚之间,此名幼儿就算复活。游戏在一定时间后交换角色。

**建议**

1. 带球跑动的练习运动量较大,教师应注意幼儿的身体变化。

2. 带球跑的技能很多,一般有脚弓带球、脚背带球、脚底带球、脚外侧带球等。幼儿一般练习脚底带球及脚背带球的动作。

**游戏9　对抗射门**

视频

对抗射门

**目标**

结合小足球进行各种带球跑的练习与游戏,发展幼儿运球的动作技能。

**准备**

小足球若干;球门若干。

**玩法**

**游戏方法一**　球门一个,在距离球门五米处放一足球。幼儿成两路纵队站立,排头两名幼儿距离足球五米处,听到教师口令后,排头两名幼儿快速起动跑向足球,最先踢到球的幼儿射门。未踢到球的幼儿要求把球拾回,放于原来的地方。第二排幼儿继续游戏。如此反复进行。

**游戏方法二**　两名幼儿一组,站于球场中间,教师把球抛于两人中间,两人一起抢球,抢到球的幼儿进攻,没有抢到球的幼儿防守,进行一对一比赛。看谁能把球踢进对方的球门。

**游戏方法三**　教师把幼儿分成两人一组,把一个足球放于场地的中心,两名幼儿分别站于场地两侧,距离足球10米左右。听到口令后,两名幼儿一起跑向足球,先得到足球的为攻方,未得到足球的为守方,进行一对一比赛。

**游戏方法四** 在足球场地内,把幼儿分成人数相等的两组进行足球比赛,如果人数较多,可在同一场地内放入 2～3 个足球,看看哪组幼儿能把足球踢入对方的球门内。

**建议**

1. 足球活动的开展在幼儿期具有一定的难度,教师应根据幼儿实际情况进行合理的安排。

2. 在练习的过程中,教师可以通过两个球门间距离的调节,进行游戏。当需要练习幼儿耐力时,球门间的距离拉大,当需要增加幼儿反应能力、兴趣时,可以把两球门间的距离缩短。

### 你知道吗?

学前儿童运动器械主要包括哪些?

1. 固定运动器械

滑行类:顺着斜面或垂直方向,由高处向下作滑行动作的运动设备。如:滑梯、固定的垂直或斜向的铁杆、竹竿、绳索等。

摆动类:指悬挂在空中,可以做前后摆动动作的运动设备,如秋千、浪船、摇摆机、平衡摇板等。

旋转类:围绕一个中心轴做旋转运动的运动设备,如转椅、宇宙飞船、旋转台等。

颠簸类:用于上下摇动的运动设备,如摇摇马、跷跷板等。

攀爬类:用手和脚向上或向下登爬的运动设备,如肋木、攀爬网、攀登架等。

钻爬类:用于钻或爬的动作练习的运动设备,如地道、海洋球池、跨钻障碍屏、弹力网等。

弹跳类:用于弹跳动作练习的运动设备,如蹦蹦床、充气小城堡等。

平衡类:用于身体平衡练习的运动设备,如平衡木、平衡架、平衡板等。

2. 常规使用的中、小型运动器械

绳子、橡皮筋、沙包、棒类玩具、呼啦圈、哑铃、球类玩具、粘笆玩具、拉拉棒、滚圆玩具、射击玩具、投环玩具、纸画类玩具、跳弹球、高尔夫玩具、水上玩具、球拍玩具、镖靶/飞镖玩具、吸盘/飞盘玩具、降落伞、滑板/滑雪玩具、滑车类玩具、推车类玩具、空竹类玩具、车胎、投掷架、大型的各种形状的塑料块、垫子等。

### 思考与练习

1. 幼儿园中主要开展哪些球类体育活动?
2. 篮球活动中,在原动进行练习的动作技能有哪些?
3. 请分析篮球活动与足球活动的身体练习价值的异同。
4. 集体练习篮球及足球活动中的各种基本动作技能。
5. 根据教材内容,选择一定的体育游戏进行集体活动的开展。

# 第六章　其他形式游戏

## 学习目标

1. 了解不同形式的体育游戏对幼儿身体发展的价值。
2. 理解并掌握各种体育游戏中的不同方法。
3. 牢固掌握不同游戏创编的方法。

## 第一节　力量性游戏

**游戏 1　拉物过河**

**目标**

增强幼儿上肢力量、握力,强调上肢运动的频率。

**准备**

细长绳若干;可拖拉的小物品若干;小短棒若干。

**玩法**

教师把幼儿分成若干组,每组配有相同的细长绳和可拖拉的物品。把细长绳的一端系上可拖拉的小物品(如长木块、有一定重量的动物玩偶、倒放的小方凳等),把长绳拉直。从每排的排头开始,排头幼儿拿着长绳的另一端。

**游戏方法一**　听到教师口令后,排头几名幼儿原地不动,快速拉动长绳,使小物品移向自己,当小物体拉到自己的身边后,把长绳一端交给第二名幼儿,自己手拿小物品快速放回原来的位置,第二名幼儿开始。如此反复进行游戏,最后看看哪一组最快完成。

**游戏方法二**　组织方法同上,把排头幼儿一端的长绳系在小木棒上,排头幼儿一手拿木棒,一手拿细长绳,听到教师口令后,快速把细长绳缠绕在小木棒上,拉动小物品,当小物品被拉到身边后,把小木棒交给第二名幼儿,自己把小物品放回原来的位置,此时,第二名幼儿要配合着悬空握着小木棒,把细长绳不断放出。当细长绳子完全放出后,第二名幼儿开始缠绕细长绳,拉动小物品,如此反复。

**建议**

1. 教师根据幼儿能力决定细长绳的长度及物品的重量。
2. 绳子为棉质绳则最佳,不易伤及幼儿的手。
3. 如果有风筝收线轴替换短木棒,则游戏更易进行。

**游戏 2　拉物跑动**

**目标**

增强幼儿全身力量、握力,强调下肢跑动的频率。

**准备**

粗长绳若干;轮胎若干。

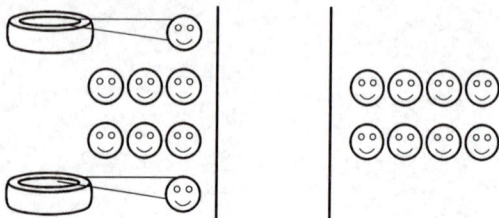

图 6-1

**玩法**

如图 6-1 所示,教师把幼儿分成两大组,每组再分成两小组面对面对应站立,把两根粗长绳的一端系在平放的轮胎上,排头幼儿站于外侧,两手分别握住两根长绳的另一端。游戏开始,听到教师口令后,排头幼儿拉着轮胎,快速跑向对面的终点,当轮胎越过终点线后,把绳子交给对面的排头,对面排头如上方法进行。如此反复,看哪一组最先完成。

**建议**

1. 轮胎选择小轮胎为宜,也可选择有一定重量的其他物品替代,如可装器材的塑料箱等,所选物品不宜过轻。

2. 幼儿手握的长绳也可系在较宽的护带上,套于腰间进行跑动的游戏。

3. 也可进行一人拉轮胎跑的游戏。

**游戏 3　摇船过河**

**目标**

增强幼儿上下肢力量及协作能力。

**玩法**

**游戏方法一**　两名幼儿面对面,各自坐在对方双脚的脚背上,相互握住对方的手。游戏开始,两人依次用力提拉对方,依靠双脚的屈伸把对方重心抬起,相互依次进行。

**游戏方法二**　此内容也可背对背进行游戏,即两人背对背坐于垫上,双腿放平,双肘相互钩挂在一起。游戏开始,一人屈双腿向后蹬,一人直腿成屈向前移,相互配合进行游戏。

**建议**

在游戏方法一中,只要把对方的重心提起,就算完成,不要求两人位置的移动。

**游戏 4　加水提物**

**目标**

增强幼儿上肢及腰背部力量及用手控制物体平衡的能力。

**准备**

带有提手的小水桶两个;长木棒一根;把两个小水桶挂于长木棒两端。如图 6-2。

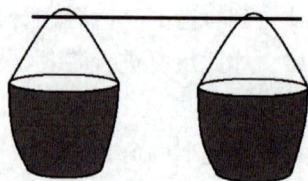

图 6-2

**玩法**

**游戏方法一**　在水桶内加入少量的水,小朋友两脚左右开立,抓住木棒的中间,通过屈伸腰背、手臂后,把水桶举起,放下。反复练习。不断增加桶内的水,进行练习。

**游戏方法二**　当水增加到幼儿感觉有一定难度时,不再举起。屈伸腰背,提起木棒,同时屈臂把木棒提至胸口。当水增加到幼儿感觉有较大难度时,不再屈臂,只做腰背的屈伸,直臂把水桶提起。

**建议**

上肢及腰背部力量的练习,教师注意练习次数的控制,以及幼儿在练习中间歇(中间休息的时间)的调节。在进行提物器材准备上,可用相适宜的器材代替,如小哑铃、小凳子、玩具箱等。

**游戏 5　巧拔河**

**目标**

增强幼儿上肢力量,以及对身体的控制能力。

**玩法**

两名幼儿右手相握,右脚外侧相互顶住对方,两人左脚向后分开。游戏开始,双方可运用向后拉、向前推、向左右摆动等方法,尽力使用对方的脚移动位置。既可以用力拉、推对方,也可以借对方力量诱使对方移动。脚移动位置者为负。

**建议**

如何进行各种方向力量的运用,教师应在幼儿游戏中给予更多的指导。在较熟练进行此游戏的基础之上,教师可要求幼儿运用弱势手进行游戏。

**游戏 6　背推出圈**

**目标**

增强幼儿下肢及腰背部力量。

**玩法**

两名幼儿背对背站于圆圈内,圈子直径为 1 米左右。游戏开始,两人背部紧紧贴在一起,用力向后退,把对方推出圈外。在游戏的过程中,不允许故意躲闪,不允许向下蹲。只能用背部或臀部推,手不能触击对方。把对方推出圈外者为胜。

**建议**

1. 教师在安排此类游戏时,注意对规则的强调。
2. 此类游戏在较软的垫子上进行为宜。

**游戏 7　抱起你**

**目标**

增强幼儿上下肢力量及运动的趣味性。

**玩法**

两名幼儿面对面站立,一方抱住另一方的腰。游戏开始,抱腰的幼儿尽力把对方抱起,另一方幼儿尽力向下,不让对方抱起。被抱起者为负。也可采用从身后抱起的动作。

**游戏 8　搬人**

**目标**

增强幼儿上肢力量。

**玩法**

在教师的带领下,多名幼儿集体合力完成。以一名幼儿为搬运目标,大家合理分配搬运的位置,一同抬起此幼儿向前行进。被搬运的幼儿可采用平躺或平卧的姿势。

**游戏 9　推箱快跑**

**目标**

增强幼儿全身力量的发展。

**准备**

可装一定器材的大塑料箱若干;各种器材若干。

**玩法**

一个或两个幼儿在塑料箱后,用双手推动箱体向前跑动。教师可不断增加箱内器材,增加重量,以提高向前推动的难度。

**游戏 10 小小手指谁力大**

**目标**

增强幼儿手指的力量。

**玩法**

两名幼儿面对面蹲于地上,每人分别用拇指及食指捏住一根小木棒的一端。游戏开始,双方用力把小木棒向自己方向拉,小木棒被拉脱手者为负。

**规则**

身体不能动。只有手臂能动。

**游戏 11 抱杆不动**

**目标**

增强幼儿上下肢力量。

**玩法**

利用幼儿园户外各种大型器材上的各种竖起的杆子进行游戏。幼儿用双手紧握一竖起的杆子,双腿用力夹紧此杆子,使身体悬空地面不动。看看谁坚持的时间长。

**游戏 12 皮筋拉力器**

**目标**

利用皮筋的拉力进行各种练习,发展身体各部位的力量。

**玩法**

1. 拉力扩胸：双手各拉皮筋一端,两臂向身体两侧扩展,练习中,不断增加皮筋折叠的数量,以增加拉力。

2. 腰力力量：一脚踩于皮筋一端,双手握住皮筋一端,运动腰部力量,双手向上拉起。

3. 腿部力量：把皮筋两端分别系于两只脚的脚踝处,进行行走,皮筋长度稍小于幼儿步幅,发展下肢力量。

**游戏 13 穿过封锁线**

**目标**

利用拉长绳行进的方式,发展幼儿上臂力量。

**准备**

四轮滑板若干;长绳一根;拱形塑料门若干。

**玩法**

把拱形塑料门纵向排在一起,一根长绳一端固定在窗体上,或墙面上,整个长绳拉直放于拱门内。幼儿平躺在四轮滑板车上,手拉长绳,穿过拱门,可以间隔一定距离依次进行。

**游戏 14 人体保龄球**

**目标**

利用双手拨动的动作进行身体的练习,发展幼儿上臂力量。

**准备**

四轮滑板若干;各种大小的空塑料瓶若干。

**玩法**

幼儿先把各种大小的空塑料瓶间隔放于场地上,再跪于四轮滑板车上,用双手拨动地面的方式,快速冲向塑料瓶,看谁把塑料瓶冲倒的最多。

此游戏过程中,也可用两个水瓶拨向前撑着移动。

**游戏 15　人体陀螺**

**目标**

利用双手悬垂的方式进行练习,发展幼儿上臂力量。

**准备**

短木棒一根;短绳两根;单杠。

**玩法**

把两根短绳的一端分开系在单杠上,间距小于短木棒;把两根短绳的另一端系在短木棒上,木棒离地面1.2米左右的距离。幼儿双手抓住短木棒不停地转动,把两根短绳相对绞在一起,完成后,双手抓住木棒,手臂伸直,人悬空,随着绳子的展开,人在器械上悬垂着旋转。

---

**? 你知道吗?**

儿童的生长发育主要有哪些测量的指标?

儿童生长发育主要的指标:

1. 身高:主要反映幼儿骨骼方面的发育情况,是幼儿身体纵向生长的发育指标。

2. 体重:反映幼儿骨骼、肌肉、脂肪以及内脏器官的重量,它体现了幼儿身体的充实度。

3. 坐高:反映幼儿躯干的长短,通过计算,可以了解上下肢骨骼生长发育的情况。

4. 胸围:反映幼儿胸腔生长发育的情况。

除此之外,还可以测量幼儿的头围、臂长、肩宽、足弓等部位。

---

# 第二节　快速反应类游戏

**游戏 1　翻色块**

**目标**

在对抗中增强幼儿的判断能力,上肢及身体快速反应的能力。

**准备**

立方体12个。(制作方法:如图6-3所示,把小块的塑料垫拼成正方体,其中某一对应面分别粘贴上红色和黄色。)

**玩法**

把12个立方体放入同一个区域内,游戏前,随机翻六个红色的面朝上,六个黄色的面朝上。两个幼儿进入活动区,其中红色的属于幼儿甲的,黄色的属于幼儿乙的。游戏开始,听到教师口令后,两个幼儿开始翻对方的立方体,幼儿甲快速地把黄色面的立方体翻成红色的,幼儿乙快速地把红色面的立方体翻成黄色的,反复进行翻动。1分钟时间

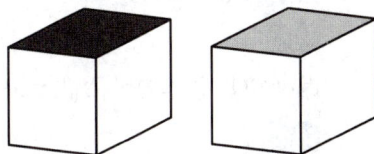

图 6-3

后,游戏结束,看看属于谁的立方体更多,为胜。

**建议**

翻色块的游戏最大的不足是人数的局限,因此在人数较多时,教师可把幼儿分成两组进行对抗,采用较大空间,器材可用扑克牌、军棋、硬币等有两面的较小物品替代。

**游戏 2　斗智斗勇**

**目标**

在对抗中提高幼儿判断能力及快速反应的能力。

**玩法**

两名幼儿面对面站立,两脚相并,两臂前平举,相距距离稍短于两手掌相触距离。游戏开始,双方可以运用推对方手掌和躲闪等动作,迫使或诱使对方失去重心,使脚移动,使对方脚移动者为胜。此游戏既可采用蹲的方式进行,也可采用单脚独立进行。

**游戏 3　小乌龟照镜子**

**目标**

提高幼儿的判断能力及对肢体的控制能力。

**玩法**

两名幼儿面对面,两人都四肢着地,成跪爬姿势。首先一个幼儿坐庄。游戏开始,坐庄者说道"乌龟、乌龟爬",同时举起四肢中的任一肢体,对面幼儿听到"爬"时,同时举起自己的任一肢体,不能和对面幼儿一样,如果相同为负。两人轮换。

**建议**

1. 幼儿可以跪趴在地面上,也可以站着进行。站着游戏时,准备动作:两脚左右开立,两臂垂于两侧。

2. 在游戏中举起的肢体必须非常明显。

**游戏 4　定向寻人、寻物**

**目标**

培养幼儿善于观察、交流及快速行动的能力。

**准备**

标有幼儿园中各种物品、人的照片;物品、人某一特征的简图一份;笔一支。

**玩法**

教师把幼儿分成两人一组,每组手持一份简图,在幼儿园内按要求寻找各种物品或人,通过自己的观察或询问的方式,在规定的时间内完成规定的内容,每找到一项,用笔打上钩,看看哪组完成得最多。完成后用口头汇报的方式介绍完成的内容。

**建议**

1. 图片要清楚,寻找的物品不要过小,从幼儿园中典型物品开始。

2. 在路线的设计上,注意多一些往返。

**游戏 5　棒子打腿**

**目标**

提高幼儿身体的灵活性及快速反应的能力。

**准备**

50~60厘米长的纸棒两根。

### 玩法

两名幼儿站于圈内,圈子直径为 2～3 米,每人手执一纸棒。游戏开始,两人用纸棒相互去打对方的腿,被打者尽快躲避,同时想办法去打对方的腿。在游戏中,最先被打到腿者,或被迫退出圈外者为负。游戏中只允许打腿部,其他位置不允许打。

### 建议

此游戏可在两人间进行,也可在集体中进行,即在较大的圈内开展。人数不宜太多,避免碰撞。

### 游戏 6　看谁立得快

### 目标

提高幼儿手眼协调能力及操作的灵活性。

### 准备

一次性纸杯 6 个。

### 玩法

游戏前,把一次性的 6 个纸杯套放在一起,倒扣在桌面上。游戏开始,幼儿快速地运用两手把纸杯依次拿出,倒扣着叠放成金字塔形(如图 6-4 所示),然后快速把 6 个纸杯还原套放在一起,两组动作计一次完成。在 1 分钟内看幼儿能完成几次。

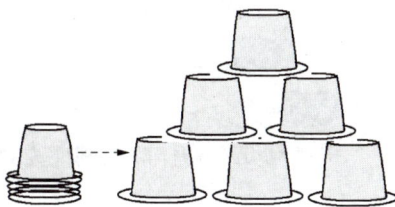

图 6-4

### 建议

此游戏可以一个人计时玩,也可以是两个或多人同时进行对抗着玩。

### 动作 7　寻物归类

### 目标

提高幼儿对各种物品种类的判别能力及快速反应的能力。

### 准备

四种颜色的小珠子若干;小筐两个。

### 玩法

在地面上画一个大圈,把小珠子较均匀地洒在圈内,每个幼儿手拿一个小筐站于圈外,教师规定好每个幼儿需要拾起小珠子的颜色。游戏开始,听到教师口令后,两个幼儿快速进入圈内,拾起属于自己颜色的小珠子,看谁最先完成。

### 建议

此类游戏的内容可变性非常多。

1. 在拾物时可以增加难度,如只能用弱势手拾,或用筷子夹等方法来进行。
2. 被拾的物体可以是颜色类、大小类、动物类、植物类、水果类等。
3. 物品可以是实物,也可以用各种卡片替代。
4. 可以把自己的物品放入规定的筐内,也可以把拾到的物体进行粘贴或排成一排等。

### 游戏 8　碰碰我的身体

### 目标

提高幼儿对身体各部位快速判断的能力,发展幼儿身体的协调能力。

### 玩法

教师带领幼儿进行集体练习,听从教师口令。

1. 教师口令:"碰碰我的小脑袋;碰碰我的小肩膀;碰碰我的小屁股;碰碰我的小肚皮;碰碰我的小膝盖;碰碰我的小脚丫。"幼儿按教师的要求,用双手准确触碰身体的相应部位。反复练习,教师不断加快口令的速度。

2. 在"1"的基础之上,减少触碰的部位。教师口令:"碰碰我的小脑袋;碰碰我的小屁股;碰碰我的小脚丫。"幼儿按教师要求进行。反复练习,教师不断加快口令的速度。

3. 最后口令:"碰碰我的小脑袋,碰碰我的小脚丫。"反复练习,不断加快口令的速度。

4. 两名幼儿一组,相互进行以上内容,注意两人以相同的部位相碰。

### 建议

1. 此练习从上到下,用双手触碰身体,主要练习的是幼儿反应能力及腹背力量。从"1"至"3"的过程,是从一般性强度到较高强度的练习过程。此方法可用于各种活动的准备部分。

2. 碰脑袋时,要求幼儿颈前屈;碰肩膀时,身体直立;碰肚皮时,身体后屈;碰屁股时,身体前倾;碰膝盖时,成半蹲;碰脚丫时,成全蹲。

3. 玩方法4时,不需要按以上要求完成动作,只需要两人间用相同的部位,轻轻地准确相碰。

### 游戏9 铺地砖

#### 目标

提高幼儿对物体的控制能力,增强操作的准确性及快速反应的能力。

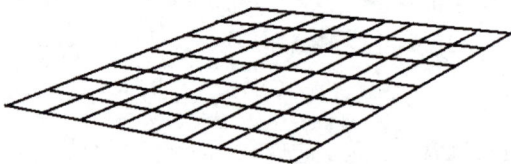

#### 准备

模型板一块(制作方法:如图6-5所示,在1.5米长的正方形泡沫板上画出若干小方格。);大小略小于小方格的正体形红色及绿色卡纸若干。

图6-5

#### 玩法

把四名幼儿分成两组,站在模型板的正对面,其中一组幼儿每人拿着红色卡纸若干张,另一组每人手拿绿色卡纸若干张。听到教师口令后,游戏开始,四名幼儿快速地把手中的卡纸放入模型板的方块内,等所有方块内都放入卡纸后,游戏结束,看看哪一组放入的卡纸最多,最整齐。游戏中四名幼儿可以是各自为政,每个人都参与摆放,也可以由小组内两人进行合作,一人递卡纸,一人摆放。幼儿可自行选择。

### 建议

铺地砖的游戏既可以进行快速反应类的游戏,也可以进行各种图案的拼放的美术类游戏方式,可以是两种颜色进行,也可以是多种颜色进行摆放。在桌面上可以用围棋进行两人间如上方法的对抗游戏。

### 游戏10 萝卜蹲

#### 目标

提高幼儿在观察下动作反应的能力,增强下肢力量。

#### 准备

各种蔬菜头饰各一种。例如:白菜、萝卜、西红柿、茄子、黄瓜、青椒等。

#### 玩法

教师首先教会幼儿认识这些蔬菜,完成后,给每名幼儿戴上这些蔬菜的头饰,并要求每名幼儿记住自己戴的头饰是什么。游戏开始。例如:戴萝卜头饰的幼儿首先发出口令"萝卜蹲,萝卜蹲、萝卜蹲完白菜蹲",在发出这些口令的同时,戴萝卜头饰的幼儿连续半蹲四次,完成后,戴白菜头饰的幼儿,开始连续下去,如上方法,任选一个蔬菜继续发出口令,并完成动作。若有幼儿被喊到,没有完成以上内容,就算失败,要求失败者做五次深蹲,游戏继续。

### 建议

1. 每次进行游戏时,头饰不要超过六种,减少幼儿记忆量,同时保障每名幼儿都能更多地参与到游戏中去。

2. 此游戏可以选择各种物品进行,如水果类、车类、植物类、动物类等,可以成为幼儿认知事物后的一种游戏方式。

**游戏 11　小汽车嘟嘟嘟**

**目标**

通过伙伴间的互动,提高幼儿的反应能力。

**玩法**

幼儿随机站于场地上,教师要求每名幼儿充当小司机。听从教师口令,教师发出口令 1:"小汽车,嘟嘟嘟,嘟嘟嘟嘟开起来。"此时每名幼儿在场地上自由的开车,开车的速度不要太快。教师发出口令 2:"小汽车,嘟嘟嘟,两辆、两辆连起来。"此时任意两名幼儿连在一起,朝一个方向前后搭肩,一起玩开车的游戏。教师发出口令 3:"小汽车,嘟嘟嘟,四辆、四辆连起来。"此时四个幼儿朝一个方向,前后搭肩,一起玩开车游戏。教师发出口令 4:"小汽车,嘟嘟嘟,一辆一辆分开来。"此时每名幼儿回到各自开车的状态。

**建议**

1. 此游戏需要幼儿在较短的时间内形成合理的搭配,教师在游戏前应强调规则,减少游戏中可能出现的争伙伴的情况。

2. 游戏之前,教师注意幼儿的人数是否可以形成游戏中的变化。必要时,教师应积极参与游戏中。

**？你知道吗?**

幼儿园中一般性运动损伤有哪些? 如何处理?

主要运动损伤有擦伤、挫伤、扭伤、鼻出血等。

1. 擦伤、挫伤、扭伤

(1)冷敷法:常用于急性闭合性软组织损伤,用冷水或冰块外敷。可使血管收缩,减少局部充血,降低组织温度抑制神经的感觉,因而有止血、止痛、防止肿胀的作用。

(2)绷带加压包扎法或手指直接指点压止血法:常用于急性闭合性软组织损伤,用绷带包扎或手指按压,主要是减少皮下出血量,使皮下破损的毛细血管口尽快闭合。

(3)抬高肢体法:抬高受损肢体,是为了减缓血液在此肢体的流速,并与压迫止血法联合应用以达止血目的。受伤肢体抬高要求高于心脏水平。

2. 鼻出血(鼻部受外力撞击而出血)

应使受伤者坐下,头后仰,暂时用口呼吸,鼻孔用纱布塞住,用冷毛巾敷在前额和鼻梁上,一般即可止血。

# 第三节　一物多玩

**1. 呼啦圈**

(1)钻的运用

**玩法 1**　正面钻:单个呼啦圈正面立起,幼儿从正面钻过。

**玩法 2**　侧面钻:单个呼啦圈侧向立起,幼儿侧身钻过。

**玩法 3**　套圈钻:单个呼啦圈平放于地面上,幼儿拿起呼啦圈从下面钻过。

**玩法 4**　套钻圈:单个呼啦圈平放于地面上,幼儿跳入圈中,把呼啦圈从脚下拿起,套过全身后,钻出。

**玩法5** 被套圈：一幼儿蹲下，双手平拿呼啦圈，使圈离开地面有一定高度，其他幼儿从圈上跳入圈内，拿圈幼儿再把圈经全身套出。

**玩法6** 连续钻：如图6-6所示，用三根长绳把若干呼啦圈串联在一起，每个呼啦圈间隔一定距离，并离开地面一定高度，三根长绳两端固定，幼儿以正面跨钻的方式进行游戏。高度可根据实际情况进行调整。既可以是平行放置，也可以是斜向放置。

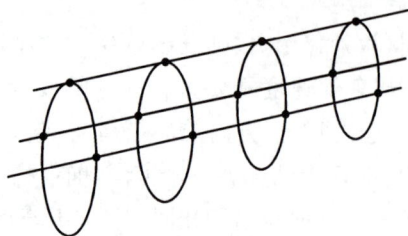
图6-6

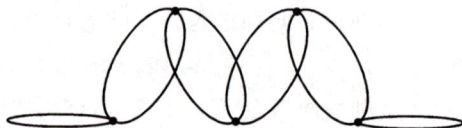
图6-7

**玩法7** 连连圈：如图6-7所示，用细短绳把若干呼啦圈连接在一起，并把连接在一起的两两呼啦圈架起，幼儿从圈内钻过。除此之外，此连接另外操作的方法，两名教师拉住最两端的呼啦圈，使所有圈在一个水平面上，并离开地面一定的高度。①垂直放置，可以提供多名幼儿同时进行钻或钻跨的练习。②水平放置，可以提供多名幼儿进行一定高度同时跳入及跳出的练习；也可进行一个幼儿纵向连续跳跃的练习或变向跳跃的练习。教师注意高度的调整。

**玩法8** 跳钻圈：幼儿两手抓着圈的两边如跳绳动作，向前摇圈，身体从圈内钻入，跳出，连续操作。

（2）走、跑、跨、跳的运用

**玩法1** 同手同脚走：幼儿两手分别持两个呼啦圈在体前，两脚分别踩踏在两个呼啦圈上，进行同手同脚的向前行走。也可以把呼啦圈放于身体的左右，进行摇摆行走。

**玩法2** 小火车：幼儿呈纵队排列，每个幼儿腰上套一个呼啦圈，两手把前后圈拿住，使前后连接在一起，以开火车的方式，大家一同向前走或跑。

**玩法3** 抛圈叫人：如图6-8所示，在教师的带领下，把幼儿排成一路纵队，教师站于排尾侧出一步的位置，手拿若干呼啦圈。游戏开始，教师把一个呼啦圈沿着纵队的方向抛滚出去，同时叫一名幼儿的名字，此幼儿快速从队伍里跑出，去追滚动的呼啦圈。此游戏也可呈横排平行站立，教师站于队伍的中间，进行游戏。

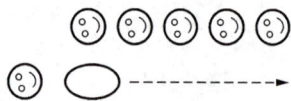
图6-8

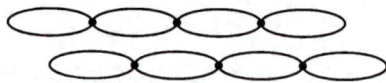
图6-9

**玩法4** 跨过障碍：如图6-9所示，两组呼啦圈分别连接在一起呈两条纵线，放于地面，两组之间间隔较小的距离。幼儿的两只脚分别踩跨在两组呼啦圈里。游戏开始，左脚始终踩在左侧的一组呼啦圈内，右脚始终踩在右侧呼啦圈内，依次踩踏过去，教师不断要求幼儿提高速度。在此基础之上，两名教师分别站于两组呼啦圈两端，把两组呼啦圈抬起离开地面一定距离。幼儿练习的方法同上，教师要求幼儿要尽可能抬高下肢。

**玩法5** 跳房子：把呼啦圈拼成各种跳房子的图样，幼儿在其中进行单脚、双脚跳的游戏。

（3）其他方式的运用

**玩法1** 照镜子：一幼儿手拿呼啦圈垂直放置，其他两名幼儿站于呼啦圈的两侧，把呼啦圈当作镜子进行相互模仿。

**玩法2** 靶子1:把呼啦圈放于地面,相隔一定距离,幼儿向圈内掷沙包。

**玩法3** 靶子2:把若干呼啦圈垂直挂于场地的中间,幼儿分成两组,每组若干小皮球,间隔一定距离,把球投向呼啦圈,看看谁最准。

**玩法4** "月亮绕着地球转":两个幼儿一组,一个幼儿钻于呼啦圈内,另一个幼儿在外面手拉呼啦圈慢慢转动,带动里面的幼儿一起旋转。

**玩法5** 合力接球:如图6-10所示,两个幼儿一起平拿着一个呼啦圈,此呼啦圈上用绳子结成网,教师把球抛起,两个幼儿一起跑动,用此圈把球接住。

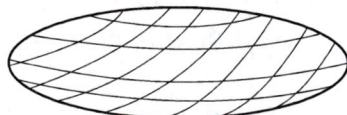

图 6-10

### 2. 皮筋

**玩法1** 匍匐爬:把皮筋结成网,幼儿可以在下面进行匍匐爬的练习。

**玩法2** 钻窟窿:如图6-11所示,用多条皮筋连接在两根杆子之间,形成各种大小的窟窿,幼儿可以在其中进行自由选择,通过大小不同的障碍,不断挑战难度。

**玩法3** 弹力球:把皮筋结成球状,可以作为弹力球进行游戏,也可以在皮筋结成的球上留一根50厘米长的尾巴,拿在手上,进行控制。

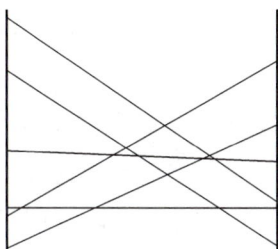

图 6-11

**玩法4** 弹弓:两名幼儿拿住2米长的皮筋两端(两端结成球状,便于拿住,一名幼儿用纸制的大子弹夹在皮筋中间,向后延伸,把子弹弹出去。教师注意向后延伸的距离不要太长)。

**玩法5** 跳皮筋:跳皮筋可以是单股皮筋跳,也可以是两股皮筋跳。在练习时,主要强调幼儿脚眼的协调能力,着重强调双脚并跳及单脚的准确性,以及对高度的挑战。

**玩法6** 拉力器:幼儿双手拿住皮筋的两端,向两侧进行扩胸的练习,从单股开始,不断增加皮筋的股数。也可用于身体其他各部位的力量练习,如腰背部力量、下肢力量等。

### 3. 木棒

**玩法1** 打棒球:一幼儿手持木棒,教师把皮球在其身边轻轻抛起,幼儿快速挥动木棒,把皮球打出。看谁打得准、打得远。

**玩法2** 高尔夫球:把垒球放于地面,用木棒击打垒球,可以看谁打得最远,也可以在地面挖个小坑,看谁能用木棒把垒球打入小坑里。或间隔一定距离,看谁用最少的次数把球打入小坑里。

**玩法3** 控制球:每个幼儿一根木棒,一个皮球。幼儿用木棒拨动皮球,进行各种走的练习,可以是直线控球走,也可以进行各种变向或绕障碍走等方法。

**玩法4** 绕过去:双手持木棒两端放于体前,两臂伸直,从体前把木棒举过头顶,同时向身后绕过去,停于体后。教师注意幼儿持木棒时两手间的距离适合幼儿能力,以此发展上肢的柔韧性。在能完成的基础之上,不断减小两手间距离,再次练习。此方法也可采用两臂依次绕过的方式进行,即两臂上举,一臂先绕向体后,带动另一臂向后绕向体后。

**玩法5** 架杠:两名幼儿拿着一根木棒的两端,两臂垂下,第三名幼儿用脚架在木棒上,膝关节伸直,进行下肢柔韧性的练习。两名持棒幼儿可以适当抬到一定的高度,帮助练习的幼儿挑战难度。教师应有效控制。

**玩法6** 拉洋车:两名幼儿一组,每组两根木棒,成前后站立。前面幼儿左右手分别握住两根木棒的前端,后面幼儿两手分别握住两根木棒的后端,进行协同跑。

**4. 鞋盒**

**玩法❶** 堆高:教师把幼儿分成若干组,把各种大小的鞋盒交给各组,看看哪组堆得最高。

**玩法❷** 套盒:组织方法同上,看看哪组能最多地把各种大小不同的鞋盒套装在一起。

**玩法❸** 拼样:组织方法同上,教师预先在卡纸上画出各种鞋盒的各个面,交给每一组,每组幼儿想办法找到相匹配的鞋盒,以及正确的面,把鞋盒放在卡纸上。

**玩法❹** 小汽车:鞋盒去掉盖子,里面可装一些物品,系上绳子,幼儿可以拉着跑。

**玩法❺** 抓老鼠:鞋盒去掉盖子,每个幼儿一个,教师手拿一小筐纸球,距离幼儿3米以上距离,教师把球沿着地面向幼儿的方向抛出,幼儿手拿鞋盒去扣住纸球。看谁扣得到。

**玩法❻** 堆宝塔:准备相同大小的鞋盒若干,去掉盖子和底面。准备若干皮球,稍大于鞋盒。幼儿在最下面平放鞋盒,在鞋盒上放上皮球,再放上鞋盒,再放皮球,依次堆上去,看看哪组堆得最高。球的大小要求与鞋盒相匹配。

**玩法❼** 走小桥:鞋盒去盖,把所有鞋盒纵向连接成一条直线,幼儿把脚依次踩入每个鞋盒内,向前行走。

**玩法❽** 走迷宫:把许多鞋盒垂直立起,并相互连接,拼接成各种迷宫图形,幼儿在其中行走。在拼迷宫时,教师注意宽窄路线的设计。

**玩法❾** 跳高架:把若干鞋盒上下堆成高度相等的两组,两组间隔一定距离,把竹竿架于两组鞋盒之上,幼儿从竹竿上跳过。教师可根据幼儿能力不断增减鞋盒的数量。

**玩法❿** 砌墙:幼儿把相同大小的鞋盒按砌砖墙的方法进行摆放,看看哪组砌的墙砖既漂亮又结实。在此基础之上,进行城堡的设计。

**玩法⓫** 击倒:把四个鞋盒进行组合。下面两个拼接在一起,鞋盒最小的面放于地面,上面按相同方法再堆入两个鞋盒。幼儿间隔一定的距离,用沙包把鞋盒打倒。

**玩法⓬** 障碍物:若干鞋盒堆起一定的高度,幼儿从上面跳过。组织时,可以从一个鞋盒的摆放开始,间隔一定距离,增加一个鞋盒,如此类推,不断增加鞋盒的高度,挑战幼儿的跳跃能力。

**玩法⓭** 滚方木:把5～6个鞋盒拼接在一起,并用透明胶带把这些鞋盒粘起来。幼儿不断翻动着连接在一起的鞋盒向前行进。教师在设计时,可把更多的鞋盒连接在一起,适合多个幼儿一起同时操作。

**5. 吸管**

**玩法❶** 吸球:幼儿手持一较粗吸管,贴住放于杯里的乒乓球,用力吸气,看看能不能把乒乓球吸起来。

**玩法❷** 吹水:在桌面滴上少许水,幼儿手持细的吸管,把水向一个方向吹,看谁把水吹得最远。

**玩法❸** 吸管接龙:每个幼儿有若干吸管,把吸管一个个套接在一起,看谁接龙接得又长又牢固。

**玩法❹** 拾吸管:准备较多的各种颜色的吸管。教师把两种或多种不同颜色的吸管混合在一起,堆于圈中,两个幼儿用两种颜色,多个幼儿用多种颜色。听到口令后,幼儿跑入圈中,拾起属于自己颜色的吸管。

**玩法❺** 插花:教师把幼儿分成两组进行比赛,把若干小口瓶子间隔一定距离,放成两条直线,每组对应一条。每个幼儿手拿与瓶子相同数量的吸管。游戏开始,听到教师口令后,排头小朋友跑向瓶子,在每个瓶子中插入一根吸管,跑回,第二名幼儿如上方法进行。依次反复,看看哪组最先完成。

**玩法❻** 拼图:教师把幼儿分成两组,每组每人手执一个吸管。游戏开始,如图6-12所示,幼儿从起点跑至终点,依次把手中的吸管按图中方式排放,看看哪组拼得既快又好。也可以是其他各种图形的设计。

### 6. 塑料袋

**玩法 1**　装空气：幼儿每人有一塑料袋，双手持袋口，快速挥动，把空气装入，并快速收拢袋口，看看谁装的空气最多。

图 6-12

**玩法 2**　玩气球：把塑料袋吹足气，扎紧袋口，用脚、手、腿、头等部位玩塑料袋制作成的球。

**玩法 3**　放风筝：把吹足气的塑料袋系上细绳，拉着跑，让它飞起来。绳子可以适当加长。

**玩法 4**　放炮：把充满气、扎上口的塑料袋放在地上，幼儿用力踩踏，看谁能踩得最响。此玩法也可根据抓尾巴的游戏进行组织，把充气塑料袋系于脚踝上，在一定的范围内，分两组进行对抗。

**玩法 5**　传送带：教师固定一长电线在空中，高度稍高于幼儿身高，在长电线上挂上一塑料袋，袋内装 1~2 个沙包，幼儿手拿装有沙包的塑料袋向对面投出，看看谁能掷得最远。可以在两边相互投掷。此方法可以帮助幼儿掌握单手肩上投掷的准确动作。

**玩法 6**　屈体行走：每个幼儿有两个塑料袋，把两个塑料袋分别套在自己的两只脚上，用两手提着两个塑料袋向前屈体行走，注意要轻轻地走，不能把塑料袋踩破。

**玩法 7**　负重走：每个幼儿有两个塑料袋，每个袋内装入相同数量的沙包。一手提一个塑料袋，两臂侧平举，向前行走。看看谁坚持的时间最久。

**玩法 8**　舞龙：把若干塑料袋头尾连接在一起，幼儿两手举起塑料袋进行集体跑动。可以是直线跑，也可以在教师的带领下进行各种变向跑的练习。

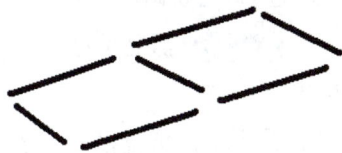

### 7. 夹子

**玩法 1**　夹羊毛：教师把纸撕成一条条，用细绳把若干纸条串在一起系在自己的腰上，站于终点。把幼儿分成两组。每组排头幼儿手拿一个夹子，听到口令后，排头手拿夹子跑向教师，用夹子把教师身上的纸条夹住，并撕下。跑回起点，把夹子交给第二个幼儿，第二名幼儿出发。如此反复，看看哪组最快。

**玩法 2**　咬尾巴：一个幼儿有一个夹子，把夹子一个个接在一起，看看哪一组接得又长又牢固。

**玩法 3**　穿夹子：每个幼儿有若干夹子，手拿末端打有一个大结的细长绳，把长绳穿过夹孔，看谁穿得又多又快。

**玩法 4**　接龙：每组幼儿若干夹子和一些纸条，幼儿用夹子把两个纸条夹在一起连接，不断增加纸条的连接数量，最后看看哪组纸条连接得最长。

### 8. 布袋

**玩法 1**　袋鼠跳：从脚部钻入，双脚踩踏布袋内底，双手提住布袋口，向各个方向并脚跳跃。

**玩法 2**　听声行走：头部钻入布袋内，教师发出口令或借用器材发出声响，幼儿听到声音寻找方向。

**玩法 3**　袋中是谁：从头部套入，身体成蹲，整个裹入布袋内，变成一个"蛹"或"小房子"，一幼儿在布袋外轻轻触碰里面的幼儿，里面的幼儿发出各种声音，外面的幼儿判断出里面的幼儿是谁。

**玩法 4**　侧向滚动：身体裹入布袋内，成伸展姿势，头部在袋外，双手抓握袋口，侧卧于地面上，向一侧滚动。

**玩法 5**　裹布投掷：幼儿运用自己的方法，把布袋裹紧向前投掷，看谁用自己的方法投得远。

**玩法 6**　拉小车：把布袋平铺于地面，一幼儿坐于布袋上，两个幼儿在同一侧，各拉住布袋的一角，向前拉动。

### 9. 报纸

**玩法 1**　跳过小河：报纸横向排放，幼儿跳跃练习；把报纸纵向排放，幼儿进行跳跃；把两张报纸拼在一起,进行跳跃的练习。不断增加报纸的张数,增加宽度。

**玩法2** 漂亮的帽子:幼儿按自己的方法把报纸进行折叠,放于头上,看谁的帽子最漂亮,也最稳当。

**玩法3** 折叠报纸:把一张报纸不断折小,看看哪个幼儿能把报纸折得最小。

**玩法4** 报纸掷远:幼儿用自己的方法处理报纸,看看谁能把报纸投得最远。此方法也可进行"打雪仗"的游戏。

**玩法5** 折飞机:在教师的指导下,把报纸变成纸飞机进行投掷。

**玩法6** 能站几个人:一张报纸平铺在地面上,看看有多少幼儿能同时站在上面。

**玩法7** 变纸筒:把报纸向内卷起,看看哪个幼儿能把报纸变成一个长纸筒。

**玩法8** 吹乒乓球:在"玩法7"的基础之上,用纸筒吹乒乓球向前滚动。

**玩法9** 谁的报纸最结实:幼儿把报纸揉捏成长条状,呈一纸棒。两人一组,把两个报纸棒呈"十字"交叉在一起,每个幼儿握住自己报纸棒的两端,向自己的方向拉,看看谁能把对方拉过来,或把对方报纸拉断。

**玩法10** 滑行道:用双面胶把若干张报纸粘连成一条较长距离的纸带。两个幼儿手持纸带的两端,在纸带上放一垒球,两边不断变换高度,让垒球在纸带上滚动。

### 10. 木桩

**玩法1** 梅花桩:若干木桩排成"梅花桩",幼儿在上面进行行走的练习。

**玩法2** 木桩上的功夫:幼儿站于一个木桩上,进行各种动作的练习。例如:在木桩上进行蹲下、站起的练习;单脚独立;换脚独立;双脚站于木桩上进行身体的转动等。

**玩法3** 木桩堆高:小组间比赛,把一个个木桩叠加在一起,看看谁堆得最高。

**玩法4** 滚木桩:把木桩侧向放置,向前滚动。

**玩法5** 木桩造型:把木桩堆砌在一起,变成小房子、"金字塔"等形状。

**玩法6** 举起木桩:幼儿双手抱握木桩向上举起。

**玩法7** 木桩固定:把皮筋套在木桩上,进行各种跳皮筋的游戏。

### 11. 长布(长6米左右;宽0.5米左右)

**玩法1** 舞龙:把长布展开,每个幼儿站于长布下,双手拉住长布的两侧,把长布举起,同步进行走、跑的练习。

**玩法2** 集体行进:把长布展开,每个幼儿双手握于长布的同一侧,放于体前,一起进行向前走或向后退的练习。

**玩法3** 掀起波浪:把长布展开,平放于地面,一幼儿站于长布的一端,双手紧握长布,快速向上及向下摆动手臂,看看谁能把长布掀起更大的"波浪"。

**玩法4** 长布裹腰:一幼儿一只手把长布的一端垂直提起,放于自己的胸侧,教师把长布的另一端垂直提着拉直,此幼儿快速旋转,把长布逐步裹在自己的身上。完成后,再反向旋转,把长布慢慢展开。

**玩法5** 迎风跑:把长布展开,多名幼儿一起进行游戏,幼儿站于长布的一侧,双手握住长布的一侧,把双手放于脑后,长布置于身后,一起向前跑动,让长布飘起来。此方法也可进行一人练习,即一个幼儿拉住长布的一端,如上方法向前跑动,看看能不能让长布飘起来。

### 12. 可乐瓶

**玩法1** 沙锤:在空可乐瓶内装一定数量的沙子,进行游戏。每个幼儿两手各持一沙锤,进行各种有节奏的练习。可以在体前的小臂屈伸摆动;腰侧的同步肩关节的摆动;腰侧两肩关节的依次摆动;也可以是两沙锤的各种敲击,如在身体周围的各方位(前、后、上、下)的敲击;在地面的敲击;在身体上各部位的敲击等。

**玩法2** 手榴弹:在空可乐瓶内装一定量的水,进行游戏。幼儿把"手榴弹"向前投掷,看谁掷得远。教师可不断增加水的量,以增加"手榴弹"的重量。在游戏中注意有效组织。

**玩法3** 滚轴:如图6-13,把两个可乐瓶面对面放置,同时用胶水粘连在一起,用一较粗钢丝,一头用火烧红,如图方法穿过两个可乐瓶,并固定在一定的高度,幼儿可以用手快速拨动可乐瓶,让其滚动起来;也可以用两脚拨动可乐瓶进行转动。在设计时,可在瓶内装有一定数量的各种颜色的碎纸片或羽毛。可乐瓶的选择可大可小。

图 6-13

如图6-14所示,在图6-13基础之上,可在钢丝两头连接滚轴,用一木棒连接钢丝架的中间位置,形成推车。幼儿可进行推、拉的游戏。

**玩法4** 小水桶:如图6-15所示,把6个可乐瓶用透明胶带垂直捆扎在一起,进行游戏。幼儿在操作时,可以进行侧向滚动的游戏;可以穿上绳子充当小水桶,进行运输的游戏;可以在两组小水桶上架上竹竿进行跳跃的游戏;可在上面进行单脚独立的游戏;也可把多个小水桶间隔一定距离排放,在上面行走,进行平衡的游戏等。

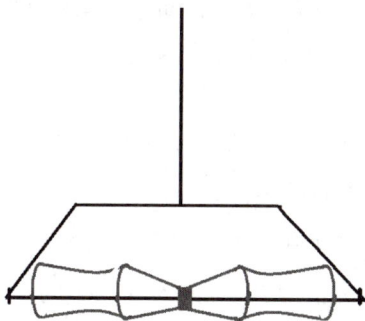

图 6-14

图 6-15

### 13. 彩虹伞

**玩法1** 找彩蛋:彩虹伞展开,平放于地面上,在彩虹伞下面放置若干海洋球,幼儿钻入其中,运用各种爬行的方式,把海洋球一个一个找出来。

**玩法2** 蹦蹦跳的小球:所有幼儿站于彩虹伞的四周,双手拉紧彩虹伞的边缘,把彩虹伞拉开,在彩虹伞上面放置若干海洋球,幼儿一起掀起彩虹伞,让海洋球蹦起来。此游戏也可以让一部分幼儿钻到彩虹伞下面,用手或头顶彩虹伞,让小球蹦起来。

**玩法3** 小矮人:两名教师面对面站立,用双手把彩虹伞从中间拉直,两手宽于肩,使彩虹伞变成一个通道,幼儿用蹲着走的方式,走过通道。教师可以不断变换伞的高度,以提高游戏的趣味性。

**玩法4** 从地里钻出来:把彩虹伞平铺于地面上,并在彩虹伞的一面放上各种粘贴彩纸,幼儿从伞的另一边,用匍匐爬的方式钻过整个彩虹伞,到另一头把一个粘贴纸贴在身上。两名教师注意用脚踩住彩虹伞,使其固定。

**玩法5** 包饺子:教师把彩虹伞折成一米宽的长条形,立起,几名幼儿身体靠在彩虹伞上,一起用身体通过转动,把彩虹伞卷起来。此方法也可以把彩虹伞铺在地面上,几名幼儿躺在彩虹伞的边上,用手拉住彩虹伞,一起向中心滚动。

**玩法6** 大泡泡:教师带领幼儿展开彩虹伞,要求每名幼儿拿住伞,均匀的站在伞边上。游戏开始,教师要求幼儿一起同步,上下摆手臂,同时发出口令:"1、2、3",当彩虹伞到达最高点时,所有幼儿快速向里移动一步,并把伞按向地面,使伞面成圆面状拱起。

**玩法 7** 小熊跳舞:教师带领全体幼儿在场地上展开彩虹伞,要求每名幼儿拿住伞,均匀地站在伞边上,首先在伞面上放置各种毛绒玩具,教师带领全体幼儿一起用手臂上下摇动伞。让毛绒玩具在上面"跳起舞来"。

**玩法 8** 拧麻花:教师带领全体幼儿在场地上展开彩虹伞,并分成两组,面对面站于伞的两侧。游戏开始,教师要求所有幼儿一起参与,从两侧把彩虹伞向内卷,只到两头合并,两组幼儿分别站于伞的直线处,拿起伞向相反方向拧动,将彩虹伞收缩成一个麻花。教师和多名幼儿合作拉紧麻花,一名幼儿悬吊在麻花上进行行走。

**玩法 9** 让你滚动:教师带领全体幼儿在场地上展开彩虹伞,放于地面上,要求每名幼儿双手拿伞均匀地蹲在伞边上,教师指定一名幼儿平躺在伞上,靠近教师的位置。游戏开始,教师首先提着伞慢慢站起,身边的幼儿也跟着一起提起伞,站起来。平躺在伞上的幼儿随着提起的力量,侧向滚动,当滚到对面时,对面的幼儿站起,使其成反向滚动,教师所站的一边就蹲下。如此反复进行游戏,一定时间后,换人进行。

**玩法 10** 丢手绢:教师带领全体幼儿在场地上展开彩虹伞,要求每名幼儿拿住伞,均匀地站在伞边上。随机选出一名幼儿手拿手绢,大家一起唱《丢手绢》的歌曲,拿手绢的幼儿可以随机把手绢放于任一幼儿身后,若被此幼儿发现,则放开彩虹伞,拿起手绢快速追赶丢手绢的幼儿,若追上,则为胜,若丢手绢的幼儿顺利跑到被放手绢幼儿的位置,则追者为败。如此反复游戏。

### 14. 轮胎

**玩法 1** 挑战平衡:教师将若干轮胎平放在地面上,排放成圆形,幼儿成一路纵队,依次沿着轮胎圈外侧绕圈进行平衡走的练习。轮胎也可间隔一定的距离进行摆放。

**玩法 2** 连续跳跃:教师将若干轮胎呈一条直线连接在一起,平放在地面上,幼儿成一路纵队站于起端处。游戏开始,排头幼儿双脚同时用力,纵跳跳上轮胎,然后再跳入轮胎中间的空档处,再次向前纵跳跳上轮胎,如此反复,不断向前跳跃,后面幼儿如排头幼儿依次进行跳跃的练习。

**玩法 3** 换腿起跳:每名幼儿把一只脚踩踏在轮胎上,另一只脚踩在地面上,练习进行每名幼儿两脚同时用力向上跳起,在空中交换双脚,地面支撑脚踩踏在轮胎上,踩踏在轮胎上的脚落到地面上。如此反复进行换腿跳跃。

**玩法 4** 支撑分腿跳跃:教师将三个轮胎叠放在一起,在前面放置一海绵垫,教师站于轮胎的侧面,幼儿呈一路纵队站于轮胎的后面。练习开始,幼儿双手用力支撑轮胎的最上方,同时双脚用力跳起,在空中两腿左右尽力分开,身体重心积极向前,通过轮胎,落地时,双脚尽可能并拢,落在轮胎前面的保护垫子上。

**玩法 5** 看谁滚得直:教师把幼儿分成两人一组,每组一个轮胎,两名幼儿间隔5米左右的距离站于同一直线上,其中一名幼儿把轮胎立起,用力推自己手里的轮胎,看谁能顺利把轮胎滚到对方的所站的位置。也可以采用两人各执一轮胎,面对面进行撞轮胎的滚动。

**玩法 6** 忙碌的马路:教师利用轮胎作为障碍物,在一较大的场地上设置出多条交叉的马路,幼儿每人持一竖立的轮胎,按要求在马路上滚动,一方面要求能绕过各障碍物,另一方面要求能力避开其他幼儿。如此进行练习。

**玩法 7** 一起滚动:教师把幼儿分成两人一组,每组一个轮胎,一根短木棒。教师要求两人把短木棒穿过轮胎,分别站于轮胎的两侧,每人手握木棒的一端,带动轮胎滚动起来。

**玩法 8** 看谁滚得远:教师把幼儿分成六组,并在同一起跑线上,每组五名幼儿。教师给每组提供四个轮胎和一块木板,并要求每组进行设计,看看哪一组可以借助木板,让轮胎滚得最远。

**玩法⑨** 一起拉动:两个轮胎放于地面上,并用绳子将两个轮胎系在一起,用长绳连接其中的一个轮胎,幼儿站于长绳的两侧,用双手拉绳子,带动轮胎一起向前跑动。

**玩法⑩** 集体的力量:把八根长度相等的长绳均匀地系在同一个轮胎上,教师把全体幼儿分成八组,每组一根长绳,站于长绳的两侧,面向轮胎,听从教师的口令。游戏开始,教师发出口令:"拉",此时所有幼儿站于原地不动,双手用力拉住绳子,身体后倒,把轮胎拉起;教师发出口令:"放",此时所有幼儿放松手臂,前体前倾,让轮胎落于地面。如此反复进行练习。

### 15. 枕头

**玩法①** 顶罐罐:教师组织幼儿排成两列横队,幼儿前后、左右保持一定的间隔,分发给每名幼儿一个枕头,要求幼儿把枕头放于头顶,双手不能扶住。游戏开始,教师带领幼儿做出向前走、变向走;倒退走、原地转圈、下蹲、站起等各种动作,教师发出口令后,幼儿要立刻根据口令执行动作。如此反复练习,看看谁的反应能力最快。

**玩法②** 背大米:幼儿把枕头放于背上,双手从肩上抓住枕头的上侧,同时要求幼儿低头,身体前倾,双膝稍弯曲。游戏开始,幼儿一排一排向前行进,到终点后返回。再用爬行的方式进行背大米的游戏。

**玩法③** 看谁抛得高:教师组织幼儿随意站立于规定场地内,幼儿前后左右保持一定的间隔,分发给每名幼儿一个枕头。跟随教师进行练习,游戏开始,教师发出指令后,幼儿把枕头尽可能地向上抛高,看看谁能抛得最高。建议尽量接住落下来的枕头。

**玩法④** 枕头对抗赛:教师先在教室的中间位置拉上一条 1.5 米左右高度的横线。然后,组织幼儿分成两组,每人一个枕头,分别站立于横线的两边,间隔一定距离。幼儿跟随教师进行练习,游戏开始,教师发出指令后,幼儿把枕头从横线上相互抛过。游戏反复进行。建议尽量接住抛过来的枕头。

**玩法⑤** 骑大马:呈一路纵队,幼儿保持一定的间隔,每人一个枕头。把枕头放于两腿之间,夹紧枕头,双手在体前抓住枕头,一起向前蹦,到终点后返回。

**玩法⑥** 我要旋转:每人一个枕头。跟随教师进行练习,游戏开始,教师发出指令后,幼儿把枕头放于地面上,自己坐在枕头上,向旁边移动双脚,用双脚移动的力量让自己在枕头上能够原地转动起来,如此反复进行练习。

**玩法⑦** 过雪山:教师将所有的枕头堆积在场地中间,组织幼儿分成两组,跟随教师进行练习,游戏开始,教师发出开始的口令:一组幼儿按一定的顺序和方向,从堆起的枕头上爬过,或从枕头下穿过;另一组幼儿不断地把散开的枕头堆起来。一定练习后,两组可交换角色继续进行游戏。如此反复进行练习。

**玩法⑧** 和我一起滚动:教师组织幼儿随意站立于场地内,保持一定的间隔距离,每人一个枕头。跟随教师进行练习。游戏开始,教师发出指令后,幼儿坐下来,用双臂和双腿把枕头夹住,头低下,紧紧地抱着枕头进行侧向滚动;如此反复进行练习。注意身边的幼儿。也可以给每个枕头系上两根带子的枕头,幼儿背起枕头,在地面上进行侧向滚动。

**玩法⑨** 夹心饼干:教师组织幼儿分成两人一组。每人一个枕头,把枕头抱在胸前。跟随教师进行练习,游戏开始,教师发出"开始"的指令后,每组的两名幼儿隔着两个枕头抱在一起行进。如此反复进行练习,看看哪组先到终点。也可以要求两名幼儿朝一个方向前后站立于起点线上,前面的幼儿抱着枕头,后面的幼儿把枕头放在自己胸前与前面的幼儿的背夹紧,并抱着前面的幼儿的腰,跟随教师进行练习,游戏开始,教师发出指令后,两名幼儿一起行进,至终点后返回,看看哪组用时最短。此方式也可以小组纵队组织进行。

**你知道吗?**

为什么长距离跑完后不能立即停下来不动?

这是因为在跑步的时候,人体中充足的氧气和养料供给了剧烈运动的下肢肌肉,在下肢的血量就大大增加了,在运动中由于下肢肌肉的收缩,使心脏并没有受到太大的影响。可是跑完步后,若立即站立不动,血液就会因重力而大量积聚在下肢。不能回流到心脏,这样就会减少心脏向大脑输出的血量,使脑部发生暂时性的缺血而导致人的脸色变白、呕吐甚至晕倒。因此,在长跑完后最好能坚持慢走或慢跑一会儿再停下来。

对于幼儿,一些大运动量的跑、跳游戏也是如此。

**思考与练习**

1. 伙伴游戏、集体游戏及运用材料的游戏存在哪些不同的发展价值?
2. 举例说明,如何从材料的物理特性,进行一物多玩的游戏设计?
3. 在教材中选择若干游戏进行集体活动的开展。

# 第七章　适合幼儿园幼儿运动的传统游戏

学 习 目 标

1. 了解传统体育游戏的功能与价值。
2. 理解并掌握传统体育游戏方式与方法。

## 第一节　结合器材的传统游戏

### 1. 放风筝

**制作**　先用细竹片扎成骨架,模拟蝴蝶、蜈蚣、凤凰、禽、鸟、鱼、虫等形状,糊上皮纸或薄绢,上绘图案。

**玩法**　用麻线牵引,利用风力,放上天空。牵引线上可悬挂有滑轮的小灯,随风飘上,星夜望去,似一串星星,在风筝上也可安琴弦,嗡嗡作响,风如筝鸣,称鹞琴。

### 2. 抽陀螺

**玩法**　又称"打角螺"。俗称"打地老鼠"。玩者手持一根系着布绳的小竹竿,先将布绳缠住陀螺,向地下平开,陀螺在地下转动(左手持杆则为逆时针缠绕),不时用布绳抽打陀螺,也可由两人相对抽打陀螺,使二陀螺相撞,谁的转得更久为胜。

### 3. 打弹弓

**玩法**　又称"崩弓子"。民间儿童玩具,用小树杈或人工制作的木制树杈做弓身的,用宽皮筋系于弓身上。玩时一手握手柄,一手捏夹小石子的小兽皮,瞄准目标,向后一拉后松手。现多用木制或钢铁材料制作。

### 4. 跳绳

**玩法**　有一人自摇绳自跳的方法,计数论胜负;亦有两人摇绳一人跳;或两人摇绳,多人接龙跳;还有两人用两根绳交叉摇动,一人在中间进行跳跃等。

### 5. 踢毽子

**制作**　一般用羽毛和金属钱币做成。发展到现在,一般有三种方法:①用金属片为底,以纸剪成各种花色缨的纸毽;②以各种色布条为缨,以大纽扣为底做的布毽;③以铁片为底、公鸡毛为缨做成的各色花毽。

**玩法** ①盘:用脚内侧交踢,俗称"盘毽子";②拐:用脚外侧反踢,俗称"打拐"或称"拐脚";③磕:用膝盖将毽子向上弹起;④蹦:用脚尖踢毽子,俗称"叮叮猫打镖鸡"。此外,还有很多其他结合身体变换的踢法。

### 6. 跳皮筋

**玩法** 跳皮筋主要包括结合儿歌跳节奏、跳难度、跳高度的组合等。一般有一根皮筋跳及双根皮筋跳。可根据方法不同而取各种名称,如"加减乘除",至少3人参加,两人将双根皮筋套在脚上,各站一方,中间形成长方形,一幼儿在中间边念儿歌边跳,以踩错方式为失败。再换绷绳的幼儿游戏。

### 7. 拈石子

**玩法** 亦称"抓子""抛子抓子"。用小石子5粒,先把5粒石子握在手中,掷上其中一子,同时将其余四子掷于桌面或地上,俗称"放子",立刻抓住抛出的石子。然后开始拾子,即掷上一子,接而俯拾一子,再掷上一粒接而俯拾第二子,依次拾完;再把四子都撒在桌上,掷上一子接而俯拾全部四子;最后把四子全部撒在桌上,掷上一子接而先俯拾二子,再把其余二子叠高,再俯拾。按以上程序顺利完成者为赢。所玩之小石子,后有改用内装沙子或米的小布袋的拈子游戏,也可用棋子进行游戏。

### 8. 夹包

**玩法** 用脚夹住沙包,用力向前或向后抛出,看谁抛得远,或抛得高;游戏也可以用脚向任何方位抛起,用手接住,如向前、向后、转体等。

### 9. 打野鸭

**玩法** 地面上画一大的长方形作为"水塘"。选两人手拿沙包作为"打鸭人",站在长方形的两侧,不允许踏入"水塘"之内。其他人作为"野鸭子",站在"水塘"内,不允许跑出"水塘",允许在"水塘"内跑动、躲避。"打鸭子"用沙包打"野鸭子",被打中者或被逼出水塘的"野鸭子"退出,其余继续,直至把"野鸭子"打完。

### 10. 滚铁环

**玩法** 幼儿手持一根顶端有弯槽的铁棍,推一铁环向前奔跑。具有一定水平的幼儿亦可进行各种曲线跑的游戏。

### 11. 挑木棒

**玩法** 手抓一把细的短木棒,直立放在桌面上,自然放手,使木棒散倒在桌面上。①用手一根根拿出木棒收为己有;规则为除被拿的木棒可动,其他动了为失败。②用一根木棒挑桌面上的木棒,规则同上,挑出的收为己有。失败后,换另一个幼儿继续。如此轮流,最后看谁的木棒多。

### 12. 竹蜻蜓

**制作** 取一小竹片,磨光打平,中间钻一小孔,插上一根圆形小竹棍。

**玩法** 双掌夹住小竹棍,用力搓转,猛然松手,竹蜻蜓就会升起在空中旋转。

### 13. 纸飞机

**制作** 取长方形的纸一张,对折,取对应两头向中线对齐折入,打开,选两对角,向中线折入,成一尖角。把折入的部分再向内折入,再把折入部分对准中线向内折入,留出尖角,把尖角反压后,沿中间反向折入,最后折出翅膀,打开后即可。纸飞机的制作方法很多,此种是比较常见的制作方法。

**玩法** 儿童手持纸飞机,向空中抛出,看谁飞得远,飞得高,飞得久。

### 14. 降落伞

**制作** 多为儿童自制的玩具。把一块手绢四个角用等长的细线拴住,然后将四根线的另一头束在一起,并拴缀一块小石头,降落伞制作完成。

**玩法** 攥住手绢向上尽可能高地抛出,降落伞便在空中张开,徐缓地落下来。

### 15. 打弹珠

**玩法** 先在地上画一个长方形的小格子,叫"锅儿"。离"锅儿"2米远处画一横线,参加的每人先往"锅儿"里各放入一个玻璃球,而后在距离相等的地方往横线处扔一个玻璃球,按扔的远近决定开始的顺序,离线越近者,为最先开始游戏的人,抛出线者,最后游戏。开始时,用玻璃球从横线处向"锅儿"中弹去。弹出"锅儿"内的球归己,掉在"锅儿"里的为"烧死",算失败,并退出这次游戏。玩的人,弹出"锅儿"里的球归自己,可以继续接着弹,直至弹不出为止。把"锅儿"里的玻璃球弹完,这一盘就算终止。再玩下一盘。在"锅儿"里的球没弹完之前,一方的球(叫老子儿)如被别人弹中,亦叫"死球",只得把自己从"锅儿"里弹出的球归胜者。

打弹珠的方法很多。例如:各占一方,相互轮换弹打对方,看谁能打中谁,等等。

### 16. 打纸牌

**玩法** 纸牌为可折叠的香烟壳,后有专印画片出售。玩时,一方把纸牌放在地上,由对方用自方纸牌用力掷打,能把对方的牌打翻身为胜。

也有用纸折成六角梯形的"纸拍"代用。玩时,在桌面上进行,如上方法,依次打对方的"纸拍",被打落桌下者为输。打纸牌在一些地方又称"打红毛人"。

### 17. 骑竹马

**玩法** 两人或更多的孩子,每人左手拿一长1.2～1.5米的小棍当马骑,另一手则握约0.35米长的小棍当武器,学做骑马或骑马作战的动作。互相交战、比武。

### 18. 擂铜板

**玩法** 擂铜板,擂是滚动的意思,铜板是旧时废弃的铜币,作为玩具,现代可以用圆形铁片(或金属钱币、塑料圆片)来玩。玩时,找一块砖头搁成斜面,再根据场地大小,在砖头前的某一位置画一条线确定界线。玩时,手举高处将铜板自然落在砖头的斜面上,任凭铜板向前滚动的惯性,使铜板滚得远些,然后由滚动得最远的人,手持铜板去打滚动近的铜板,如打中了铜板就作为战利品。在擂铜板时不能滚出界,一旦出界就算输,出界的铜板要放在斜面砖头附近的固定点上,任其他玩伴们瞄准打铜板,打中了收为战利品。没打中可继续游戏。

擂铜板有多种游戏。例如:"打翻身",玩伴之间进行,先进行猜拳,负者把铜板放于地面,另一人来打,打时必须站直,把手中的铜板垂直放下,把地面的铜板打翻过来,胜了归自己,不胜则由对方继续。

### 19. 跳竹竿

**玩法** 这个游戏可以三个或四个小朋友一起玩,其中两个小朋友手拿竹竿面对面蹲下,用竹竿同时分合敲击,另一个小朋友在中间看准竹竿的分合跳进或跳出。

### 20. 烂泥炮仗

**玩法** 做、放烂泥炮仗是男孩子喜欢的娱乐活动之一。做这种烂泥炮仗,用泥最好是地下的黏土,挖取黏土后,加少许水,将黏土捏掼透,然后全凭一双手把握软硬适度的黏泥团做成泥钵,钵口要平整。然后,可单手托钵底,选石板、水泥地或墙面,将钵口用力往下扣覆下去,钵体内的空气压迫下,将泥钵底爆破,发出"嘭"的声响,这一声响就是放烂泥炮仗的效果。如果几个玩伴一起玩这游戏,就相互比赛谁的泥炮仗爆得响,泥钵底爆出的洞大,谁爆出的泥洞最大,其他玩伴就要用自己的泥钵"进贡",或给他补洞泥。教师要注意安全指导。

### 21. 吹泡泡

**玩法** 将肥皂液灌入小瓶,然后用吸管,或用铁丝弯成一个小圆圈,沾肥皂水用嘴轻轻吹出。吹出的泡泡在周围飘飞,孩子们追着泡泡,捕捉它。也有几个小朋友同时吹泡泡,看谁吹出的泡泡最多。

### 22. 打水漂儿

**玩法** 河边或池塘边,捡一块石块或瓦片儿,用力朝水面投出,让它旋转着飞出去,就会在水面上一跳一跳地抛出很远;水面上即出现一个个的水圈,既有趣又动人。

**23. 套圈儿**

**玩法** 每个人交出一个玻璃球,分别放在指定的位置,用手中的小圈依次套玻璃球,套中归自己,不中,由下一个幼儿继续。

**24. 放炮**

**玩法** 一张长方形的纸从底部向内折两次到纸中央,从纸的上方中间抽拉到对折的位置,用手甩下去,发出"啪"的响声,越响越成功。

**25. 吹羽毛**

**玩法** 取蓬松羽毛一根,掷向天空,一群幼儿一起向羽毛吹去,使其在空中尽可能保持的时间长些。

**26. 青蛙跳**

**玩法** 幼儿都从桌子一端开始,每个人把自制的纸青蛙放在桌面上,用嘴吹着纸青蛙向前跳,看谁跳得快、跳得远,最快到达桌子另一端者为胜,掉下桌子的为败。

**27. 找宝藏**

**玩法** 幼儿分成两组,每个人拿出一个粘贴画,先把粘贴画藏在室内或户外的某个地方,相互去找,找到了归自己。

**28. 掷滑块**

**玩法** 选长方形的桌子一张,幼儿都从桌子的一端开始,把塑料块压放在桌面上,用手推出,看谁能把塑料块推到离桌子的另一端最近的位置,掉下为败。

**29. 孵小鸡**

**玩法** 游戏者中选一人当"鸡妈妈"坐在一没有靠背的凳子上,凳子下放几个"蛋"(可放沙包代替),表示"鸡妈妈"正在"孵蛋"。其余游戏者做"耗子","耗子"在"鸡妈妈"身边跑来跑去,伺机偷"蛋"。"鸡妈妈"可以自由转动保护身体下面的"鸡蛋",但不能离开凳子。"耗子"伸手取"蛋"时,"鸡妈妈"要迅速拍"耗子"的手臂,被拍到的就不许再取"蛋"。游戏可玩到"鸡蛋"取完为止。或取到一个"蛋"后,交换角色。

**30. 贴鼻子**

**玩法** 相隔一定距离,终点处挂一幅没有鼻子的画像。幼儿手拿粘有双面胶的鼻子画片,闭着眼睛走到画像处,把鼻子图片贴上,看谁贴得准确。

**31. 摸石子**

**玩法** 在水塘里放一指定的物品,幼儿在水里寻找。

**32. 击鼓传花**

**玩法** 一群幼儿围成一圈,其中一名幼儿手上握有一个传递物,选一名幼儿站于圈内闭上眼睛。游戏开始,中间幼儿开始数数字或唱歌,圈上的幼儿开始传递物品。一段时间后,中间幼儿随意停止,传递物停在哪个幼儿手里,算其失败。并换他来数数字或唱歌。

**33. 拉草茎**

**玩法** 两人各寻一根有韧劲的草茎,相互十字交叉,向自己的怀里拉,看谁能把对方的草根拉断。

**34. 掷骰子**

**玩法** 骰子六个面上分别刻有 1～6 个圆点。大家轮流把骰子掷到地里,谁的点大谁就赢了。也可以不断增加骰子的数量,点数相加,最大者获胜。

**35. 解绷**

**玩法** 由两人玩耍,用一根细线绳,两端连接为环形,先由一人用双手撑开构成一种几何图形,然后由另一人双手用挑、穿、钩等方法改变原来的图形,这样两人轮流解绷,巧妙地绷出各种图形,能者为胜。

### 36. 打电话

玩法　一根细绳当作电话线,两头各系一个圆纸盒当作话筒或听筒,一个说一个听,线可不断增长。可用纸或纸筒穿在线上,两名小朋友不断调整自己的高度,使纸或纸筒在两人间移动,移动到哪方,哪方就成了听者。

---

❓ **你知道吗?**

为什么饭后不能立即进行剧烈运动?

这是因为饭后人体大量的血液流向胃肠,以帮助消化工作。如果此时进行剧烈的运动,大量的血液就会流向四肢,从而大量地减少了帮助消化的血液,使消化能力减弱,影响了消化的正常进行。如果经常这样就会导致各种胃病的出现,对身体健康造成严重的影响。所以,饭后不适合于做剧烈的身体运动,一般饭后一个小时后进行活动比较合理。

---

## 第二节　无器材的传统游戏

### 1. 跳房子

玩法　民间儿童游戏,先在地上画 6 个方格,每一方格 0.6~0.7 米见方,每一格为一间。玩时先用小瓦片或一物掷向格内,然后用单脚跳入,把瓦片踢入其他格内,谁先跳完所有方格为胜。所踢的瓦片不得踢出格外或触及每格画线,违者要停跳,让其他人跳,等到下一次轮到自己时,继续前次停止跳的格开始跳,胜者打败者的手掌。

在地面上如图画出图形,有正方形和半圆形。各种形状组合在一起。幼儿从头开始,依次完成每个图形,在单个方框时用单脚跳,在两个并排的方框时用双脚跳,在半圆处转身跳。在此基础上还可以用抛小木块的方式增加趣味和难度,从起点开起,把小木块抛到第一方框内,顺利跳完整组后,把小木块抛向第二方框,依此类推。此图形也可用小呼啦圈或小塑料垫片代替。

### 2. 跳格格

玩法　多人游戏,每个人在地上画有一个半米长的"田"字,幼儿在其中单脚跳、双脚跳,不能踩线;对方可在格中加横线、竖线、对角线,进行难度的挑战,看谁能在更小的空间进行单脚跳或双脚跳。

### 3. 捉迷藏

玩法　捉迷藏,是儿时最爱玩的游戏之一,一般为一人找,多人躲,看谁能躲得有创意。被找到者替换为下一个找人者,游戏继续。

### 4. 压压摇

玩法　两个小孩儿,互相扶着胳膊,坐在对方的脚面上;一人身体向前,一人身体向后,一前一后,一压一摇。

### 5. 骑马马

玩法　先由两名幼儿将右手向下握住自己的左手腕,再用左手向下握住对方右手腕,相互握住,形成一个四方形的"坐座",然后蹲下让其他幼儿坐在"坐座"上,再站起来走动,俗称"骑马马"。也有"马马相斗"的游戏,看谁把对方拉下。

### 6. 骑大马

玩法　四人一组,三人扮"马",一人扮"骑手"。扮马者中一人当"马头"在前,两人当"马身"在后。"马身"各用一手搭在"马头"的肩上,一手拉"马头"的手,作为"马镫"。游戏开始,"骑手"作驾马状,骑在三人的中间,一齐念儿歌,并同时做跑马步的动作前进。

### 7. 老鹰抓鸡

**玩法** 又称"老鹰捉小鸡""老虫(老虎)咬尾"。由数人组成,首先由一人自称老鹰,其余人排成纵队。最前面的人伸开双手挡住老鹰,第二人双手捏住前面一人的腰带,后面依次串起来,然后由老鹰来抓最后的那人,玩时忽前忽后,时左时右,直至抓住最后的那个人为胜。

### 8. 翘翘脚

**玩法** 幼儿排坐在阶沿上,屈起两脚并朝向点脚者。游戏开始,点脚的人任选一人开始,依次点每个人的脚,一边点一边念儿歌:"踢踢板板,板过南山,南山北斗,至尊买牛,牛蹄马脚,削落蹄子跑一脚。"每念一个字,换一只脚。当念到最后一个字"脚"时,点到的那一只脚,就要向上翘起来。之后,游戏继续,到最后未被点到脚的人为胜者,也就是下一轮的点脚者。

### 9. "堆馒头"

**玩法** 游戏者边念儿歌,边轮流伸出一手大拇指(其余四指呈抓握拳状),第一人伸出后,第二人握住第一人的拇指,第三人握住第二人的拇指……直到最高处。最后看谁够不着最高的位置。此游戏也可在两人之间进行。

### 10. 背缸倒缸

**玩法①** 两名幼儿背对背四臂相攀,一个弯腰把另一个背起,两人反复互背,一边背一边念:"背缸,倒缸,腌菜好香。"两人互背互唱,直至没劲了才结束。

**玩法②** 两名幼儿背靠背,胳膊互相挽在一起,甲弯下腰把乙背在背上,并问:"天上有什么?"乙必须说出天上的一种事物,如"星星""月亮"等,然后乙问:"地上有什么?"甲必须说出地上的一种事物,如"小虫""石子"等。两人依次轮流背。最后回答不上来者为败。

### 11. 荷花荷花几时开

**玩法** 一个幼儿当荷花蹲下,其他人先商量"荷花"几月开,然后围绕着他围成圈,一边念儿歌一边跳:"荷花荷花几时开? 一月开;一月不开几时开? 二月开;二月不开几时开? 三月荷花朵朵开。"当儿歌念完后,外圈的幼儿快速四散跑开,中间的幼儿站起喊停,其他幼儿就不能动,中间幼儿跨三步,看能不能捉住某个幼儿。捉住了,游戏换人;捉不住,游戏继续。

### 12. 剁白菜

**玩法** 幼儿用一只手搬起一脚,另一只手成刀状,以掌侧在腿上剁,表示剁白菜的动作;同时,另一条腿还要按照节奏,在原地跳。口中唱着:"剁呀,剁呀,剁白菜!"不能坚持者为败。

### 13. 捉蜻蜓

**玩法①** 参加者一人将手掌掌心朝上向前伸出。其余幼儿每人伸出一食指顶住伸掌者的手心,念儿歌。儿歌念到最后一字时,伸掌者迅速抓握掌心中的食指,伸食指者要尽快逃脱,被抓住食指者就做下一次游戏的伸掌者。

**玩法②** 一般四个以上的儿童一起玩,一个幼儿当"盆"把手心朝上伸出来,其他幼儿将食指伸向"盆"的手心,"盆"发出预备口令并念:"青豆黄豆,嘎巴一溜;青沙黄沙,大把一抓。"说出"抓"字,谁的手指被抓住,谁就被蒙上眼睛,其他幼儿做各种动作,"盆"则根据他们的动作说出:"老虎过去了,推车的过去了",等等。让蒙眼睛的儿童猜是谁。被猜中者当"盆",没有猜中,即代替蒙眼者当"盆"。游戏继续。

### 14. 拉大锯

**玩法** 两人对坐,双脚自然盘曲,双手对握,随儿歌节奏做拉锯似的前俯后仰动作。

### 15. "木头人"

**玩法** 参加者一起念儿歌:"我们都是木头人,不许说话,不许动。"儿歌念完后,立刻静止不动,不说不笑地对视,谁先忍不住动或笑了,就算输。

**16. 炒黄豆**

**玩法** 幼儿两人,游戏开始后,儿童手拉手,唱歌谣,唱完歌谣一起手拉手侧身翻转,或转 180 度或转 360 度。游戏歌谣:"炒黄豆,炒黄豆,炒好黄豆,翻跟斗。"

**17. 天下太平**

**玩法** 一般两个孩子玩。每人在地上画一个四方"田"字,然后两人相对站立猜拳,每赢一次在方格内写一笔,四个方格内最后被"天""下""太""平"四字填充,先填满的为胜。

**18. 贴树皮**

**玩法** 全体幼儿围成双人圆圈(两人一对),面向圆心站好,找出两个幼儿追逐跑,跑的幼儿在被追到之前要贴到内圈小朋友的前边,后边的幼儿成为被追者,追上则两幼儿互换角色,游戏反复进行。

**19. 顶牛儿**

**玩法** 两人相向趴在地上,各以两条胳膊撑在地上,两个脑壳像牛打架似的顶在一处,双脚用力蹬。向后退者为负。

**20. 单捞小尾巴鱼/城门几丈高**

**玩法①** 两名幼儿相对而站,双手互相拉起高举过头,其他幼儿排队依次从手臂下钻过,边钻边唱:"一网不捞鱼,两网不捞鱼,三网单捞小尾巴鱼。"当念到"鱼"字时,两人同时放下手臂,套住一人,被套住者做捞鱼人,游戏继续。

**玩法②** 幼儿排成一纵队,一边念儿歌一边从两人搭成的城门下穿过。游戏从两人搭起的最高高度做起,同时念儿歌:"城门、城门几丈高?"其他幼儿对应儿歌:"城门、城门五丈高。"两个继续问,其他幼儿继续答,同时不停地钻过,最后,两人念到"城门、城门垮下来"时捉住一人。

**21. 编花篮儿**

**玩法** 要求两人以上进行游戏。参加游戏的幼儿,将小腿向后弯曲抬起,彼此将抬起腿的脚搭在另一个人的膝弯里,同时按顺时针或逆时针站立,手搭在前一人的肩上。这样,搭好后成一圆圈,靠外侧的另一只手叉腰。大家一起唱(站在原地不动),"编、编、编花篮,花篮里面有小孩儿,蹲下去,起不来"(做蹲下去的动作),然后开始单腿绕圈跳,同时念儿歌:"一五六,一五七,一八、一九、二十一,二五六,二五七,二八、二九、三十一……九五六,九五七,九八、九九、一百零一",数到一百零一时,游戏告一段落。儿歌还有"编、编、编花篮,花篮里面有小孩,小孩的名字叫花篮",等等。

**22. 挤"油渣"**

**玩法** 几个幼儿靠墙而立,用肩部的力量向中间挤,被挤出的人向旁边去,再向中间挤,如此反复进行。也可以在一个圈内,几个幼儿用背尽用把其他人挤出圈进行游戏。

**23. 石头、剪刀、布**

**玩法** 两人游戏,用手猜拳,同时出食指和中指为"剪刀";五指张开为"布";握拳为"石头";"剪刀"胜"布";"布"胜"石头";"石头"胜"剪刀"。游戏或用脚跳着来玩,双脚跳分开为"布";双脚跳并为"石头";双脚跳成一前一后为"剪刀"。

**24. 你一拳,我一拳**

**玩法** 如用手进行的"石头、剪刀、布"游戏。游戏时,两个小朋友一边说一边出拳。"你一拳":两人用猜拳的方式出一只手;"我一拳":用猜拳的方式出另一手;"收回一拳":两人各自选择抽回一只手;"比一比":看看留下的一只手谁胜了。每个人出的两手拳可以相同,也可以不同。

**25. 找朋友**

**玩法** 方法:大家围成一圈,其中选出几个人做找朋友的人,其他人站于圈上,一起拍手。圈内的人一边跳着找朋友，一边唱儿歌："找呀找呀找朋友，找到一个好朋友，敬个礼呀，笑嘻嘻呀（握握手呀），大家都是好朋友。"找到朋友，交换位置，游戏继续。

### 26. 写"王"字

**玩法** 一群幼儿进行游戏，人数不分多少。选一人背对大家，其他人离他较远距离，自由散开。游戏开始，背对大家的儿童在墙壁上写"王"字，大家在其写字期间，尽可能地接近他，写字的人写完一个"王"字，尽快回头，看谁走动，回头时，其他人不能动，没有发现"动"的人，写字继续；发现有人动，"动"者就要扶着写字人的肩，成为被救者。如此反复，直至被救者被其他人触及，并快速跑开。此时写字人要尽快喊"停"。大家就不能动，写字人跨三步，看能不能触及其他人，没有人被碰到，重新游戏；有人被碰到，被触碰者换成写字人，游戏重新开始。

### 27. 埋字猜字

两名幼儿进行游戏，选择一块平坦的泥地。游戏开始，一名幼儿背向站立，另一名幼儿在一定的区域内，任选一处，用木棒在地面上用力写字，完成后用土浮上，背向的幼儿寻找写字的地方，并用手勾画出此字，猜对了为胜，交换角色，猜错了则要接受一定的惩罚，角色不变，继续游戏。

### 28. 打手背

**玩法①** 两名幼儿面对面站立，两人都双手合十，并且中指接碰对方中指，两人轮流坐庄。游戏开始，坐庄人在一定的时间内快速张开自己的双手，去打对方的手背，看到坐庄人手一旦分开，对方就可以快速逃离自己的两手，不让坐庄人打到。在游戏中，坐庄人可以用假动作迷惑对方，如果坐庄人的手没有真正分开，而对方的手逃掉了，也算输。一次完成后，两人交换。

**玩法②** 甲乙两名幼儿各伸出右手掌，甲幼儿的手掌压在乙幼儿的手掌上，两人掌心相对。然后乙幼儿翻掌去拍打甲幼儿的手背，乙幼儿翻掌拍打时，甲幼儿要尽快地将手躲开，不被其拍到。同上方法，只有乙幼儿的手动了，甲幼儿才能躲避。

**惩罚：** 拍打上后，胜者就拿着对方的手掌放在自己的手掌上，去抓对方的"痒痒"，轻轻地沿着对方的手心、手臂抓痒痒，逗对方笑，笑了为败，不笑为胜，交换角色。

**🎵 思考与练习**

1. 传统体育游戏中伙伴的互动方法有哪些？
2. 传统体育游戏中的材料主要有哪些？
3. 在"跳房子"游戏中，可以设计哪些"房子"，加强幼儿跳跃能力的发展？

# 主要参考文献

［1］黄世勋.幼儿园体育创新活动指导(大班)［M］.北京:教育科学出版社,2003.

［2］蔡锡元,李淑芳.体育游戏［M］.北京:人民体育出版社,2000.

［3］予仁,等.最新游戏百科［M］.北京:农村读物出版社,1990.

［4］李明强,等.中外体育游戏精粹［M］.北京:人民科学出版社,1998.

［5］曾炯球,陈云彬.体育游戏大全［M］.杭州:杭州大学出版社,1990.

［6］庞建萍,柳倩.学前儿童健康教育［M］.上海:华东师范大学出版社,2008.

［7］毕田增,周卫勇.新课程教学设计［M］.北京:首都师范大学出版社,2004.

［8］毛振明.探索成功的体育教学［M］.北京:北京体育大学出版社,2001.

［9］金钦昌.学校体育学［M］.北京:高等教育出版社,1994.

［10］毛振明.体育教学科学化探索［M］.北京:高等教育出版社,1999.

［11］关槐秀.小学体育新课标教法图解［M］.北京:北京体育出版社,2005.

［12］薛菁华,孙圣和.幼儿园体育活动设计［M］.南京:南京出版社,1993.

［13］上海中小学课程教材改革委员会.运动［M］.上海:上海教育出版社,2003.

［14］郑艺.运动·快乐·健康［M］.上海:上海教育出版社,2010.

［15］杨静宜,徐峻华.运动处方DIY力量［M］.北京:北京体育大学出版社,2004.

［16］俞继英.少儿健身［M］.北京:人民体育出版社,1997.

［17］黄永馨,高美娇.幼儿园体育活动的开展与评估［M］.北京:教育科学出版社,1990.

［18］曲宗湖.学校体育测评理论与方法［M］.北京:人民体育出版社,2002.

［19］王占春.幼儿师范学校课本:体育教材［M］.北京:人民教育出版社,1986.

［20］体育理论教材编写组.体育理论［M］.北京:高等教育出版社,1986.

［21］河南省实验幼儿园.幼儿园教案选［M］.郑州:海燕出版社,1992.

［22］孙浣敬,张慧和.新编幼儿园系列教材［M］.北京:新时代出版社,2002.

**图书在版编目(CIP)数据**

幼儿园体育活动设计与指导/汪超著. —3 版. —上海：复旦大学出版社，2023.5
ISBN 978-7-309-16559-3

Ⅰ.①幼…　Ⅱ.①汪…　Ⅲ.①体育课-教学研究-学前教育　Ⅳ.①G613.7

中国版本图书馆 CIP 数据核字(2022)第 198702 号

**幼儿园体育活动设计与指导(第三版)**
汪　超　著
责任编辑/查　莉

复旦大学出版社有限公司出版发行
上海市国权路 579 号　邮编：200433
网址：fupnet@ fudanpress.com　http://www.fudanpress.com
门市零售：86-21-65102580　团体订购：86-21-65104505
出版部电话：86-21-65642845
上海四维数字图文有限公司

开本 890×1240　1/16　印张 10　字数 303 千
2023 年 5 月第 3 版
2023 年 5 月第 3 版第 1 次印刷

ISBN 978-7-309-16559-3/G·2437
定价：48.00 元